A una Sonrisa de tu Sueño

A una Sonrisa de tu Sueño

Concepción Hernández Sánchez

Star Sale
Editores

Primera edición: mayo 2018

© Derechos de edición reservados.

Oro Star Sale, SL

info@orostar.es

© Concepción Hernández Sánchez.

Edición: Oro Star Sale, SL (Star Sale, Editores)

Maquetación: Oro Star Sale, SL

Fotografía de cubierta: Oro Star Sale, SL

Diseño de portada: Ugedafita

Producido por Oro Star Sale, SL

A una Sonrisa de tu Sueño

Concepción Hernández Sánchez

Editores

INDICE

Regreso al hotel　　　　　　　　　　9

Rosabel　　　　　　　　　　　　　71

Sorpresas, secretos y un poquito de amor.　165

La llegada de un ser muy especial　　231

La gran duda　　　　　　　　　　305

REGRESO AL HOTEL

I

La Ribera dormía. El paso del tiempo poco o nada había afectado a la inocencia de sus gentes y la sencillez de sus tradiciones. Y es que allí, donde el río Xuello nacía, eran afortunados porque se podía disfrutar del amor que las Guardianas regalaban.

Aquellas hermosas mujeres vivían ocultando su condición, compartían sus días con lugareños y turistas que anhelaban descanso y abrazo, cada una con un don que compartir y todas con un propósito común que cumplir: darse a los demás. El precio por tan noble misión siempre era el mismo, su propia vida.

Linda Aurora había cumplido diecinueve años y hacía apenas unas semanas que su tía Marla y su madre Candela le habían confesado que era Guardiana, que todas las mujeres de su familia pertenecían a aquella especie singular de Seres a medio camino entre los Ángeles y los humanos, y que además ella era, nada más y nada menos que una Guardiana de Almas.

Cualquier humano que fijara la mirada en sus ojos quedaría liberado de la culpa, sería libre del pesar y el resentimiento que hubiera acumulado a lo largo de su vida. Pero para desarrollar su don necesitaba los dos ojos y ella solo tenía uno, el izquierdo; el otro, se lo había arrebatado su madre cuando tan sólo era una niña. Sin más, un buen día se lo secó. Su madre, Candela, la Guardiana del Miedo exhaló en su mirada azul todo el miedo que se agolpaba en su interior… *por amor lo hice, mi niña, por amor…* le había confesado entre sollozos, mientras la abrazaba y deseaba que su pequeña, su preciosa niña de pelo rojo pudiera liberarla de toda la culpa que sentía.

No podía ser, las Guardianas nacían para entregarse a los humanos. Cuando intentaban utilizar sus dones en beneficio propio, siempre alcanzaban el mismo resultado estéril y frustrante. Seguiría con su culpa a cuestas hasta que la muerte decidiera darle descanso, tanto como su hermosa niña tendría que arrastrar su confusión el resto de su vida. La había condenado a vivir como una humana cualquiera dando la espalda a su don, con la visión castrada, con las burlas haciendo diana en una sensibilidad perteneciente a otro mundo que la corroía por dentro con una endiablada lentitud. No saber quién era sería su condena. Candela, sin pronunciar sortilegio alguno y pretendiendo salvar a su hija de una muerte prematura, la había maldecido.

Tan sólo unos meses atrás, y empujada por el afán y la ilusión de poder encontrarse a sí misma en otro lugar, Linda Aurora se había instalado en La Ciudad. La consideraba una maravillosa oportunidad para escapar de la asfixiante sobreprotección de su madre y, al mismo tiempo, liberarse del protagonismo que los pequeños pueblos otorgan, porque por mucho que quisiera y por mucho empeño que pusiera, pasar desapercibida no se le daba bien.

Le siguieron en su aventura un extraño anhelo de ayudar a los otros, un miedo tan familiar como desconcertante, y un inquietante deseo de salvar el mundo. Y junto a estos curiosos compañeros de viaje comenzó a cursar enfermería.

Poco duró el impulso y menos la vocación. No sabía qué le ocurría, no entendía su necesidad de entregarse a los demás cuando en realidad los demás no le importaban en absoluto; tampoco entendía el agobio que le producía el anonimato y entre tanto no entender, comprendió que no encontraría la libertad entre desconocidos, y decidió regresar a su hogar, a La Ribera.

Lanzarse al mundo había resultado frustrante y aquella experiencia bien podría ocupar un lugar destacado en el espacio de las equivocaciones y malas elecciones, de no haber sido porque allí, en medio de todo aquel desastre, había conocido a Fabián.

Añoraba la serenidad de lo familiar, anhelaba la sencillez de su casa, el olor a pan recién horneado de doña Amelia, el aroma a Jazmín de su madre, sus tartas, sus preguntas incómodas, su sobreprotección, sus abrazos… y los paseos en bicicleta, sendero arriba hacia El Bosque y el hotel de su abuela Manuela; sendero abajo hacia La Laguna, la frescura de sus conversaciones con Ana y la inocente sonrisa de Bruno.

Su vuelta fue aplaudida por todo el mundo y la decisión de instalarse en el hotel de su abuela junto a su tía Marla, aceptada sin más.

A Linda Aurora le encantaba aquel lugar. Desprendía magia y un aroma dulzón a Lavanda que en ocasiones parecía estar salpicado con la frescura de la Canela y el Limón. Todos decían que su abuela olía así, lástima no haber podido oler a su abuela jamás, lástima que su madre decidiera despojarla de sus raíces y verla crecer en otro lugar, lástima que su abuela, la Guardiana del Amor, intentara matarla cuando todavía habitaba en las entrañas de su madre, lástima que con tan solo cinco años le secaran un ojo privándola de su don para siempre, lástima que le ocultaran quién era y cuál era su labor, lástima no tener padre, lástima no estar enamorada de Fabián, lástima…

II

Cuando Linda Aurora se levantó de la cama debía de ser medianoche. Llevaba al menos un par de horas dando vueltas entre las sábanas y decidió salir al bosque. Tras colocarse un parche morado en su ojo tuerto, abandonó la seguridad que le ofrecía su habitación y atravesó en camisón y descalza el patio del hotel. Cruzó a hurtadillas la puerta del salón comedor en dirección a la piscina con su pelirroja y larga melena alborotada. Temía encontrarse con algún huésped y no tenía ganas de conversación ni sonrisas. Con sumo cuidado y en completo silencio, contempló el bosque. Lo tenía frente a ella a escasa distancia y ¡era tan hermoso! Aceleró el paso al tiempo que se le aceleraba el corazón. Tuvo suerte, ni rastro de turistas, ni de su tía Marla. Con urgencia y guiada por la necesidad de consuelo, se adentró en la oscuridad arrastrando consigo su particular aroma a Café, la fragancia que pertenecía a Pío, su Ángel protector.

—Pío, ¿estás esta noche conmigo? —preguntó suplicante, dirigiendo su mirada al cielo—. Te necesito, estoy aturdida, me cuesta pensar y... —Alcanzó los pies de su haya preferida y se dejó caer en busca de refugio—. Ven, por favor.

La noche era oscura, las nubes lo abarcaban todo y era negro el color del cielo. Linda Aurora pertenecía a aquel lugar que un día su madre, portándola todavía en sus entrañas, le arrebató. Su alma siempre anheló el regreso y ahora se encontraba allí con la firme determinación de no marcharse jamás. Estaba decidida a tomar las riendas de aquel paraíso que ahora se encontraba descuidado. Intentaría entregarse a los demás, no sabía cómo, pero sabía que deseaba hacerlo, que tenía que hacerlo porque para eso había nacido.

A las sombras que los árboles dibujaban se le sumaban de tanto en tanto lejanos sonidos de animalillos nocturnos, la brisa era suave y bien recibida. El mes de julio había llegado con fuerza y aunque en algunas de sus noches resultaba imposible descansar, el calor no era el causante del desasosiego de Linda Aurora. Fabián iría en unos días a visitarla y no sabía si quería volver a verlo. En su nueva vida no tenía cabida. Él no pertenecía a aquel lugar, sería un intruso en el paraíso. Tenía mucho que hacer, quería que el hotel de Manuela reviviera. Tenía mucho que ordenar, aclarar y aprender. Tenía que conocerse, aceptarse, enamorarse de sí misma. Era su momento, el momento de alejar lamentos y ahuyentar fantasmas, pero… si hubiera sabido quién era conservaría sus ojos, los dos y no habría sido víctima de crueles mofas y burlas…, habría conocido a su abuela y no lucharía contra sí misma por odiar a su madre…, no tendría nada que perdonar ni resentimiento que ahogar…, no habría añorado la presencia de un padre ausente, desconocido. Si hubiera sabido quién era…

—Estarías muerta, pequeña. De haber sabido quién eras, en estos momentos, estarías muerta. —Pío nunca se andaba con rodeos.

—¿Por qué dices eso? —preguntó aliviada. Hablar con su Ángel la reconfortaba profundamente, aunque no siempre le gustara lo que escuchaba.

—Porque es cierto. Cada humano que hubiera sostenido tu mirada se habría liberado de la culpa, arrebatándote un pedacito de tu vida. Y todos necesitan sentirse perdonados. Todos. ¿Imaginas? Habrías vivido diez años, doce a lo sumo. Ahora sé que estás aturdida y es normal.

—Y agobiada, y con los pensamientos revueltos, y…

—Confusa —Pío terminó la frase por ella—. Todo normal. No pienses demasiado y deja que tus sentimientos fluyan con libertad, tarde o temprano pasarán y ahora todos estos lamentos sólo consiguen enturbiar tu paz. No sirven de nada. ¡Ya sabes quién eres y qué has venido a hacer aquí! ¿Puedes imaginar mayor dicha? —La ya de por sí potente voz de Pío se intensificó y con ella su aroma a Café; éste abarcó el bosque y más allá, se extendió hasta el río y el hotel perdiéndose sendero abajo—. Vuelve a la cama, es tarde. —Pío se mostraba protector—. Por hoy ya está bien de gimoteos.

—No seas cruel, hoy no —suplicó la Guardiana.

—No soy cruel, ¿cómo podría serlo? Te amo como ni tú misma te amas y desde este profundo amor te digo: vuelve a la cama.

—¿Y mañana?

—Mañana cuando amanezca, abre los ojos y sonríe. No busques motivos para hacerlo, sencillamente sonríe y disponte a hacer tan solo lo imprescindible. —Pío podía sentir el caos que se apoderaba con fuerza de Linda Aurora.

La Guardiana se puso en pie casi de un salto e instintivamente se acarició el vientre mientras musitaba un sentido «gracias» al viento.

—No temas, pequeña. —Las palabras de su Ángel la acompañaban en su trayecto de regreso—. Sé que serás madre la próxima primavera y sé que te aterra compartir esta hermosa noticia con los demás. ¡Ya verás cómo decirlo en voz alta no es tan difícil!, ¡ya verás qué alivio!, ¡serás una madre maravillosa! —La amaba y podía sentir su temor—.Tú ahora piensa con calma y sin dramas, qué más da ser Guardiana o no, con don o sin él, lo único cierto es que estás aquí y puedes aliviar mucho dolor y frustración en otros seres, no es necesario ser un ente mágico para provocar ese efecto en un humano, ¿conoces el inmenso poder de una sonrisa?, ¿has sentido la fuerza que tiene mirarse en los ojos de otro con el deseo de encontrarlo?, o ¿escuchar con atención sus palabras?, ¿agradecer su presencia y aceptarlo por el simple hecho de existir?... jovencita, puedes y debes hacer todo el bien que esté a tu alcance, no pretendas llevar luz a los demás con la intención de transformarlos y liberarlos porque sólo ellos lo pueden hacer, tú limítate a ser Luz y brilla en su presencia, verás cómo finalmente, y mucho antes de lo que imaginas, ellos terminan brillando también.

Aquella noche, la Guardiana de Almas descansó bajo el ala protectora de su Ángel, que entre susurros y suaves caricias veló su sueño y consoló su miedo.

III

María había anunciado a todo el mundo su marcha. Llevaba toda una vida prestando su ayuda a las Guardianas, amándolas y acompañándolas en su día a día sin saber realmente la verdadera naturaleza de aquellas hermosas mujeres. Cuarenta años en el hotel eran muchos y le pesaban, lo suyo era la misa diaria y cuidar del cura. Ayudar en menesteres de capilla y poco más. El ajetreo de desconocidos yendo y viniendo ya no le divertía y volver a La Aldea, junto a su cuñada y su sobrino Bruno, le parecía una magnífica idea. El muchacho se estaba convirtiendo en un hombre y su mente seguía anclada en la infancia. En la escuela de carpintería habían hecho un trabajo excelente, pero la formación terminaba a los dieciocho años y él ya los había cumplido. Llevaba meses como gato enjaulado, se aburría. Los paseos en bici y los baños en el Xuello en solitario y bajo la mirada atenta de su madre no le divertían en absoluto. Su mente era un completo misterio. Pese a tener dificultades en las relaciones personales y el aprendizaje de lo más elemental, era un virtuoso con las manos. Podía crear de la nada; con apenas un pedacito de madera era capaz de parir una obra de arte hermosa. Creaba sencillo, dejándose el alma en cada detalle. Amaba a Linda Aurora como amaba a Ana. Los tres habían formado un equipo invencible durante su infancia. Se respetaban y protegían mutuamente de las agresiones que recibían a diario. Era muy fácil amedrentarlos porque al ser diferentes destacaban sin proponérselo... el tonto, la tuerta y la negrita... Bruno, Linda Aurora y Ana.

A Linda Aurora le entusiasmaba la idea del reencuentro y estaba ansiosa por contarle a su amiga que iba a ser madre... *¿te lo puedes creer, Ana?, ¡voy a ser madre!...* cuál sería su respuesta era complicado de adivinar porque su amiga era imprevisible y abrumadoramente franca, quizá sonara a algo parecido a... *¡estás loca, mujer! ¿quién es el padre? ¿es guapo? Algún médico, seguro... ¿lo sabe tu madre? ¡Madre mía, cuando se entere te mata! ¡Te mata!, yo de ti no le decía nada, cuando te pongas gordita pues ella ya... pues eso... que saque conclusiones. Si quieres te acompaño, o mejor no que seguro me echa la culpa a mí... díselo a tu tía, tu tía es más... eh... cómo decirlo... tu tía es más... tranquila. Y un sobrino agobia menos que un* *nieto. ¡Uf! ¡Un nieto para Candela! ¡Cómo suena eso! ¡Yo lo siento por ti, cariño, pero de corazón te lo tengo que decir, a tu madre le va a sentar fatal! Bueno, de todas maneras, ya se le pasará, a ver qué va a hacer, pues aguantarse. Si se enfada, peor para ella..., pero dime, preciosa, ¿estás bien?, ¿has pensado ya el nombre?, ¿para cuándo?*

IV

El día se presentó con una inconfundible fragancia a Jazmín. Desde que Linda Aurora regresara, Candela era la encargada de preparar los desayunos dominicales en el hotel. Madrugaba y, con una espléndida sonrisa y su negro pelo suelto, pedaleaba sendero arriba con el Xuello contemplándola. Le resultaba excitante reencontrarse con los fogones en los que un día aprendiera a cocinar manjares de merengue y chocolate junto a su madre. Aquella mañana llegó antes de lo previsto, apenas el sol asomaba. Estaba nerviosa y deseaba, más que nunca, preparar una tarta especial. Una tarta, pan, bollitos y toda la dulzura que pudiera ser capaz de crear para recibir al novio de su pequeña. Era feliz. Por fin, tras muchos años de rencor y miedo, era feliz. Su niña había regresado, la había perdonado y entre ellas ya no cabía secretos ni distancia. Bueno, quizá uno pequeño, un silencio piadoso que le permitía disfrutar de la compañía de Linda Aurora sin ver tristeza en su mirada y preocupación en sus gestos. Candela se moría, y lo sabía.

Las Guardianas sienten la cercanía del fin porque se vuelven juguetonas y divertidas, recuperan la frescura y espontaneidad de la infancia, la alegría las supera y se suceden las excentricidades. Conocen la paz y felicidad que siguen a la muerte y se regocijan en su espera. Ella había comenzado con baños en el río a deshoras, contestaciones imprudentes a las clientas en la panadería, risitas guasonas, ojos expresivos y una espontaneidad tan hermosa que no quería que ese sentirse niña y viva de nuevo terminara jamás. Marla también sabía lo que ocurría y se había comprometido a cuidar de Linda Aurora cuando su hermana faltara, sería su timón, su guía. Las dos coincidieron en guardar silencio, sin duda era lo más razonable, qué podían contarle, que iba a morir, ¡vaya noticia! Y como precisar el momento era imposible porque la muerte acude cuando le da la gana, no decir nada les pareció la mejor opción.

Ese domingo no era un domingo cualquiera. Fabián, el recién estrenado novio de

Linda Aurora iba a visitarla. Candela no fue la única que madrugó, Linda Aurora y Marla atendían a sus huéspedes desde bien temprano. Habían dispuesto para el muchacho una de las habitaciones con vistas al río, una de color azul, su color preferido. Contemplar el lento discurrir del río adornado con destellos provocados por el Sol, y escuchar la dulzura del canto de los pájaros, seguro le inspirarían canciones, sonetos e historias rebosantes de magia y amor.

Pero la que sorprendió a propios y extraños fue Ana. La muchacha se sentó bajo los nogales de la puerta del hotel a las siete en punto de la mañana, clavó su mirada en el sendero y esperó con inaudita paciencia la llegada del muchacho misterioso que había conquistado en tiempo récord el corazón de su amiga.

Para Marla, oír canturrear a su hermana en la cocina y sentirla ir de acá para allá afanada en crear dulzura era un regalo maravilloso que la vida le ofrecía semana tras semana. En ocasiones la nostalgia se apoderaba de ella y el nudo que se formaba en su garganta se aliaba con las lágrimas de sus ojos. Esas eran las ocasiones en las que sin querer su mente regresaba a la infancia, y como si el tiempo no hubiera transcurrido, se veía correteando junto a sus hermanas por toda la cocina mientras su madre tarareaba hermosas canciones que solo los pájaros conocían, y les preparaba dulces, tortitas y, algunos días, piruletas de caramelo. En ese recuerdo la estancia siempre se iluminaba de una potente y limpia Luz, de risas infantiles, aroma a Jazmín, Menta, Lavanda y cómo no, a Canela y Limón.

—Hola, hermanita —saludó desde la puerta.

Candela se giró hacia ella con una amplia y hermosa sonrisa en los labios.

—Hola. Hoy viene Fabián y es un chico muy especial para mi niña. Voy a preparar panecillos de nueces y romero para el desayuno, almendrados y palmeritas de canela para el postre y un espectacular merengue con crema de frambuesas para merendar. ¡Le encantará!

—¡Qué bien, cariño! —exclamó con ternura—. Me hace muy feliz verte de nuevo aquí…

—Sí, sí —interrumpió—, fuera, fuera. —Hizo un gesto inequívoco con la mano derecha mientras rebuscaba en un cajón—. ¿Sabes dónde está la manga pastelera? Le he preguntado a mamá y dice que no lo sabe, que desde que ella no cocina esto es un desastre, que sepas que está muy enfadada y quiere que lo organices tal y como ella lo tenía.

—Está bien, cariño —dijo con suavidad, de nada serviría recordarle que su madre había fallecido catorce años atrás—. Cuando veas a mamá dile que no se preocupe, que procuraré ser más ordenada y que la quiero mucho, que me acuerdo de ella todos los días de mi vida y que la echo mucho de menos. —Y calló un *¿y Berta?, ¿hablas también con Berta?*

Salió de la cocina con el paso lento, le parecía que iba a ver en cualquier momento a su hermana Berta cruzando el patio con el paso ligero que la caracterizaba y sus ojos verdes, tan vivos, siempre sonriendo y desprendiendo un fresco y agradable aroma a Menta. Solía detenerse de repente en el pozo central del patio y susurrar a los geranios algún mensaje misterioso… los siete años transcurridos desde su marcha no habían conseguido difumar su recuerdo.

V

Fabián se retrasaba, pero los retrasos no eran motivo de preocupación en La Ribera. El tiempo se suspendía en aquel lugar que abanderaba un noble propósito: dar paz. Y en la paz no hay prisas, no hay tiempo, no hay esperas ni desesperos. Como tampoco abundan los taxis que recorran los escasos diez kilómetros que separan la estación de trenes en La Laguna del hotel del Bosque.

Cuando dieron las once y treinta en el reloj, Ana fue la primera en divisar el vehículo amarillo. Era él. Se puso en pie de un salto y entró a la carrera en el hotel en busca de Linda Aurora.

—¡Linda Aurora!¡Linda Aurora! —exclamó mientras atravesaba a toda prisa la recepción, el patio y la puerta que daba paso a la piscina—. ¡ya viene! ¡ya viene!

—¡Voy!¡Haz de anfitriona mientras termino! —respondió una voz temblorosa desde la buhardilla. Seguía sin desear el encuentro, temía no sentir nada por aquel chico al mismo tiempo que temía sentir algo.

—¡No te preocupes! ¡Ya me encargo yo!

Y se encargó. Se dirigió sonriente hacia el coche y amablemente tendió su mano a aquel desconocido del que tanto había oído hablar y pudo comprobar que Linda Aurora no había exagerado su descripción; es más, consideró que se había quedado muy corta. En él todo le parecía demasiado... demasiado mayor, demasiado delgado, demasiado calvo, demasiado alto, demasiado nervioso e incluso observó que llevaba demasiado equipaje para un fin de semana. Su primera impresión fue decepcionante y, aunque decidió no juzgarlo antes de tiempo y darle una oportunidad, su mente no pudo evitar elaborar unas cuantas etiquetas hechas a medida: «señor», «poca cosa», «sequillo» ... y comenzó a desear que el tiempo pasara deprisa para poder verlo marcharse sendero abajo cuanto antes.

Ana vestía un sencillo y floreado desmangado en el que combinaban a la perfección el amarillo de las flores con el tono moreno de su piel. Su color mestizo siempre destacaba entre los estampados que le gustaba lucir. Era muy natural, no llevaba pendientes ni acostumbraba a utilizar adornos, abalorios o maquillaje y dominaba como podía su negro pelo rizado en un recogido allá, en lo más alto de su cocorota. Ana nunca dejaba pasar una oportunidad en la que mostrar lo que llevaba dentro, procediera o no, eso no le importaba... *¡Sólo me falta ocuparme o preocuparme por la reacción de los demás!, ¡bastante tengo con lo mío!...* pronunciaba cada vez que Linda Aurora le recriminaba su falta de tacto. Así que nadie se extrañó cuando exclamó sin recato... *¡Madre mía!, ¡qué viejo eres! Linda Aurora me había dicho que tenías treinta años, pero pareces muchííííísimo mayor, debe de ser por lo flaco que* *estás y porque ya te estás quedando calvo… pero ven, hombre, no te quedes ahí de pie, ven, dame un abrazo y dos besos.*

Ana le explicó que Linda Aurora estaba poniéndose guapa y le había encomendado la tarea de mostrarle el hotel. También le comentó que Candela, su futura suegra, estaba desde bien temprano en la cocina preparando dulces que le harían chuparse los dedos y le vendrían muy bien para recuperar algo de carnes. Le mostró los nogales que daban la bienvenida junto a la puerta del hotel, y el muchacho tan sólo pudo inspirar y espirar en un par de ocasiones para llenarse del maravilloso aire que allí se respiraba. Ana no le dio tregua para más. El silencio lo emborrachó, apenas algunos pajarillos, el gorgoteo suave del río y aquel aroma dulzón a Jazmín y Lavanda del que se impregnó en cuanto puso un pie en la recepción.

—La balconada es preciosa, ¿no crees? —preguntó Ana refiriéndose al enorme balcón que le daba la vuelta entera al hotel.

—Preciosa, sí —dijo Fabián con la mirada suspendida en ella y los sentidos tan llenos de sensaciones que por momentos se le ponía cara de bobalicón.

—Esto es la recepción. —Mostró un mostrador semicircular frente a un butacón y una mesita donde esperaban los huéspedes.

—Muy bonito.

—Pasa, pasa. —Accedieron a un patio circular con un pozo central bañado en el rojo de los geranios—. Este lugar me gusta mucho, si yo te contara las charlas que hemos tenido aquí —dijo señalando unas mesas de hierro forjado bajo sus correspondientes sombrillas—. Y en este lado están dos habitaciones que dan al río y frente a ellas otras tres con vistas al sendero.

—¡Ah! —Fabián solo acertaba con los monosílabos, seguía a Ana encandilado por aquel lugar, no era sólo hermoso y acogedor, había algo más, algo que no podía describir ni etiquetar pero que su corazón sentía. Y era bello. Contempló dos mesas juntas, con un bonito mantel verde y sobre ellas un centro floral de margaritas que se arremolinaban en torno a un velón azul y supuso, suponiendo bien, que allí se reunirían para desayunar.

—Por esta puerta se va al salón comedor, ¿ves que vistas tiene? —Señaló un amplio ventanal que mostraba directamente la grandeza del río.

—¡Es precioso! —exclamó asombrado y viéndose a sí mismo sentado en aquel sofá, frente al río y con todas las musas del mundo a su disposición—. ¡Precioso! —No era capaz de elaborar un discurso más sofisticado, Fabián iba de la sorpresa a la admiración y de la admiración a la sorpresa continuamente.

—Y por aquí, con vistas al sendero, la cocina —Ana seguía en su papel de anfitriona—. Ven, asómate, pero no digas nada, ni respires, que Candela no te vea.

—¡Eh...!

—¡Chist! ¡Calla! —exclamó en un susurro Ana—. ¿No te he dicho que ni respires?, anda, vamos que aún quedan cosas por ver. —Fabián apenas pudo ojear el interior de la cocina donde una hermosa mujer de unos cuarenta años y pelo negro espolvoreaba canela sobre una bandeja—. Y mira —prosiguió la amiga de Linda Aurora señalándole una esquina de la estancia junto a la chimenea—, por esa escalera de caracol se sube a la buhardilla.

—¿Vamos? —propuso el chico deleitándose con la posibilidad de contemplar el paisaje desde arriba.

—¡Noo! —exclamó—. Es un lugar prohibido. Allí pasó Manuela sus últimos días. Bueno, pasó muchos, pero los últimos también.

—¿Manuela?

—No me digas que Linda Aurora no te ha hablado de su abuela —dijo Ana comenzando a pensar que quizá su relación no fuera tan importante y quizá aquel señor no volviera por allí nunca más y quizá estuviera perdiendo el tiempo enseñándole todo aquello a ese desconocido.

—No, de Manuela no me ha dicho nada. Me ha hablado de su madre, de sus tías, de Bruno, de María, de Amelia y de ti —dijo, consiguiendo dibujar una sonrisa en el rostro de Ana con su comentario, mientras salían del salón comedor hacia la piscina.

—Buenos días —saludó a los huéspedes que descansaban tomando el sol. Tres había, dos en tumbonas y uno chapoteando en una piscina de aguas cristalinas que parecía decir... *lánzate*—. Aquí termina la visita, espero que haya sido de su agrado, caballero —dijo en tono teatral—. Si desea seguir explorando los alrededores, frente a usted está el bosque de hayas, que dicho sea de paso es un lugar que vuelve loca a Linda Aurora, y allí a la derecha, y siguiendo este pequeño caminito, puede llegar hasta la mismísima orilla del Xuello.

—¿Y aquello? —dijo señalando en dirección al río.

—Aquello era un jardín. Manuela, lo quemó.

—¿Lo quemó? —preguntó intrigado.

—Sí, lo quemó estando ella dentro —dijo bajando el tono y acercándose a Fabián tanto como pudo—, pero la sacaron a tiempo.

—¡Menos mal!

—De eso hace mucho tiempo, muchísimo, Linda Aurora y yo no habíamos nacido todavía, porque te habrá contado que tenemos la misma edad, ¿verdad?

—Sí, eso sí me lo ha dicho —dijo Fabián sin apartar la mirada de unos tablones ennegrecidos por el humo y carcomidos por el paso del tiempo—. ¿Y desde entonces está así?

—Sí. Al parecer se le fue la cabeza, nunca estuvo demasiado cuerda, pero en los últimos años todo empeoró y luego murió. Nosotras tendríamos unos cinco años y al poco tiempo se puso enferma Berta...

—¿La tía de Linda Aurora, la de la radio?

—Sí —contestó con desgana preguntándose cuándo tomarían el desayuno que Candela había preparado y deseando que apareciera su amiga al rescate—, su tía estuvo en la emisora unos años y poco a poco enmudeció. Creo que también tenía un trastorno mental o eso se comentaba por aquí. Hace unos años, murió. Linda Aurora lo pasó fatal, estaban muy unidas.

VI

El encuentro entre Linda Aurora y Fabián fue más bien frío. Sería por la presencia expectante de Ana, la silenciosa bienvenida que le dispensó Marla o el tropezón monumental de Candela que casi termina con el desayuno por los suelos, que entre Fabián y su enamorada apenas se cruzaron dos castos besos y un fugaz abrazo. Él la agasajó y piropeó, eso sí, y es que la Guardiana estaba bellísima con un vestido de gasa en color turquesa, su melena roja descansándole sobre los hombros, un poco de carmín en los labios y sandalias plateadas en los pies. Parecía un Ángel, y casi lo era. Candela se mostró muy animada, sonriendo todo el tiempo y ofreciendo almendrados y panecillos de romero a diestro y siniestro. Por fortuna, y para alivio de Marla, no estuvo demasiado parlanchina. Finalmente, tras degustar aquel suculento desayuno, los tortolitos decidieron dar un paseo por el río, a solas.

Linda Aurora estuvo a punto de contarle que estaba embarazada en varias ocasiones, pero cuando fijaba su mirada en la del muchacho, el silencio se le agarraba con fuerza a la garganta y no era capaz de pronunciar ni una sola palabra. Y pasó la tarde y con ese extraño silencio, pasó el fin de semana. Y cuando llegó la hora de la despedida, Fabián no se despidió, sino que para sorpresa de todo el mundo declaró sin más... *me he enamorado de este lugar, no puedo abandonarlo, no tan pronto, siento que he pertenecido aquí toda mi vida, siento que por fin he encontrado mi hogar.*

Y transcurrieron dos meses en los que el muchacho se dedicó a recorrer el bosque, el río y el sendero, en bici en unas ocasiones y a pie en otras, pero siempre dejándose mecer por las musas y comenzando mil historias que nunca acababa. Durante ese tiempo, Linda Aurora pudo comprobar cómo se le acentuaba el silencio y, a pesar de haber decidido que su hija tendría un padre, no era capaz de confesarle a Fabián lo que ocurría. Y es que lo que la Guardiana quería era un padre para su hija, no un hombre en su vida. Su gestación andaba por el tercer mes y su cintura comenzaba a resentirse. Pronto debería contar al mundo que cuando la primavera trajera los primeros brotes, un bebé llegaría a La Ribera.

Mientras tanto, y ajeno a todo, Fabián vivía en su propio universo, era escritor y sus mundos de fantasía le resultaban tan gratificantes que sólo se dejaba ver por la realidad en contadas ocasiones. La Ribera lo había embrujado con sus sonidos, aromas y bellos paisajes, y en un lugar así, soñar era lo habitual. Era un hombre amable, deseoso de amor y calor, con una infancia carente de abrazo por tener una madre demasiado ocupada en sí misma, un padre demasiado ocupado en el juego, y una hermana demasiado ocupada en hacerlo sentir invisible. De nuevo, el adverbio «demasiado» le sentaba como un guante. Si el físico no le hacía irresistible, su cordialidad y suaves maneras, sí. Conquistó muy pronto a los lugareños dado su carácter abierto y servicial; en cambio, a Marla y a Ana se les resistía el afecto. Cada una tenía razones diferentes para el rechazo, pero las dos estaban deseando que ese muchacho, ese intruso que allí no pintaba nada, desapareciera de sus vidas para siempre.

Linda Aurora pasaba todo el tiempo que podía en la buhardilla de su abuela leyendo los textos sagrados y reconciliándose con su condición de Guardiana. Los viernes por la tarde eran para ella y aquellos libros. Ni tareas en el hotel, ni paseos con el novio. Las tardes de los viernes le pertenecían.

Y en los libros de lomo rojo encontró respuestas y paz. Le contaron que la mayoría de las Guardianas no se pueden enamorar porque su amor va más allá del apego, del enamoramiento físico y carnal. Ellas aman de un modo universal, aman con el alma, no con el cuerpo y los sentidos, y descubrir esto la sumió en una inmensa Paz. Dejó de sentirse como un bicho raro, como un ser enfermo e incapaz y comenzó a descubrir en su interior una manera más hermosa y completa de relacionarse con los demás. Nunca amaría a Fabián ni a ningún otro hombre, pero no le importaba, prefería la cordura al amor.

Las Guardianas enamoradas enloquecían. No eran capaces de distinguir la realidad de la ficción y, empujadas por una extraña necesidad de poseer y ser poseídas, se sentían tentadas a abandonar su propósito. Ella no sufriría este mal, se encontraba a salvo, o al menos eso creía.

Una tarde, antes de que Fabián se marchara a la Ciudad para retomar su vida, lo citó en el Jardín de su abuela y entre escombros y cenizas le hizo una confesión que marcó el principio de una vida que no esperaba y el final de otra que apenas acababa de comenzar. Pues allí mismo, en aquel lugar que tanta tragedia había presenciado, Linda Aurora musitó en voz baja: *Estoy embarazada...* A lo que Fabián, como si de un reflejo se tratase respondió con una pregunta: *¿Quieres casarte conmigo?* A la que siguió una reacción de sorpresa antes de un rotundo: *No*.

No tenía la menor duda de esto. Había engendrado una niña con la que soñaba constantemente, la imaginaba con una larga melena pelirroja, muy blanquita y regordeta. Le gustaba fantasear con la fragancia que podría exhalar su Ángel, y ya fuera de día o de noche, en cuanto esa pequeña aparecía en su mente, rezaba para que fuera una Guardiana bella y segura de sí misma.

No privaría a su hija del placer de vivir cada instante de su existencia sabiendo quién era, como tampoco le negaría la presencia de un padre. Rechazó la petición de Fabián, aunque solo en parte. Linda Aurora no quería bodas ni fiestas, pero compartirían sus vidas, sus sueños y si era preciso, la habitación melocotón. Juntos verían crecer a su hija, pero nada más. Cuando Fabián insistió en la ceremonia, ella se mantuvo firme en su decisión y, con toda la ternura y verdad que pudo dar a sus palabras y en presencia de aquella tierra que deseaba ver florecer, pronunció la declaración de amor más bella que nadie haya pronunciado jamás. Se quitó el parche que cubría su ojo, le fijó la mirada y, tomándolo de las manos, le dijo: *Mi amor, no puedo mentirte, no quiero mentirte y por más que desee estar contigo tienes que saber que hay algo que está antes que tú. Estoy entregada a mi Ser, a mi propósito, a mi razón para existir. Es mi Ser interior a quien busco, es con él con quien tengo mi compromiso y a ti, mi amor, te prometo en este instante y para el resto de nuestras vidas que te daré lo máximo que te pueda dar. No te daré partes de mí, te entregaré mi Ser entero. Tuyo será el regalo de compartir tu vida con alguien que se ama y se respeta a sí misma. No te preocupes, no te pediré nada para ser feliz porque mi felicidad reside en mi interior y no depende de ti.*

El punto final a estas palabras lo puso Pío con un *¡bravo!* enmarcado en aplausos.

VII

Linda Aurora no cedió a la petición de Fabián y se negó a compartir habitación... *¡ni pensarlo!, ¿estás loco?, tú a la habitación azul y yo, a la melocotón, más adelante Dios dirá...* En cambio, él accedió con gusto cuando le pidió que guardara silencio, quería ser ella y solo ella quien diera la noticia. Temía la reacción de su madre y, por qué no decirlo, le avergonzaba ser la comidilla de La Ribera. Sabía que, durara más o durara menos, cuando su embarazo se hiciera público tanto su nombre como su honra irían de boca en boca...*sí, la tuerta, la hija de Candela la* *panadera, pues que ha vuelto preñada de la Ciudad, ¡qué pena!, ¡qué vergüenza!... sí, ya ves, tonta que parecía la tuertita... no, no te puedes fiar de nadie, en fin, en esa familia ya se sabe...*

Planeó una merienda de chicas, una de esas que siempre le alimentaban el alma a base de chocolate y almendras. No podía faltar nadie y por eso invitó a su madre, su tía, su amiga Ana, la señora Amelia y a la buena de María a disfrutar de nostalgia, dulces y conversación alrededor de un mantel frente al Xuello... *no podéis faltar, os espero el domingo a las 5 en el hotel, si no venís os arrepentiréis... voy a deciros algo que no olvidaréis, hay algo muy importante que quiero compartir...* y con esas palabras, y no otras, fue despertando el interés en sus invitadas.

Tres días se pasó con los ensayos, se plantaba frente al espejo y comenzaba su discurso: *Gracias a todas por venir, hoy es un día muy importante para mí, porque...* y cuando llegaba a este punto titubeaba unas veces y tartamudeaba otras, pero de ahí no pasaba. Pío se hubiera desesperado de haber podido hacerlo, pero por suerte para él, era un Ángel y el tiempo tan solo una ilusión perteneciente al mundo de cuerpos. Le traía sin cuidado que Linda Aurora se pasara el resto de su vida frente a aquel espejo... *bueno, ahora sí. Linda Aurora,*

¡céntrate!... repetía a la imagen que tenía frente a ella. Pero no, tampoco en esa ocasión conseguía terminar la frase. Pasadas las dos de la mañana decidió dar por concluido el ensayo, suplicó a Pío que le acompañara en el que sería un momento tan importante y cuando lo oyó decir en tono burlón: *¡claro!, ¿cómo no voy a estar contigo, mi niña? Soy tu Ángel y siempre voy donde tú vas; es más, te he dicho millones de veces que en realidad no voy a ninguna parte porque yo estoy en ti. Mañana estaré también en ti, ¡qué remedio!...* Linda Aurora apostilló... *pues me parece muy bien, Pío, allí estaremos juntos, pero por favor, ¡calladito!*

Y cuando el domingo llegó, Marla se ocupó del hotel, de preparar y airear las habitaciones y de sonreír a los huéspedes. Dos, en esta ocasión. Los clientes iban y venían continuamente, y aunque predominaban las estancias cortas, muchos regresaban al poco tiempo. Era un lugar mágico en el que encontrarse con uno mismo, un regalo que la vida ponía a disposición de unos cuantos elegidos.

Linda Aurora pasó aquella mañana cocinando, preparó dos bandejas para seis comensales, las vistió con un mantel de hilo en el que resaltaba lo que parecía una margarita bordada y las llenó con bolitas de bizcocho, macarons de crema, profiteroles, palmeritas de chocolate y fantasías de fresa. Distrajo su pensamiento con claras de huevo y harina. La mañana transcurrió con la Guardiana canturreando en la cocina mientras su tía, de tanto en tanto, la observaba sonriendo.

A las cuatro y media llegó Ana, la primera. Apoyó su bici en uno de los nogales y fue en busca de Linda Aurora.

—¡Vaya, menudo festín! —exclamó al contemplar las bandejas repletas de deliciosos dulces—. ¿Te ayudo?

—¡Hola! —saludó alegremente la Guardiana—. Ya está todo, deben estar a punto de llegar las demás.

—¿Dónde vamos a merendar? ¿En el patio?

—Sí, sí, en el patio —respondió distraída mientras preparaba una cafetera—. Mi tía ha preparado la mesa allí.

—¡Qué ilusión me hace tenerte de vuelta! —Ana la rodeó con sus brazos.

—¿Qué te parece Fabián? —preguntó mirándola a la cara—. No me has dicho nada y ese silencio no es propio de ti.

—Bien, se ve buen hombre —dijo bajando la voz y la mirada.

—¿Buen hombre? —preguntó fingiendo sorpresa—. Ja, ja, ja.

—¡Chicas! ¡Ya estamos todos! —Marla las llamaba desde el patio—. Por favor, Linda Aurora, saca una taza más que el señor cura se queda a merendar.

—¡¿El cura?! —exclamó abriendo mucho la boca—. ¿Y a ese quién lo ha invitado? —preguntó horrorizada.

—Nadie, el cura se invita solo —sentenció su amiga justo antes de propinar un generoso mordisco a una palmerita de chocolate—. ¡Mmm…!¡Deliciosa!

En efecto, D. Braulio, el nuevo cura, acababa de decidir que se quedaba con ellas a merendar. Era de los pocos en La Ribera con vehículo propio, un pequeño automóvil negro como su sotana que la Alta Jerarquía había puesto a su disposición para predicar la palabra de Dios por todo el Xuello. Ya no tenía excusas, ni frío, ni calor, ni cerca, ni lejos, si Dios estaba en todas partes, él también. Llevaba un par de años destinado a aquel lugar y se encontraba muy a gusto, vivía en La Aldea con D. Ruperto, el párroco anterior y María, la buena de María que, a pesar de rondar los sesenta años, se encargaba de cuidarlos y mimarlos como solo una madre sabe hacer. Los cuidaba a ellos y también a feligreses, necesitados, niños de comunión, enamorados a punto de casarse; y es que había nacido para eso, para la caridad y la oración. Cuando la oyó lamentarse por no poder merendar con Linda Aurora, se ofreció cortésmente a llevarla en su coche... *¿cómo no vas a ir a merendar? Yo te llevo... ¡Ah!, ¡claro!, ¡faltaría más, os llevo a las tres!...* A la compañía de María, acababa de sumar la de Candela y Amelia.

En el breve trayecto entre la Aldea y El Bosque se hicieron muchas cábalas sobre qué querría contarles Linda Aurora. Candela negó hasta en cuatro ocasiones saber de qué se trataba, Amelia apuntaba a la posibilidad de boda y, mientras María se mostraba más cauta, al cura se le iba despertando la curiosidad al tiempo que se le adormecía la vergüenza. Y allí estaba, sentado entre todas aquellas mujeres, sonriendo y comiendo profiteroles como si fueran los últimos de la Tierra.

A Linda Aurora el cura le sobraba y los pensamientos se le arremolinaban en torno a una única idea: inventa algo, pero ni se te ocurra decir delante del cura que esperas un hijo. Pálida y alternando el temblor de manos con la parálisis en sus piernas, solo pensaba: «Inventa algo...» Pero no se le ocurría nada y antes de que pudiera rogar a Pío una salida a aquella situación, éste le dijo: *No jovencita, no, nada de excusas. El público da igual, si está el cura, que esté, tanto mejor. No es él quien te molesta, sino el miedo.*

Ni caso, Linda Aurora no le hizo ni caso. Tras escuchar los piropos que dispensaron a su buena mano para la cocina y antes de que nadie preguntara, carraspeó y en un intento por compensar la estupidez del discurso que iba a pronunciar, engoló todo lo que pudo la voz y dijo: *Hemos decidido arreglar el hotel, darle una pintadita a las habitaciones, poner manteles nuevos, cambiar alguna cortina, en fin, poca cosa, pero ya veréis como os encanta.* Cuando el silencio que siguió a este comentario se volvió incómodo y podía oír las carcajadas de Pío a lo lejos, Linda Aurora prolongó el notición con un contundente: *Y el Jardín de la abuela, también. He decidido, bueno, la tía y yo hemos decidido que vamos a recuperarlo y a dejar las puertas abiertas de par en par, por la noche no, claro, y así el que quiera puede pasear por allí y hablar a las plantas, porque a las plantas les encanta que les hablen... ¿Verdad, tía? Sí, sí..., y pondremos también bancos por si las conversaciones se alargan, ¿verdad, tía? Sí, sí...* En el tercer «*sí, sí,*» de Linda Aurora, Marla se levantó de repente, tomó una de las bandejas de dulces y, sin quitarle la mirada de encima, le dijo muy seria: *Cariño, a la cocina, ¡ya!*

El cura comentó lo buena que era la idea. Seguro que su abuela, en paz descanse, estaría muy contenta con esa iniciativa... *¡Ay! ¡Pobre Manuela!*, exclamó Amelia y a esta exclamación siguieron unos ojos vidriosos, los de María, a la que volver al hotel tras unos meses de ausencia y muchos años de dedicación le hacían sentir vulnerable y nostálgica. Candela y Ana, temiendo un desenlace melancólico lleno de suspiros y lamentos decidieron seguir a Marla y Linda Aurora hasta la cocina.

—¿Se puede saber qué te pasa? —increpó Marla—. Sabes que no hemos quedado en eso, no hemos hablado del Jardín, no...

—Lo siento, tía, es lo primero que se me ha ocurrido —se excusó—, pero no te preocupes, no haremos nada que tú no quieras.

Desde la puerta, Candela y Ana observaban la escena en silencio.

—¿Cómo que es lo primero que se te ha ocurrido?

—Sí —musitó cabizbaja y a punto de llorar.

—Cariño, ¿qué te pasa? —preguntó Candela abandonando su papel de espectadora mientras se dirigía hacia su hija con los brazos abiertos—. Cuéntaselo todo a mami, cariño, cuéntaselo todo a mami —dijo rodeándola con sus brazos.

Linda Aurora no pudo evitar el llanto y cuando oyó a Pío decir entusiasmado ¡ahora!, sonrió a su madre y con suavidad y sin drama le susurró: *Mamá, estoy esperando un hijo de Fabián, ha decidido quedarse conmigo aquí, no quiero casarme con él, pero quiero que mi hija tenga un padre. Nacerá en primavera y ya verás cómo es preciosa.*

Por toda respuesta Candela cayó de rodillas al suelo gritando: *¡Un bebé!, ¡un bebé!, ¡aquí en la barriga de mi niña hay un bebé!...* Marla y Ana intercambiaron miradas y a pesar de tener la boca muy abierta no acertaron a pronunciar palabra alguna. No hizo falta, el llanto de Linda Aurora confirmó que Candela estaba en lo cierto. Antes de poder evitarlo, la futura abuela salió despavorida para contar a todo el mundo la buena nueva, dando saltitos e incluso intentando alguna que otra voltereta, gritaba a los cuatro vientos que una niña nacería en la Ribera, que Linda Aurora sería su madre y ella, su abuela. El espectáculo terminó con su zambullida en la piscina y un fallido intento de quitarse la ropa mojada allí, delante de todo el mundo. Y Linda Aurora que había pasado muchas horas en la buhardilla de

Manuela descubriendo en los libros sagrados quién era, supo de inmediato que su madre estaba regresando a la infancia y eso solo significaba una cosa: su madre se moría.

El embarazo de Linda Aurora fue noticia durante quince días, los cinco primeros se destinaron a barajar posibilidades, que si el padre es el forastero, que si no…, que si por eso ha vuelto, que si no…, que si por fin en esa familia alguien va a tener un padre, que si no…, que si, que si, que si no. Más allá de esos primeros días, a los cotillas se les debió terminar la creatividad, porque todo se redujo a repetir los mismos argumentos y contraargumentos consiguiendo a fuerza de redundancia que perdieran interés. Quince días duró la novedad, ni uno más, y, como hacía mucho tiempo que nadie nacía en La Ribera y añoraban el aroma a ternura y la frescura del comienzo, tras aquellos primeros días de dimes y diretes, el bebé de Linda Aurora se fue convirtiendo en el bebé de todos.

VIII

Fabián sería el primer hombre en formar parte de la vida de las Guardianas y Marla no lo aguantaba. Un bebé, estupendo, lo amarían y querrían con toda su alma. Dar la bienvenida a una Guardiana más en la familia suponía una fabulosa noticia, pero él no les hacía ninguna falta. Llegó para dos días y se había quedado para siempre. Llegó como huésped y había terminado por formar parte de una plantilla de trabajo limitada e improvisada en muchas ocasiones. Preparaba desayunos y hacía camas con poco acierto y mucha ilusión. Ayudaba en la cocina y charlaba con los clientes. También tomaba el sol en la piscina y salía a pasear en bici. La llamada de aquel lugar era irresistible. Se le despertaba la inspiración y cualquier rincón le parecía maravilloso para escribir. Iba de acá para allá con su cuaderno a cuestas y cada destello de luz o canto de pájaro disparaba su imaginación haciéndole comenzar un relato que pocas veces terminaba. No deseaba irse, y no se iría. La negativa de Linda Aurora no había mermado sus ilusiones, soñar era su estado habitual y ahora incluía en sus anhelos una preciosa boda con su bella princesa de pelo rojo a la que asistirían todos los habitantes de La Ribera, todos, y en la que sonaría una música deliciosa mientras ríos de champán los animaría a seguir bailando mientras ellos sellaban su amor para siempre. Esperaría al nacimiento de su primer hijo y después volvería a pedir la mano de Linda Aurora. En esta ocasión, no aceptaría un no como respuesta.

Tenía muchos planes para ellos y también para aquel lugar, consideraba que tranquilidad y buenos paseos con picnic y descanso al sol estaban muy bien, pero el hotel estaba desaprovechado, le adivinaba muchas posibilidades que no se estaban considerando y, sin pensarlo demasiado, formuló una propuesta comercial que fue recibida con asombro y estupefacción por Linda Aurora, y con enfado y rabia por Marla.

—No preocuparos, yo me encargo de todo —les dijo rebosante de ilusión—. Podemos ofrecer a los clientes las bicicletas de la tienda de tu amiga Ana; es más, si nos hace buen precio podemos tener aquí unas cuantas, hay espacio de sobra y organizaría rutas en bici por el sendero y, para los más atrevidos, también por el bosque. La oferta puede incluir paseos a caballo, ya veremos de dónde los sacamos, descensos por el río, meriendas e incluso una visita a la isla del faro, allá abajo donde muere el Xuello… no conozco la isla, pero he oído hablar de ella… cariño, un día tenemos que hacer una excursión y conocerla…

—Pero… —intentó interrumpir Linda Aurora sin conseguirlo

—… y también he pensado que cinco habitaciones son muy pocas, y ahora con nosotros ocupando dos, que no sé por qué no quieres…

—Por favor, Fabián. —De nuevo, intentó detener aquel extraño monólogo sin lograrlo

—… bien, bien, pero es que sólo tres habitaciones no dan para nada, todas las semanas rechazamos ofertas y eso es rechazar dinero. Pues he estado pensando en dos opciones, podéis elegir la que queráis o podemos hacer las dos, yo os las comento y ya me decís.

—Déjalo ya, por favor —suplicó Linda Aurora.

—Pues podemos instalar casitas prefabricadas delante de la casa, y también cerca del río y un poquito más abajo en el sendero o —remarcó la disyuntiva tanto como pudo— podemos ampliar el hotel, me he tomado la libertad de pedir los planos al Ayuntamiento, en unos días me los dan.

—Ni se te ocurra mover una sola silla de esta casa —sentenció Marla que hasta el momento escuchaba el disparatado discurso de Fabián en silencio, apretando sus puños con fuerza. Creyó que la contundencia de su respuesta sería suficiente para poner punto final a aquella descabellada proposición, pero se equivocaba, y es que a los «demasiados» de

Fabián, podría sumársele uno más: demasiado tenaz

IX

Linda Aurora, como Guardiana de Almas que era, atraía hacia sí a los necesitados de perdón. Aquellos que precisaban escupir su culpa y frustración para poder seguir adelante con sus vidas acudían al hotel, unos en busca de paz y descanso, otros en busca de silencio, otros por casualidad, pero todos con la esperanza de sentirse libres y ligeros. No lo sabían, pero su motivación más íntima, tan oculta que ni ellos mismos la conocían, era la de soltar el lastre de resentimientos que arrastraban y les impedía pensar con claridad, desear con vehemencia, soñar sin límites... Estaban muertos en vida, vagabundeaban por el mundo mientras repetían como autómatas días, tan iguales y tan estériles, tan carentes de significado y sentido. No es de extrañar que, a la llamada de redención, acudieran tantos.

Cada vez llegaban más huéspedes y las Guardianas se enfrentaban a diario con su propia realidad. Marla era la Guardiana de la Ilusión, tocar a un humano suponía impulsarlo hacia la consecución segura de sus sueños, rodearlo de entusiasmo y pasión, por lo que, de tanto en tanto, cuando la pulsión por ser quien era se apoderaba de ella, no le quedaba más remedio que recibirlos con un apretón de manos desnudo, rebosante de magia. Tan solo en contadas ocasiones se atrevía con el abrazo. Había hecho una promesa, le había prometido a su hermana cuidar de Linda Aurora ahora que ella deambulaba por su infancia y pronto abandonaría este mundo, pero para no faltar a su palabra debía mantenerse con vida y dar la espalda a su don. Por eso, cuando el impulso de Guardiana era muy fuerte y los recién llegados numerosos, vestía sus manos con un par de guantes y se lanzaba a por ellos, pero ¿a quién quería engañar?, regalando abrazos desprovistos de ilusión no ayudaba a nadie. Lo siguiente era un triste ritual que repetía en un desesperado intento por acallar su culpa, sumergía su cuerpo en las aguas del Xuello y vertía en él lágrimas con aroma a Lavanda.

Por su parte, Linda Aurora improvisaba escuchas y ofrecía a sus huéspedes tímidos consejos que le llegaban desde el sentido común más que desde el corazón, sintiéndose una farsante. No tenía nada que ofrecer. Ya no. Y de nada le servían las palabras de Pío confrontando esa idea que rondaba su cabeza... *¡abandona de inmediato ese pensamiento!¡Eres útil!¡Te necesitan porque sin el instante que les regalas se sentirían más perdidos todavía!* Y tras esta reprimenda que a fuerza de repetirse iba perdiendo fuerza, Pío siempre le sugería jugar al juego del ABC y cuando ella se resistía, éste le daba el pie con un fuerte y rotundo: *¡Con la A...!*

No hacía mucho tiempo que jugaban a ese juego, apenas unos meses atrás, exactamente desde el día en el que el Dr. Roselló intentara abusar de ella en el hospital. Pío pudo sentir su desolación y cómo todos sus pensamientos giraban en torno a lo que acababa de ocurrir, decirle *no pienses en eso* sólo agravaría la situación, sabía que los humanos no pueden *no pensar*, no pueden eliminar un pensamiento, pero sí pueden cambiarlo por otro, es más, cuando un pensamiento duele y se repite sin cesar, es lo que deben hacer, elegir otro más adecuado. Le explicó en pocas palabras que cuando terminara ese juego, pensamientos grandes y hermosos, poblarían su Mente de pura Luz y Amor... *jovencita, centra tu atención en mis palabras y juega conmigo. Repasaremos el abecedario y tras cada letra que yo pronuncie, tú me dirás una palabra bella y hermosa que empiece por esa letra. Si no se te ocurre ninguna, pasamos a la siguiente y ya está. Verás qué bien te encuentras cuando terminemos...*

No pudieron terminar, tras gimotear palabras como: *amor, belleza, cariño, don, emoción, felicidad, gratitud, humor, ilusión, juventud...* comenzó a sonreír y prosiguió con... *k, mmm, no se me ocurre nada, paso a logro, magnífico, nuevo...* rio al no encontrar ninguna palabra con la *ñ* y antes de llegar a la *w*, se había quedado dormida.

X

Definitivamente a Marla no le gustaba tener a un hombre humano merodeando por su hotel. Fabián estaba cargado de buenas intenciones, pero no tenía ni idea de qué iba aquello. Ellas eran Guardianas y ofrecían su don y su vida a todo aquel que estuviera en su presencia. No buscaban dinero ni masificación, aquello no era un negocio, era un paraíso. No podía ceder a las pretensiones de aquel insensato. No, de ninguna manera. Ojalá Linda Aurora lo plantara pronto, qué importaba que esperara un hijo suyo, las Guardianas nunca habían necesitado un hombre cerca y presentía que, con él, llegarían también los problemas. Solía mantenerlo a distancia con silencios incómodos y pocas sonrisas, pero un día, inesperadamente se abalanzó hacia él y le propinó un largo abrazo. Largo, largo. Tan largo que llegó a incomodarlo. Para aquella ocasión, se había tomado la molestia de quitarse los guantes que siempre llevaba puestos. Con su abrazo encendió la chispa de la ilusión en el chico. Pensó que dejar un poquito de su vida en aquel intento merecía la pena si Fabián tomaba la puerta del hotel y se marchaba en busca de sus sueños a otro lugar. Creyó que el chico moría por ser escritor, por alcanzar la fama y el reconocimiento en todas las fronteras conocidas, por compartir novelas y relatos en todas las lenguas del mundo, y esperaba que su dosis extra de ilusión lo impulsara muy lejos de allí, pero erró en su juicio porque el sueño por el que Fabián habría matado era tan sencillo y complejo al tiempo, como trivial y extraordinario. Él tan solo deseaba formar una familia junto a Linda Aurora, ver crecer a sus hijos juntos, compartir sus sueños y anhelos, esperar la muerte a su lado…

XI

Candela empeoraba y su regreso al hotel resultó inevitable. Necesitaba vigilancia y amor a partes iguales. Sobraban las explicaciones, todo el mundo, incluido Fabián, comprendió que adolecía del mal de la familia y *¡la pobre!* se convirtió en una exclamación habitual. Y mientras ella se reencontraba con su hogar, Linda Aurora intentaba acostumbrarse al amargo sabor *a despedida* que tenían ahora sus días. Ni ropita de bebé, ni paseos por el sendero o silencios a los pies de su haya. Nada conseguía mitigar su pena.

Y tuvo que ser Fabián, sin pretenderlo, quien la distrajera del dolor. Un buen día, sin contar con nadie, hizo traer desde Dios sabe dónde tres grandes excavadoras que concluyeron lo que un día comenzara Manuela. Arrasaron el Jardín, o al menos eso era lo que pretendían. Por suerte, una Marla desatada y fuera de sí se plantó delante del monstruo de hierro consiguiendo rescatar del fin la valla y la puerta del Jardín. Nada más. Fueron cinco días de espantosos estruendos y carreras. Cinco días en los que Fabián fue tratado como el más vil y despiadado de los humanos, mientras Candela correteaba de aquí para allá al grito de *¡hoy comeré melocotones del Jardín!*

Marla y Linda Aurora deseaban ver crecer el Jardín de Manuela de nuevo, pero poco a poco. Ansiaban amar cada uno de sus brotes, poder regocijarse ante el nacimiento de cada fruto, contemplar el crecimiento de cada árbol mientras les contaban mil historias de magia. Ansiaban convertir a cada flor en cómplice de sus secretos de Guardiana, pero Fabián no estaba para esperas, cuando quería algo, lo quería ya, y su ínfima capacidad para soportar retrasos se encontraba colmada por las negativas que Linda Aurora le mostraba una y otra vez… *no a convertirse en su esposa; no a compartir habitación; no a sucumbir a arrumacos y carantoñas; no a elegir un nombre de niño.*

En menos de una semana, el Jardín, o el ahora conocido como «El Jardín mágico de Manuela», formaba parte del día a día del hotel, y fue Bruno quien con un precioso y robusto cartelón de madera se encargó de gritar al mundo, en letras rojas como la sangre, su nombre.

Linda Aurora solía observar desde su buhardilla la belleza de aquel lugar. A pesar de los desencuentros que precedieron a tal obra de arte, tenía que reconocer que Fabián había hecho un buen trabajo. Incluso Marla, que tardó semanas en visitar el Jardín y a punto estuvo de expulsar de la Ribera al muchacho, acudía a él a diario y paseaba entre sus árboles frutales todo el tiempo que le era posible. No lo reconocería jamás, pero le encantaba. Había convertido aquel lugar en su santuario especial. Allí oraba, recordaba con facilidad episodios hermosos de su infancia, se sentía más cerca de su madre que nunca y en muchas ocasiones, sin poderlo remediar, rociaba con sus lágrimas a las flores que la escuchaban.

Las puertas del Jardín solo se cerraban por la noche, el resto del día el acceso era libre para todo aquel que deseara contemplar su hermosura, estuviera hospedado en el hotel, o no.

Treinta y dos árboles frutales perfectamente dispuestos en cuatro hileras con ocho árboles en cada una. El colorido era alegre y el aroma fresco y estimulante. Limones, naranjas, manzanas, peras, ciruelas, cerezas y mandarinas; amarillos de diferentes tonalidades, rojos, naranjas, verdes y lilas brotaban entre las hojas de los árboles que sostenían a sus pies todo tipo de flores y especias para animar guisos y calmar almas. Ahora que la primavera había llegado, las rosas, amapolas, narcisos, tulipanes y azahares jugueteaban con los dientes de león y las ortigas.

Fabián no había escatimado en detalles y consideró oportuno disponer seis bancos para el descanso que siempre eran celebrados y muy bien aprovechados. Y justo donde el paraíso parecía terminar, te topabas con un hermoso huerto que en aquella época regalaba a la mesa: pepinos, berenjenas, lechugas, acelgas, apio, perejil, melones, sandías y jugosos tomates a los que, por alguna extraña razón, el escritor nunca prestaba atención.

A fuerza de observación, Linda Aurora había descubierto que Fabián, además de ser demasiado impulsivo, también era demasiado amigo de las rutinas. El primer día, se dirigió hacia los naranjos y se sentó frente a uno de ellos a pasar el rato. Llevaba consigo su bloc de notas, pero no lo abrió. Al cabo de unos veinte minutos, prosiguió su paseo y se dirigió hacia el huerto. Se sentó en el suelo junto a las lechugas y comenzó a gesticular, parecía agitado y acompañaba sus palabras con breves y bruscos movimientos de cabeza. No debieron pasar más de cinco minutos cuando se puso de repente en pie y regresó al hotel como si tal cosa. Repetía el ritual con mucha frecuencia y, además, parecía funcionar. Fabián, tras sincerarse con las lechugas se mostraba más sonriente y relajado. Con el tiempo, Linda Aurora comprobó que en los días en los que el llanto hacía acto de presencia, era junto a los pepinos y la remolacha donde encontraba consuelo. También se percató de que a los tomates nunca les prestaba atención y pensaba que, seguramente, ni él mismo era consciente de la extraña afinidad que mostraba por las hortalizas en función de sus necesidades emocionales.

La relación entre ellos no era menos atípica. Ambos esperaban la llegada de su primer hijo, pero no compartían la espera. Charlaban con frecuencia de cómo sería su bebé y él sonreía ante la insistencia de ella... *sé que será una niña*. No la tomaba en serio, ella lo sabía y no le importaba, la incomprensión era algo a lo que estaba acostumbrada. Fantaseaba sobre qué Guardiana sería su pequeña. Había pasado muchas tardes perdiéndose entre las páginas de los textos sagrados y le daba mucha pena que su abuela sólo hubiera preservado veinte de aquellos hermosos tomos. Con frecuencia se preguntaba si existirían más Guardianas en algún otro lugar y, de ser así, si podrían llegar a conocerse alguna vez. Eran estas las ocasiones en las que Pío la devolvía al mundo real con un rotundo... *¡Qué más te da! ¡Ocúpate de lo tuyo!*

Y tenía razón. Tenía mucho de lo que ocuparse y la tarde de los viernes, el único momento en el que soñar. Conforme su vientre se iba abultando, pasaba más y más tiempo en la balconada del hotel. Le gustaba sentarse con los pies flotando en el vacío mientras contemplaba el río y el Jardín. Eran momentos únicos y maravillosos en los que ocupar su mente con fantasías de Guardiana, se frotaba con ternura el vientre y susurraba palabras que solo su pequeña podía escuchar… *¿Sabes? Creo que vas a ser Guardiana del Optimismo… sí, me encantaría. Huelen a Albahaca y pueden conseguir que cualquier ser humano, sea cual sea su situación, encuentre algo positivo en ella… son muy sensibles, eso sí, porque tienen que llorar a menudo, cuando derraman una de sus lágrimas sobre el humano, éste es capaz de contemplar su problema como una maravillosa oportunidad. Son preciosas. Pequeñitas, rubias y con el cabello ondulado como las sirenas de los cuentos, de nariz y boca diminutas, ojos redondos y verdes como el mar. ¡Me encantaría que fueras Guardiana del Optimismo!*

Otro día, su preferencia podía recaer en la Guardiana de la Dulzura, la Creatividad o incluso la Fe, que es lo mismo que decir, que su niña oliera a Azucenas, Brisa Marina o Caramelo. De las veinte que conocía, estas cuatro eran, con mucha diferencia, las que más le gustaban.

Y es que el mundo de las Guardianas era realmente fascinante y, para ella, saberse parte de este, un maravilloso regalo. Hasta el momento en el que descubrió quién era, no había conseguido encajar en ningún lugar. Se sentía diferente y extraña, cayendo con frecuencia en el victimismo. En esos momentos, además de soportar su dolor, tenía que escuchar los jocosos comentarios de Pío: *Bueno pequeña, si crees que has llorado lo que hoy te tocaba, levántate y haz lo que tienes que hacer.* No le pasaba una. Su Ángel no toleraba el desgarro ni la autocompasión. Si lloraba porque había recibido burlas en el colegio y regresaba desconsolada a casa, el camino se llenaba de un intenso aroma a Café y la voz de Pío diciéndole: *No los culpes a ellos, si te duele es porque les haces caso. Pregúntate, ¿por qué les haces caso?*

XII

La noche había sido muy larga. El reloj marcaba las diez cuando Linda Aurora sintió que un líquido calentujo e inesperado se le escapaba entre las piernas. La reacción de Fabián fue cómica y desproporcionada. Se vistió y desvistió hasta en dos ocasiones mientras iba y venía corriendo por todo el patio del hotel como si no fuera capaz de encontrar la salida en lo que Candela lo perseguía riendo y preguntando... *¿Que viene quién?, ¿quién?*

—No, de ninguna manera. Pariré aquí, en casa, en la habitación melocotón. Las mujeres de mi familia parimos así. —Linda Aurora fue rotunda, tajante, contundente y, por supuesto, muy convincente.

—Mujer, al menos déjame acompañarte esta noche. ¿Y si te pones peor? —fue la respuesta suplicante de Fabián.

—Bien, esta noche quédate conmigo.

Él concilió el sueño sin dificultad; en cambio, ella no fue capaz de dormir más de diez minutos seguidos. El doctor, tras una valoración inicial, lo había dejado muy claro... *esto va lento,* y sin más, se había marchado a descansar tras rehusar una suculenta cena a base de merluza, verduritas al vapor y flan de huevo, no sin antes indicarles muy serio que si «la cosa movía» lo llamaran sin entretenerse.

Pero «la cosa» no movió hasta pasadas las ocho de la mañana y a pesar de haber estado esperando ese momento desde hacía meses, sorpresa y una incongruente sensación de inconveniencia lideraron el comienzo de las contracciones de Linda Aurora. Dolía mucho. Más de lo que había imaginado en sus variopintas y numerosas noches de pesadillas. Tras sentir el dolor de la primera llamada de su pequeña, se le metió en la cabeza una incómoda creencia: no puedo. Creyó que no sería capaz de alumbrar a su hija y de nada le servían las palabras de ánimo de Pío… *¿No puedes?, ¿cómo no vas a poder si ya lo estás haciendo?*... y ante otro *no puedo más*... un nuevo… *no digas tonterías, ya lo estás haciendo*. Pero ella se sentía sola ante un peligro del que no podía escapar. Deseaba salir corriendo y esconderse en el bosque, pero sabía que fuera adonde fuera, aquellos malditos latigazos de dolor la acompañarían. No había vuelta atrás. No había escape posible. Su niña había decidido venir al mundo y ella era la única que podía ayudarla.

—Por favor, esperad fuera. —Marla tomó a Fabián del brazo y lo acompañó hasta la puerta. Candela los siguió—. Aquí no sois de ayuda.

Y estaba en lo cierto. El descarado nerviosismo de Fabián, paseando por toda la habitación mientras hablaba para sí mismo sin cesar, y las preguntas incoherentes que de tanto en tanto formulaba Candela se sumaban a la cara de preocupación de Marla, que sin éxito se esforzaba por mostrar normalidad cada vez que el doctor se le acercaba para susurrarle algo al oído.

No, los allí presentes no eran de ayuda. Linda Aurora agradeció que obedecieran sumisamente a su tía y abandonaran la habitación. De tanto en tanto veía asomarse a su madre por la ventana para a continuación esconderse rápidamente. Para Candela la vida se había convertido en un juego, y esperar la llegada de un bebé era algo maravilloso que no quería perderse.

Tan sólo cuando conseguía encontrar algo de sosiego en su interior, Linda Aurora era capaz de escuchar la voz de Pío. Éste no cesaba de animarla, pero ella no era capaz de percibir su voz si antes no dejaba marchar al miedo que la tenía paralizada... *el dolor puedes soportarlo, es pasajero y pertenece tan sólo al cuerpo. Es el miedo el que te molesta, el miedo. Lo estás haciendo muy bien, tú puedes hacerlo, lo sé... eres inmensa, inmensa.*

Pasado el mediodía el parto no avanzaba. La última exploración del doctor arrojaba un resultado similar a la anterior, y también a la anterior y por desgracia, también a la de hacía tres horas. Sin dudarlo, recomendó su traslado al hospital.

—No tiene ningún sentido correr riesgos —dijo muy seguro de lo que decía—. Voy a llamar al hospital para que nos envíen una ambulancia.

—No, de ninguna manera, yo de aquí no me muevo —rehusó Linda Aurora—. Y toma, que quiero recibir a mi hija como se merece —dijo mientras hacía entrega a su tía del parche azul con el que había estado ocultando su ojo todo el tiempo.

—Como quieras, cariño. Pero prométeme que, si en un par de horas todo sigue igual o la niña muestra signos de no estar bien, nos vamos al hospital —le dijo suplicante.

—No te preocupes, tía. En un par de horas tendré a mi niña en brazos.

Y así fue. A las catorce horas de un dieciocho de abril, asomó su redonda carita una hermosa niña, de rizado, negro y abundante pelo, con dos enormes ojos y una nariz pequeña que, a pesar de encontrar a su madre exhausta y dolorida, no podría haber sido recibida con más amor y alegría.

En cuanto nació, se la pusieron en el regazo. Linda Aurora sintió su piel tibia y húmeda, escuchó sus hermosos latidos y sonrió feliz y satisfecha, ajena a todo lo demás. El tiempo se suspendió y mientras el doctor se afanaba en comprobar que todo estaba bien. Fabián lloraba desconsoladamente. Se sentía ahogado por tanta emoción que no era capaz de expresarse si no era a través de las lágrimas. Besaba a Linda Aurora en la frente, las manos y los pies al tiempo que gemía palabras con las que ensalzar, más si cabe, la grandeza de aquel momento. Mientras tanto, Candela observaba la escena tras la ventana de la habitación, con su cara entre las palmas de las manos, bien apoyadas en los cristales y lanzando besos al bebé que veía ir de brazo en brazo y al que apenas había escuchado llorar. Fue Marla la que desentonó, indicó con un leve movimiento de cabeza a Candela que entrara mientras tendía sus brazos hacia la pequeña.

—Dame, cariño. Déjame que abrace a esta pequeñina. —Sus ojos estaban húmedos. Su sonrisa ausente.

—¡Es preciosa! ¡Preciosa!¡Y una niña! —exclamaba sin cesar Linda Aurora.

—Sí, mi amor. Ella es preciosa y tú, muy valiente —afirmó mientras estrechaba a la recién nacida contra su pecho y olisqueaba su cuerpecito en busca del aroma de su Ángel.

—Huele a rosas —dijo Linda Aurora sonriendo y buscando la complicidad en los ojos de su tía.

—No, cariño. Esta princesa huele a comienzo, a ternura, a vida, pero no a rosas.

—Pues yo huelo a rosas —insistió convencida.

—Mira —por toda respuesta señaló hacia el exterior de la habitación. El patio estaba repleto de rosas—. Tu madre y Fabián han calmado los nervios en el Jardín, y cada vez que regresaban traían un ramito de flores, rosas, sobre todo —explicó.

—¿Entonces? ¿Mi niña no es...? —Linda Aurora no pudo terminar la frase, el llanto no se lo permitió, acababa de comprender que su hija tan sólo era una humana más.

Las lágrimas de la recién estrenada mamá fueron comprendidas como parte de ese instante de comienzos. Estaba desolada y mientras observaba a su madre con su pequeña en brazos esforzándose por protegerla y no dejarla caer, susurrándole hermosuras al oído y dándole la bienvenida con esa ternura tan infantil que ahora desprendía, solo pudo llorar. No podría compartir su secreto con ella. No podría incluirla en su mundo. No podría contarle las maravillas de ser Guardiana. Su niña no podría gozar de la sensación de saberse especial.

Algo se quebró en Linda Aurora. Tras el llanto inicial se apoderó de ella la rabia. La vida se la estaba jugando y las injusticias de todos los mundos cebándose con sus ilusiones. En ese estado no podía escuchar a Pío, tal era su desconexión. Solo repetía… *¿y ya está? ¿y ya está?*... mientras contemplaba a su hija ir de brazo en brazo por toda la estancia. Cuando le tocó el turno del abrazo a Fabián, éste tomó temeroso a su hija y con una sonrisa bobalicona formuló una pregunta:

—¿Qué nombre le ponemos? —Esperaba sonriendo, sentado en la cama junto a su amor y con aquella hermosura de niña en brazos, no podía ser más feliz.

—Rosabel —respondió Linda Aurora sin pensar. Si su pequeña no era Guardiana, al menos tendría un nombre de princesa.

ROSABEL

I

Fabián tramaba algo. Desde muy temprano observaba la actividad de las Guardianas aguardando el momento oportuno en el que dirigirse a Marla. Tenía que hablar urgentemente con ella, quería pedirle un favor que esperaba, con toda su alma, fuera debidamente satisfecho.

Desde que Rosabel asomara al mundo, Linda Aurora se incorporaba a las tareas domésticas a media mañana. Las noches sin dormir se sucedían y su obsesión por ocuparse ella sola de su pequeña culminaba en un agotamiento que no remitía con siestas de diez minutos unos días sí, y otros no. Fabián intentaba ayudar, pero solo se encontraba con negativas que, por otra parte, y tras habérsele pasado el entusiasmo de los primeros días, no le iban nada mal.

A las nueve y media de la mañana, con las camas hechas, los desayunos servidos, disfrutados, recogidos y los huéspedes en las tumbonas de la piscina, Marla se dispuso a preparar una tarta de almendras y melocotones. El pollo con verduras se tostaba en el horno y, sentada sobre la mesa de la cocina, Candela no dejaba de repetir... *¿te ayudo?*

—Claro cariño, toma estos melocotones y métselos en esa cazuela con agua —le dijo Marla con dulzura. Vestía de seda negra salpicada con florecitas en tonos pastel. Un estrecho cinturón rojo ajustaba el vestido a su también estrecha y firme cintura, mientras su pelo rojo andaba recogido dejando que su cuello se exhibiera sin complejos.

—¿Pregunta mamá que si son del Jardín mágico? —dijo Candela mostrándole uno de los melocotones.

—Sí, cariño, dile que son del Jardín mágico, de su Jardín —respondió con naturalidad. Candela solía aludir a su madre, la traía al presente en cada conversación y dejaba notar su presencia en cada uno de sus comentarios, aunque curiosamente, jamás nombraba a su hermana Berta.

—Ya te ha oído —y rio antes de seguir canturreando concentrada en su tarea—. ¡Ya está! ¿Y ahora qué hago? —Nunca se cansaba de cocinar. Nunca se cansaba de ayudar. Nunca se cansaba de cantar, bailar. Y es que Candela estaba más viva que nunca.

—Más tarde los pondrás en el molde, ¿vale? —dijo Marla queriendo protegerla de cuchillos, harinas, huevos, masas y cualquier otro elemento que pudiera terminar causándole un daño o esparcido por el suelo, su pelo, su vestido—. Ahora descansa un poco, me has ayudado mucho.

Fabián las observaba apoyado en el quicio de la puerta, necesitaba armarse de valor para dirigirse a Marla, aquella mujer era mucha mujer y no se andaba con consideraciones, al menos con él, pero tenía que reconocer que, en lo concerniente a Candela y Linda Aurora, no podía entregarles más amor y dulzura. Aquellas mujeres eran realmente hermosas, todas. Candela llevaba el pelo suelto. A Linda Aurora le gustaba trenzárselo… *así no te despeinas…* le decía para convencerla, pero la llegada de Rosabel había disparatado cualquier horario y, en aquellos primeros días Candela se escabullía del peine tantas veces como le era posible. Aquella mañana, entre la negra maraña de su cabello, resaltaba su mechón blanco. Todas las mujeres de esa familia, sin excepción, lo lucían o habían lucido en sus espléndidas melenas. Se preguntaba si su pequeñina, algún día, también mostraría al mundo el suyo. Para él no era más que una característica curiosa y hereditaria. Para las Guardianas, el signo inequívoco de que su don estaba sanando vidas y rescatando almas.

—¡Hola! —saludó el muchacho entrando despacio en la cocina.

—¡Hola! —respondió Candela ante el mutismo de Marla que ni tan siquiera se giró para mirarlo—. Esta tarde me voy a nadar al río —prosiguió la Guardiana al tiempo que mordisqueaba una almendra y jugueteaba con el volante de su vestido verde.

—Ya veremos, ya veremos —apuntó Marla ante el comentario de su hermana—. ¡Y no comas más almendras que son para la tarta! —remató haciéndole cosquillas en los costados.

—Si quieres voy contigo —sugirió Fabián interrumpiendo las risas.

—¿No me has oído?, he dicho que ya veremos —remarcó mirándolo directamente a los ojos.

No sabía por qué, pero a pesar de portar tan solo un cucharón de madera en la mano, a Fabián le parecía estar siendo víctima de una amenaza terrorífica. No había comenzado la conversación con buen pie, pero con aquella mujer era imposible hacerlo, por lo que respiró profundamente, desvió la mirada y comenzó su petición:

—Quiero dar a Linda Aurora una sorpresa.

—¿Y? —preguntó Marla al tiempo que Candela aplaudía sus propios... *sí, sí, sí*.

—Necesito que la acompañes hasta un lugar del bosque cuando oscurezca, no está muy lejos, a unos cuatrocientos metros de aquí, justo a los pies del Xuello.

—No sé si procede, la verdad. —Sabía que Linda Aurora estaba destrozada por la condición humana de su hija, ella misma lo estaba también y necesitaba más tiempo para adaptarse a aquella inesperada y desafortunada situación. Quizá una sorpresa no fuera bien recibida por su sobrina. O quizá, sí. En realidad, no lo sabía.

—Por favor, sé que mi sorpresa la va a hacer feliz, es algo que ha deseado toda su vida, algo que con esfuerzo y ayuda y todo mi amor y...

—Está bien, está bien, ¡calla! —exclamó Marla al ver que Fabián se les aproximaba mientras Candela daba tirones a su vestido y ponía morritos pidiendo a gritos una respuesta afirmativa—. ¿Cuándo quieres que la acompañe?

—A las nueve estaría muy bien. —Y añadió—: Cuento también con vosotras, con Ana y con un pastel como ése —dijo señalando la encimera—. A Bruno ya lo aviso yo.

Fabián corrió hacia su sorpresa atravesando, loco de contento, el patio y la piscina. Con la emoción, olvidó contar a Marla lo que había descubierto, y es que según se desprendía de los planos que el ayuntamiento le había facilitado, el hotel contaba con una habitación más, una con vistas al río.

En efecto, latente y oculta aguardaba aquella habitación maldita, aquella habitación en la que Manuela decidió enterrar su desdichada historia de amor, aquella fatídica experiencia que, deseando arrastrarla hacia la muerte, tuvo finalmente que contentarse con condenarla a la locura.

II

Eran las ocho de la tarde y, por tanto, la hora del baño de Rosabel. Linda Aurora disfrutaba mucho de ese momento del día, se la podía escuchar canturrear desde el patio, tanto como se escuchaba el frenético llanto de su niña. La pequeña siempre lloraba e intentaba defenderse con toda la rabia y fuerza que un bebé de tres semanas era capaz de demostrar. No conseguía nada. Siempre terminaba recibiendo un refrescante baño; eso sí, exhausta y agotada.

Linda Aurora la contemplaba en silencio. La sentía extraña. Su hija no se ajustaba a sus expectativas, no era aquella hermosa Guardiana con la que llevaba meses soñando. Sólo era una desconocida, una humana que desnudita, desamparada e indefensa, esperaba que su madre, ella, le pusiera el pijama. Alguien a quien cuidar, amar y entregarse cada día, todos los días. El tiempo pasaba y a Linda Aurora la resistencia se le había adherido con fuerza. Era incapaz de aceptar que su preciosa hija no era una Guardiana.

—¿Y si mi niña oliera a aire? ¿O a piedra? —preguntaba a Pío de vez en cuando—. Porque yo nunca he olido una piedra. Tú que lo sabes todo, dime, ¿a qué huele una piedra? —insistía desesperada en su argumento—. Seguro que pronto nacerá en su cabecita un precioso mechón de pelo blanco —se contestaba a sí misma porque Pío nunca respondía a este tipo de interrogantes, sólo en contadas ocasiones se esforzaba por hacerle llegar estas palabras... *no te resistas más, acepta lo que es...* Otras veces entonaba un... *si te resistes a la realidad y luchas contra ella, prestas atención a lo que no te gusta y así, sólo obtienes más de lo mismo. Ama a Rosabel como se merece. Ama a Rosabel tal y como es. Ama a Rosabel por ser, por existir y deja de intentar que tu pequeña se ajuste a tus expectativas. Ella es. ¡Ámala y punto!* ¿Qué clase de amor impone condiciones? ¡Qué barbaridad!

El victimismo que se había apoderado de Linda Aurora le impedía mantener una conversación clara y fluida con su Ángel. Pío le hablaba con frecuencia, pero ella no era capaz de escuchar, sus palabras le llegaban convertidas en meros presentimientos, impulsos o emociones. No era mucho, tenía que ser capaz de dejar a un lado la sensación de derrota y frustración si quería seguir adelante. Y tuvo suerte. Algo tan sutil y efímero como una mirada consiguió hacerla reaccionar. Vivió uno de esos instantes fugaces que encierran todo el poder de mil dioses. Tras observar a su pequeña en silencio y sonreír cuando sus miradas se cruzaron, sintió una hermosa inspiración, tomó un fular celeste y rodeó a su hija con él; a continuación, se lo acomodó al cuerpo anudando sus extremos con fuerza. Acababa de crear un espacio íntimo y bello que sólo compartiría con su niña. Linda Aurora se había convertido en una preciosa mamá canguro... *será nuestro refugio, nuestro lugar mágico y único. Aquí, sólo habitaremos tú y yo. Nuestros secretos. Nuestro mundo. Nuestras fantasías.* Linda Aurora mantenía a Rosabel pegadita a su cuerpo mientras le susurraba... *así, mi amor, a partir de ahora tú y yo, nosotras, juntitas a todos los lados. Quiero conocerte y enamorarme de ti.*

—¿Se puede? —preguntó Ana entrando sin esperar respuesta—. ¡Qué guapa es! ¡Dos días sin verla y parece que ha crecido! ¡Dame, dame que la tome un poco que tú la disfrutas todo el día!

—Espera —dijo Linda Aurora desatando un nudo del fular para liberar a la pequeña—. Toma, ten cuidado y sujétale bien el cuello.

—Ya, ya —rio—. ¡Menuda madraza! ¡Siempre me dices lo mismo! —Tomó en brazos a Rosabel y se sentó en un balancín de madera blanco acolchado en rosa y beige—. ¡Qué bien se está aquí! ¿Cómo me queda un bebé?

—Raro —respondió Linda Aurora riendo—. Y dime, ¿qué haces a estas horas por aquí?

—Me llamó tu tía.

—¿Para?

—No sé —respondió mientras intentaba rescatar del puño de la pequeña un mechón de su pelo—. ¡Qué fuerza tiene, la condenada! Pues me dijo, «ven a eso de las nueve que Fabián quiere darle una sorpresa a Linda Aurora», y en cuanto he cerrado la tienda he venido para acá.

—¿Una sorpresa? ¿Fabián? ¿Y mi tía es su cómplice? —preguntó extrañada.

—Raro, ¿verdad?

—Sí, mucho.

—Hay que ver qué bien huele —dijo Ana de repente—. Y es alucinante lo bien que se siente una con un bebé en brazos. Será la paz que desprende, su ternura, su olor, su inocencia, no sé. Pero algo es.

Y en efecto, algo era. Pío volvió a intentar comunicarse con Linda Aurora sin éxito, su mensaje... *será porque en presencia de un bebé te sientes aceptado tal y como eres. Él no te juzga, no construye opiniones ni se entretiene en formular estúpidas críticas...* Se desvaneció sin más.

A las nueve menos diez pusieron rumbo hacia el bosque. La luna estaba presente, pero todavía reinaba la luz del sol. Linda Aurora disimuló saber que iba a ser sorprendida mientras se preguntaba, una vez más, cómo era posible que no estuviera locamente enamorada de Fabián.

III

Fabián no sorprendió solo a Linda Aurora. En los últimos meses había estado trabajando junto a Bruno en algo maravilloso, habían construido una preciosa casa en un árbol. O, mejor dicho, en cinco, un grueso tronco central y cuatro más que hacían las veces de pilares en aquel cuadrilátero convertido ahora en un sueño cumplido. Todos, incluida Candela, se quedaron sin habla.

El abrazo que tiempo atrás recibiera de Marla fue el detonante de tan magna hazaña. Lo llenó de ilusión y entusiasmo, lo llenó de certeza y, a partir de ese momento, centró todos sus esfuerzos en construir un hogar que poder compartir con su amor. Encontró en Bruno complicidad, silencio, entrega y muchísima ayuda. Ese muchacho era excepcional. Lo quería. Era maravilloso compartir su sueño con alguien que siempre sonreía y no se asustaba ante nada. Era inmenso y nunca se daba por vencido.

Seleccionó con esmero un haya preciosa. Se trataba de un árbol robusto y fuerte, tal y como quería que fuera su nueva vida en La Ribera. Aquel árbol centenario, sabio y de profundas raíces sustentaría a su familia en la orilla del Xuello, a tres metros de altura, cerca de los pájaros, las nubes y las estrellas.

La casa estaba rodeada por una balconada. Fabián sabía cuánto le gustaba a Linda Aurora contemplar el paisaje desde el balcón del hotel y estaba seguro de que aquel lugar se convertiría muy pronto en su espacio preferido. Hasta la puerta principal se accedía subiendo treinta escalones dispuestos en forma de caracol. La sencilla puerta de madera, con seis cuadraditos de cristal en diferentes colores, entusiasmó a Candela. Se trataba de una casa de cincuenta metros tan cuadrados como su distribución. Cinco ventanas permitían el paso de la luz de la luna, cinco ventanas vestidas por dentro de gasa blanca y por fuera con persianas de madera.

Mientras Fabián explicaba cómo había colocado una escalera de cuerda en la parte trasera de la casa... *para cuando crezca Rosabel...* los rostros de los allí presentes mostraban estupefacción, asombro y admiración. Candela se tomó las palabras del muchacho como una invitación a la diversión y corrió despavorida hacia la aventura. Intentó trepar por la escalera desistiendo tras su cuarto intento, la falda se le enredaba y las fuerzas le fallaban. Comenzó a lloriquear frustrada, pero sus gimoteos apenas duraron un minuto porque Bruno, tras un gesto pactado previamente con Fabián, accionó un interruptor quedando el exterior de la casa iluminado por multitud de alegres bombillas de colores.

Un enorme tobogán verde comunicaba la balconada con tierra firme. Consideró oportuno hacerlo muy largo para suavizar así su pendiente. Se imaginaba a Linda Aurora lanzándose por él con Rosabel en brazos una y otra vez, y aquella estampa siempre conseguía despertarle la sonrisa. Había otro tobogán dispuesto de manera perpendicular al anterior, era más pequeño y amarillo como los girasoles. Su destino: el río.

Fabián, mirando con ternura a Linda Aurora y sin dejar tiempo para comentarios, se deslizó por el tobogán y señaló hacia el interior del bosque. A escasos metros de allí se encontraba una encantadora y sugerente «zona de juegos» que incluía un balancín rojo brillante, un pequeño tobogán azul, dos columpios y todo un paraíso para los trepadores. Sin escatimar en detalles fue alternando en una enorme pared grandes piedras con gruesas cuerdas y elásticas gomas.

El interior de la casa era sumamente modesto, pero qué podrían necesitar en un lugar tan mágico y hermoso. Sus metros se repartían con mucho acierto entre un salón con cocina americana, dos habitaciones y un baño. No necesitaban más.

Llegados a ese punto, Linda Aurora todavía no había sido capaz de pronunciar una sola palabra. Lloraba calladamente sumida en sus emociones. Tenía ante sí un sueño cumplido y esa sensación era algo inmenso que quería disfrutar. Se ajustaba el parche de su ojo continuamente, solía hacerlo cuando no sabía qué hacer y aquella suponía una magnífica ocasión para mover su parche de allá para acá. Acariciaba con ternura a Rosabel mientras ésta, envuelta en el fular que la mantenía pegadita a su vientre, se entretenía en interminables y repetitivos ciclos en los que buscaba alimento, saciaba su apetito y se quedaba dormida.

¿Has visto qué belleza? ¡Papá y Bruno son los mejores hombres del mundo! ¿Quieres vivir aquí?... Linda Aurora se veía a sí misma en la balconada, en el tobogán, a los pies del Xuello... Sentía una inexplicable conexión con aquel lugar. No quería marcharse.

Volvió a abrazar a Fabián y le susurró un sentido y sincero... *gracias, eres el mejor...* que el muchacho recogió con la intención de volcarlo en el papel más tarde. Quiso retener su emoción para compartirla después con el mundo entero, cerró sus ojos y se concentró en todo lo que estaba sintiendo con el fin de fijarlo en su memoria. Temía no poder encontrar después las palabras adecuadas. En no pocas ocasiones sentía la inspiración junto a una insistente y apremiante necesidad de compartirse, pero cuando llegaba el momento de enfrentarse al papel en blanco, terminaba derrotado.

Linda Aurora viviría junto a Fabián y su hija en aquel pequeño milagro, la decisión fue rápida y aplaudida por todos, pero... *no, Fabián, boda no. Ya lo sabes.*

Era feliz, brillaba, y en plena alegría fue capaz de oír a Pío decirle... *disfruta de la vida, mi niña, disfruta.* Aquella noche, a los pies de la casa del árbol, no era la única que desprendía entusiasmo e ilusión. Candela no cesaba de repetir... *esto es la felicidad, esto es la felicidad...* mientras se lanzaba una y otra vez por el tobogán y tanto escucharon aquella expresión y tan hermosa les pareció que decidieron hacerla suya y bautizar su nuevo hogar con ese maravilloso y anhelado nombre: *Felicidad.*

El momento era bello y por tanto oportuno para cualquier cosa, tanto que Fabián decidió aprovecharlo para contar a Marla su hallazgo.

—¿Qué? ¿Otra habitación? —Su extrañeza era de lo más convincente—. Nunca he oído que existiera otra habitación y desde luego, yo que he nacido allí, te puedo asegurar que no existe. Los planos deben estar equivocados. Mañana me los das y a Linda Aurora ni palabra que la pobre no está para tonterías. —Buscó con la mirada a su hermana, pero no la encontró—. Te felicito por la casa, es realmente preciosa.

No hubo tiempo para más, el chapuzón de Candela en el río puso punto final a la velada. La Guardiana se había confundido de tobogán.

IV

—Sí, María, no puedes ni imaginarte lo bonita que es —Marla le explicaba lo hermosa que era la casa del árbol.

—Fabián es un buen muchacho —afirmó María mientras se ponía en pie—. ¿Quieres otro trozo? —Tenía ante ella un sabroso pastel de nueces, crema, nata y chocolate y en su mano derecha un enorme cuchillo.

—Sí, por favor, pero uno pequeñito. —Marla repetía dulce. Siempre se sentía bien en la compañía de aquella mujer. Había crecido a su lado y no en pocas ocasiones había ejercido de madre ante los desvaríos de Manuela—. Pues como te decía, es preciosa.

—Espero poder ir a hacer una visita pronto, últimamente las piernas me duelen mucho, el paseo y la bici son un suplicio y me sabe mal pedir favores al cura. —Se acercó a Marla y bajó el tono de voz—: Éste no es como D. Ruperto, es bueno, no me malinterpretes, pero tiene algo... No sé, no sé.

Marla había decidido ir a visitar a María. Hacía días que no la veía y la echaba de menos, además, si alguien podía saber algo sobre aquella misteriosa habitación que, efectivamente aparecía en los planos del hotel, era ella. Preparó un pastel maravilloso, lo puso en la cesta de mimbre de su bicicleta y con un vaporoso y fresco vestido blanco pedaleó sendero abajo desprendiendo su característico aroma a Lavanda.

—Quería preguntarte algo.

—Dime cariño —dijo María con toda su atención centrada en no derramar el café que estaba sirviendo—. ¿Con leche?

—No, no, así está bien —respondió Marla—. Pues Fabián, que muchas veces va por delante y hace las cosas sin preguntar...

—Es buen chico, Marla —cortó María que conocía las diferencias entre ellos tanto como conocía lo perjudicial que resultan las críticas y los chismorreos—. Ama a Linda Aurora y, te digo yo, que van a terminar casándose. Yo siempre lo he creído y ahora que han sido bendecidos con un bebé, con más motivo.

—Bueno, sí, ya veremos. —No quería ni imaginárselo. Seguía confiando en que un día haría maletas y no volvería jamás—. Pues fue al ayuntamiento a pedir los planos del hotel porque quería hacer unas reformas y resulta que hay una habitación más... ¡María! ¡María! ¡¿estás bien?!

Tras las palabras de Marla, María pronunció un leve, ¡oh!, se tapó la boca con la mano, puso los ojos en blanco y terminó deslizándose por la silla lentamente hasta acariciar el suelo. Un mareo la había dejado lánguida y muy pálida sobre el terrazo de la cocina.

—¡Ayuda!¡Ayuda!

Carreras, llamada al doctor, pies en alto y mucho, pero que mucho abanico. Tardó en volver en sí algo más de quince minutos y, cuando lo hizo, agradeció a todo el mundo el interés y la preocupación mientras los acompañaba a la puerta de la calle deseando que se marcharan para poder quedarse a solas con la Guardiana... *Marla, cariño, hay algo de tu madre que tengo que contarte.*

Y le contó que Manuela, recién estrenados los veinte, había conocido a un muchacho, Pascual se llamaba. Y no le resultó fácil el relato porque tan sólo su nombre le producía náuseas y un innecesario dolor a esas alturas de su vida. Le costó pronunciarlo, pero lo hizo, cuarenta años habían transcurrido desde que «aquel día» Manuela les hiciera prometer a Ángela y a ella que no volverían a nombrarlo jamás, no volverían a pensarlo siquiera, y si alguna vez el recuerdo de *ése* les acudía, lo llamarían como se merecía: «El maldito».

—Antes del odio y el despecho, tu madre estaba muy enamorada de él.

—¿Y él?

—Yo creo que no, pero eso es difícil de precisar. —María desplegó un abanico negro decorado con flores blancas y, como si quisiera ahuyentar fantasmas, prosiguió su relato a golpes de aire—. Se hospedaba en el hotel de tanto en tanto y, en los períodos de ausencia, enviaba cartas. Al principio muchas, más tarde no. Lo sé porque tu madre vivía obsesionada, las leía y releía a todas horas y cuando comenzaron a escasear, lloraba con desconsuelo y se encerraba en la buhardilla días enteros abandonando sus tareas y olvidando a los huéspedes. Se olvidaba incluso del Jardín y como no nos dejaba entrar, andaba maltrecho y lleno de hierbajos.

—¿Qué pasó? —Marla se preguntaba si aquel hombre tachado de ser un «maldito» sería su padre.

—La invitó a La Ciudad y ella fue entusiasmada, pero cuando regresó…

—¿Sí?

—La encontramos en el Jardín…

—¿En el Jardín?

—Dormía, estaba tumbada en el suelo, sobre las cartas y… el doctor dijo que había tenido mucha suerte. —Las palabras no deseaban ser pronunciadas.

—¿Suicidio? —preguntó Marla escandalizada.

—Cariño. —A María articular un sencillo sí, le resultaba del todo imposible.

—Ángela y yo nos turnamos para cuidarla y recuerdo que repetía todo el tiempo... *no era necesario, no era necesario, ¿cómo hablar de humillación? Si no la has vivido, no se puede...*

—¡Dios mío! —exclamó Marla sintiendo que una lágrima rodaba por su mejilla. Le ardía el dolor que Manuela había sentido. Le quemaba haber vivido junto a ella, juzgándola en muchas ocasiones y no entendiéndola casi nunca. Le abrasaba lo injusta que había sido con su madre—. ¿Qué le ocurrió en La Ciudad?

—Nunca nos lo contó. En cuanto se recuperó, con sus propias manos levantó una tapia en esa habitación y nos prohibió hablar de todo esto para siempre. —El abanico volaba e impactaba con fuerza contra su pecho—. Él siempre se instalaba en esa habitación, la verde, le encantaba contemplar el río y solía dar largos paseos. Cuando paso... «eso», Manuela la tapió y al cabo de unos meses nacisteis vosotras y poco a poco se le fue yendo la cabeza hasta...

—¿Hasta?

—Lo del Jardín

—Ya, ya —afirmó Marla—. Cuando intentó quemarlo.

—Sí, después de eso la vida se le complicó, pero tú ya lo sabes.

—Sí, lo sé —dijo apenada—. La manteníamos a salvo de sí misma con fármacos, dejó de cocinar y en las pocas ocasiones en las que abandonaba la buhardilla, se sentaba en la puerta bajo los nogales y si le preguntabas qué hacía, se limitaba a decir… esperar.

—Es verdad, cariño —recordó nostálgica—. ¿Sabes qué esperaba?

—No, no lo sé —reconoció—. Unos días creía que se refería a la muerte, pero otros, parecía estar esperando a alguien. Clavaba su mirada en el sendero y la mantenía así, inmóvil durante horas.

—Recuerdo que de buenas a primeras comenzó a corretear y dar brincos de un lado para otro. Duró poco…

Los ojos de María se llenaron de lágrimas, sus palabras se quedaron suspendidas y sus recuerdos viajaron hasta el mismísimo instante en el que descubrió a Manuela dormida plácidamente en una tumbona de la piscina y supo que jamás despertaría.

Ante su llanto, Marla decidió sellar la conversación con un amoroso y profundo abrazo, desnudo y lleno de magia. Regresó al hotel caminando junto a su bicicleta. Un paseo sería una terapia ideal con la que poder integrar en sus recuerdos aquel episodio hasta entonces desconocido de su madre. Disfrutó del fluir del Xuello, del canto de los pájaros y de un suave calorcito que la abrazaba mientras ella regalaba su aroma a Lavanda. Y, formando parte de aquel instante, tomó una decisión: no hacer nada. Porque no hacer nada es muchas veces una gran decisión. La mejor. Porque no hacer nada siempre es una opción y porque no hacer nada tenía para ella un simbolismo inmenso, significaba respetar la decisión que una vez tomara su madre. Por eso fue tajante con su *No* a Fabián y muy clara en su advertencia: *A Linda Aurora ni una palabra sobre esta habitación. Esto queda entre tú y yo.*

Tan sólo tuvieron que transcurrir dos semanas para que María cumpliera su sueño... *sí, me voy con D. Ruperto a conocer al Santo Padre. ¡Qué ilusión!¡Ha sido todo tan rápido e inesperado!* Y como no podía ser de otra manera, a Marla recibir esta noticia le plantó una gigantesca sonrisa en la cara. Estaba segura de que había merecido la pena dejar un poco de sí misma en el abrazo que le diera, si con él hacía feliz a aquella mujer.

V

Vivir en la casa del árbol supuso un soplo de aire fresco en la vida de Linda Aurora, sin duda se trataba de un regalo del cielo, de un respiro que ella tomó y agradeció con toda su alma; y antes de que pudiera darse cuenta, llegó el otoño y el bosque se tiñó de amarillo.

Todas las mañanas madrugaba, tomaba en brazos a su pequeña y se deslizaba por el tobogán verde. Tras colocar a Rosabel en la cestita de su bicicleta pedaleaba los escasos metros que la separaban del hotel.

Durante muchos meses, las pañoletas, los fulares e incluso algunas coloridas toallas habían formado parte de su vestimenta habitual, pero su hija había cumplido siete meses, pesaba mucho y cargar con ella resultaba doloroso; además, Rosabel había descubierto lo divertido que resultaba desplazarse por sí misma. Le encantaba gatear y daba buena cuenta de ello, igual podías encontrarla en el patio, en la cocina, en alguna habitación o adentrándose en el jardín en busca de tomates o pepinos. Era una niña preciosa, de tez muy blanca y pelo tan negro como abundante. Sus ojos destacaban, enormes y expresivos se encontraban rodeados por unas pestañas espesas, largas y curvilíneas. Mostraba el cristalino más limpio y blanco que hubiera existido jamás en La Ribera y en su iris se intuía toda la magia que Linda Aurora deseaba para ella. Era azul, de un azul sereno y suave que cuanto más se aproximaba a su pupila, más se difuminaba tornándose claro y transparente hasta culminar en un delgado y delicado halo del color de la miel.

Era un bebé muy sociable y de sonrisa fácil que disfrutaba de la compañía de los huéspedes y las carantoñas de Marla y Candela. Pasaba todo el día de allá para acá repartiendo alegría y recibiendo piropos. Candela la seguía a todas partes tanto como Marla y Linda Aurora la seguían a ella. No podían confiar en su juicio y el amor que mostraba hacia Rosabel era tan intenso y descontrolado que, en más de una ocasión, habían temido por la integridad de la pequeña.

Cuando apenas había cumplido su primer mes, estuvo perdida durante tres horas. Las palabras de un cliente bienintencionado sembraron el pánico en las Guardianas… *no preocuparos, la llevaba Candela en brazos…* De nada sirvió que le preguntaran con todo el amor del mundo dónde estaba Rosabel como tampoco resultó de utilidad amenazarla con dejarla sin postre o baño. Negaba con la cabeza muy enfurruñada y alternaba sus gritos con gimoteos cada vez que repetía… *¡que no sé dónde está!,*

¿se ha perdido? ¡pobrecita!, ¡vamos a buscarla!, ¡vamos!

Pusieron el hotel patas arriba y ni rastro de la pequeña. Linda Aurora iba de un lado a otro sin orden ni concierto mientras lloraba histérica.

—Cariño, espera en la buhardilla —le dijo Marla—. No te preocupes, no está en la piscina…

—¡Pero el río, tía! —gritó asustada—. ¡Y si se la ha llevado al río…!

—Por favor, ve a la buhardilla. —La tomó de la mano y la acompañó hasta la escalera—. Vamos, subo contigo.

—¿Qué le voy a decir a Fabián? —Linda Aurora estaba fuera de sí—. Si solo la he perdido de vista un minuto.

—Tranquila…

—Dormía, y la he dejado en la cuna y he ido un momento a la piscina a atender a un cliente y… —Linda Aurora repasaba mentalmente una y otra vez lo acaecido por la tarde en busca de pistas que le condujeran hasta su hija.

—No le des más vueltas, en un momento verás cómo tenemos a Rosabel en brazos. —Marla abrió los dos candados con los que protegía su secreto de Fabián y el resto de los humanos, entró en la buhardilla llevando a su sobrina de la mano y la acompañó hasta la balconada—. Cariño, espera aquí que…

—¡Mira! ¡mira! —exclamó la muchacha, sin dejarla terminar su frase—. ¡Es ella! ¡es ella! —Y salió despavorida escaleras abajo.

A lo lejos Marla divisó la figura de un señor con algo entre los brazos. Era Rosabel. Al parecer la habían encontrado en el huerto, entre las lechugas y las berenjenas… *menos mal que se ha puesto a llorar, era imposible encontrarla, la oía llorar, pero no la veía, ¡qué agobio!*… relató el huésped mientras intercambiaba un bebé por una taza bien calentita y hasta los topes de valeriana, melisa y tila.

A pesar de que Candela se aferró con fuerza a su inocencia, determinaron extremar la vigilancia y no dejarla a solas con Rosabel bajo ningún concepto. También acordaron ocultar el incidente a Fabián… *por no preocuparlo*, fueron las palabras que empleó Linda Aurora y un… *claro, claro*… con las que se dio por terminado el asunto.

Pero si ese acontecimiento había conseguido sembrar la preocupación entre las Guardianas, fue a las pocas semanas de trasladarse a la casa del árbol cuando saltó la señal de alarma definitiva. Un domingo de junio, bien entrada la madrugada, Linda Aurora la encontró ante las puertas de *Felicidad*.

—¿Mamá, qué haces aquí? —le preguntó dulcemente mientras la sacudía con delicadeza. Candela dormitaba hecha un ovillo.

—Hola —gimoteó—. Tengo frío, ¿y Rosabel? ¿Está aquí? ¿Puedo verla? He venido a jugar con ella.

—Vamos, mamá—. Linda Aurora la ayudó a levantarse del suelo y pudo comprobar que llevaba puesto el camisón—. Sí, está en casa, ¿quieres verla?

—¡Sí! —exclamó llena de alegría. Poco le importaba que fueran las tres de la madrugada.

—Pasa. —Rodeándole los hombros con su brazo la acompañó hasta el interior—. ahora está dormida en su cunita, ¿quieres dormir conmigo esta noche? Fabián no está y así mañana en cuanto se despierte Rosabel podéis jugar, ¿qué te parece?

Candela aceptó a regañadientes, pero aceptó. Eran muchas las noches que Linda Aurora pasaba con el desvelo como compañía. Cuando el sueño se le resistía, se preparaba un té fresquito y salía a la balconada para charlar con la luna y deleitarse con el gorgoteo del río. Se sentía sola y abrumada. Fabián se ausentaba con frecuencia, había retomado su ocupación de cuidador en el hospital y pasaba largas jornadas entre lamentos y quejas de desconocidos… *sois mi responsabilidad...* fue el único argumento que esgrimió para justificar su decisión. Jamás reconocería que Rosabel lo hacía sentir frustrado e incómodo. Era llorona, chillona y él, un padre que se sentía incapaz con demasiada frecuencia. Tampoco Linda Aurora reconocería que lo echaba de menos, que vivir en un árbol en el bosque era maravilloso, pero vivir junto a él, todavía era mejor.

VI

—¿Cuándo piensas llevarla al médico? —Fabián intentaba controlarse, pero la pasividad de Linda Aurora lo tenía desconcertado—. ¿No te das cuenta o no quieres darte cuenta? ¡Esto no es normal! ¡Si no la llevas tú, la llevaré yo! —conforme avanzaba su discurso, el volumen de su voz aumentaba y su tono se endurecía—. ¡Mañana sin falta Rosabel y yo, nos vamos al médico!

Linda Aurora había intentado ocultar a Fabián los trastornos de Rosabel, y no tenerlo en casa todo el día ayudaba. El primer vómito se produjo coincidiendo con los primeros calores, la pequeña apenas contaba con tres meses y la fuerza de julio sirvió de excusa. No tardó en repetirse y tan frecuentes se hicieron que un cubo y una fregona comenzaron a presidir su hogar como si formaran parte de la decoración. La Guardiana preguntaba a Pío si se trataba de algo pasajero, si el cuerpecito de su niña maduraría y todo quedaría en pura anécdota, si es que ella no sabía ser madre y la estaba alimentando mal, o si era el cielo y su particular manera de hacer las cosas que la castigaba por haberla rechazado… Su respuesta no se demoró y llegó en forma de ataque de asma. A los vómitos recurrentes, frecuentes y abundantes de Rosabel se le iban sumando resfriados, toses y muchas, pero que muchas noches en vela. A Linda Aurora se le trastornó el sueño, si su hija estaba enferma y Fabián en casa, se sentaba en una silla junto a su camita y la contemplaba hasta que el sueño la vencía. Se despertaba sobresaltada y con el miedo en el alma por si algún mal había atacado a su niña y ella no lo había remediado por haberse quedado dormida. En las noches en las que Fabián no estaba, madre e hija compartían cama… *¿crees que te cuido?*… le decía con ternura mientras la pequeña dormía y ella le acariciaba la frente… *pues no, cariño, no. Tú, me haces más falta a mí que yo a ti.*

Fabián tenía razón, estaba mirando hacia otra parte y su niña cada vez se encontraba más irritada, su peso se había detenido, su hermosa y resplandeciente carita lucía ojeras y sus ojos no transmitían ni magia ni luz. Pronto cumpliría un añito, le estaba preparando una maravillosa fiesta a orillas del Xuello y no quería que etiquetas ni juicios médicos enturbiaran aquel día, pero Fabián había sido muy contundente y si alguien tenía que llevar a su niña ante el doctor, era ella.

—Ya la llevo yo —fue todo lo que dijo antes de tomar a su pequeña en brazos y desaparecer con ella en el bosque.

Linda Aurora no esperó al día siguiente, aquella misma tarde fue a contarle al médico de la Aldea lo que ocurría, y éste, tras un desafortunado reproche que se le clavó en el alma como un puñal... *¿cómo has esperado tanto tiempo?, ¡mira cómo está la pobre!...*, la derivó a un especialista de La Ciudad muy bueno, que tenía una consulta muy lujosa y cobraba unos honorarios realmente desorbitados. Casualmente, era muy amigo suyo... *¡y además te la llevas ya!...* fue todo lo que le dijo antes de que la Guardiana abandonara aquel espantoso lugar, apretando con fuerza el cuerpecito de Rosabel contra su pecho como si temiera que alguien o algo pudiera arrebatársela en cualquier momento. Transcurridas cuatro horas regresaron a casa, a *Felicidad*. No era capaz de reprimir sus lágrimas, abrazaba con fuerza a Rosabel e intentaba recordar las palabras del doctor, pero no podía, su mente había resumido la grandilocuente exposición del pediatra en tres sencillos conceptos: «Enfermedad sistémica» ...*La enfermedad afecta a todo su cuerpecito...* «Pronóstico incierto» ...*No podemos saber qué va a ocurrir...* Y «no hay tratamiento» ... *no hay nada que hacer, aguarda lo desconocido y prepárate para lo peor.*

Ella, que tanto drama había sufrido en su vida sintió por primera vez el auténtico miedo. Lo tenía agarrado en su garganta, en su pecho, pesaba como una losa y apenas le permitía pensar. Intentó un trueque con el cielo. Intentó apartar de su mente las palabras de aquel mensajero del horror. Intentó hablar con Pío, pero nada aliviaba su pánico. Cuando llegó a *Felicidad*, vio cómo su madre intentaba trepar por las cuerdas entre risas y grititos. Vestía unas bermudas de color crema muy cómodas y fresquitas que combinaban perfectamente con un suéter floreado, aunque a Candela lo que le encantaba era el lino, la seda, los tonos pastel y los colores suaves estampados en vaporosos vestidos que le resultaban muy apropiados para jugar con su nieta. Algunas veces la escondía bajo sus faldas para ocultarla del mundo; otras, se tapaba la cara con ellas dejando al aire todas sus vergüenzas, ante el estupor y la sorpresa de los allí presentes. Sus juegos no se reprimían ni disimulaban por nada, ni nadie. Clientes, Fabián y hasta el mismísimo cura fueron testigos en más de una ocasión de aquel espectáculo bochornoso y escandaloso a partes iguales. Marla y Linda Aurora se vieron obligadas a retirar de su armario faldas y vestidos y sustituirlos por unas bermudas que, sin duda, resultaban mucho más apropiadas para sus nuevas aventuras. Escalar con ellas le resultaba cómodo, divertido y altamente gratificante. Era sorprendente la agilidad y vitalidad que exhibía. Y aquella tarde, rota de dolor ante la puerta de *Felicidad* y portando a su niña en brazos, Linda Aurora escuchó a su madre exclamar... ¡*mira lo que hago, mira lo que hago!*... y el tono cantarín e infantil de Candela fue el responsable de arrancarle una tímida sonrisa y un sincero: *Gracias.* Por primera vez en su vida agradecía tener castrada la visión de su ojo.

Con todo el dolor en su alma fue capaz de sentir gratitud por el mal que había sufrido, porque no ejercer su don le permitiría vivir muchos años y cuidar de su pequeña, de su pobre niña que no era más que una humana débil y enfermiza. Tan solo lo sintió durante un instante, pero un instante que se convirtió en milagroso.

La fuerza de la gratitud no conoce límites, desencadena bendiciones y pone en marcha acontecimientos que escapan a la razón. Linda Aurora no sabía que su niña había nacido con el tiempo contado y que su cuenta terminaría cuando cumpliese cinco años, pero la sincera gratitud que acababa de sentir fue recibida con júbilo en el cielo y nunca, nada, jamás, queda sin recompensa. Algo bello y hermoso venía en respuesta a su no menos bello y hermoso sentimiento.

VII

Está sana y perfecta, poco a poco irá admitiendo la comida. No le pasa nada, dice que no nos tenemos que preocupar... fue la mentira que contó a Fabián y... *que sea un secreto de las dos, bueno y de Pío, a ese no podemos excluirlo, se entera de todo antes que yo...* las palabras que susurró a Rosabel.

Aquella noche Fabián trabajaba, y las tres siguientes también. Para Linda Aurora suponía una magnífica noticia tener tiempo para aclarar sus ideas. No esperaba visita, pero Pío se hacía notar cuando lo consideraba oportuno y ella estaba en condiciones de escuchar. La gratitud sentida horas atrás le había abierto de nuevo las puertas a su Ángel, y éste no demoró más sus palabras:

—¡Por fin puedo comunicarme contigo! ¡Deja de llorar y escucha! —pronunció por todo saludo.

—¡Gracias a Dios! ¡Te he echado tanto de menos! —Enjugándose las lágrimas, Linda Aurora se levantó de la cama y se lanzó por el tobogán. Quería sentarse a los pies de su haya y contemplar el río mientras charlaba con Pío. Temía lo que éste tuviera que decirle.

—Siempre me dices lo mismo, y en cuanto te sobreviene un contratiempo...

—¡¿Contratiempo?! —Linda Aurora estaba fuera de sí, necesitaba orientación y consuelo, no reproches e ironía—. ¿Te atreves a llamar contratiempo a esto?

—Cariño, eres un ser celestial. No lo olvides —suavizó su tono—, pero estás viviendo una experiencia terrenal.

—¿Qué puedo hacer? —lloraba sin consuelo—. ¡Ayúdame!

—Si me pides ayuda, te la daré. Siempre lo hago. Pero para poder ayudarte necesitamos estar en contacto, de nada sirve que te hable y no me escuches, así que desde este momento y para siempre, olvídate de tus lamentos y de tu dolor y limítate a sentirte agradecida. Es muy importante que tu corazón rebose gratitud y tu alma descanse con el perdón. No hay culpables. No hay víctimas. Sólo hay experiencias. Unas te gustarán, otras no, pero es el contraste lo que te permite crecer y avanzar. Jamás olvides esto.

—Lo sé, pero… —Linda Aurora miraba al suelo y jugueteaba con las raíces del árbol que sobresalían de la tierra.

—Sé que lo sabes y sé que lo olvidas. Deberías tomar nota de esto para futuras situaciones.

—¿Futuras situaciones?

—¡Claro! Vives en el contraste, siempre habrá futuras situaciones en las que te sentirás desesperada y siempre habrá motivos por los que sentirte agradecida. Céntrate en ellos y yo podré mostrarte el camino. Céntrate en ser una víctima y no podrás escuchar mi voz. Tú decides.

—Dime qué hacer —apremió Linda Aurora temiendo que en cualquier momento su Ángel desapareciera para siempre.

—Háblale a su cuerpo, háblale con amor y enseña a tu niña a hacerlo. Amarse la sanará. Todos los humanos tienen la capacidad de sanarse; es más, sanar desde dentro es la única manera posible de hacerlo. Su fe en el tratamiento, su fe en el médico, su fe en la vida, en el amor, en su mente, en su capacidad para salir adelante, eso es lo que consigue restaurar su salud. Su fe y el amor.

—¿Tú, crees? —preguntó decepcionada y sintiendo que acababa de perder todas las esperanzas.

—Sí, creo. ¿Y tú, qué crees?

—Creo que es una estupidez, creo que dices estas cosas para tenerme entretenida y no oír mis lamentos, creo que voy a perder la razón en cualquier momento, creo… —no pudo terminar la frase, se abrazó las rodillas y enterró su cara en ellas.

—Creo que no sabes tanto como piensas —Pío hizo una pausa antes de continuar—: y sé, que aquello que tú creas que es cierto es justo lo que obtendrás.

—Pero…

—No hay pero que valga, cultiva tu gratitud, practica el perdón y por supuesto, haz crecer la fe en ti.

—Pío…

—¡A dormir!, ¡deja de quejarte y dile al cuerpo de tu niña lo maravilloso que es! ¡Vamos! ¡No pierdas más tiempo!

VIII

Titubeó, pero no tenía nada que perder. Linda Aurora se recostó junto a Rosabel y comenzó muy despacio a pronunciar tímidamente... *cariño, tu cuerpecito es fuerte...* Le resultaba difícil articular las palabras, se sentía estúpida, pero ante la enfermedad de su hija, no había nada que pudiera hacer, por lo que continuó... *quiero agradecer a tus pulmones cada una de tus respiraciones...* Y a una frase se le fue uniendo otra y otra más hasta que poco a poco comenzó a fluir de sus labios un discurso lleno de emoción y amor... *amo tus lindos ojos y agradezco al cielo el maravilloso don de la visión que te ha concedido, amo tu preciosa boquita que te alimenta cada día, me regala sonrisas y balbucea... me encantan tus manitas, ¡mira que deditos más largos tienes!...*

En poco tiempo se convirtió en toda una experta en el peculiar arte de regalar piropos y gratitud a todas y cada una de las células de Rosabel. Le encantaba ese momento cercano al descanso en el que ya estuviera su hija dormida o despierta, repasaba con amor y ternura todo su cuerpo. En los días en los que se encontraba inspirada incluso le escribía cartas que después leía y releía. Descubrió que sentía una sorprendente predilección por dirigirse a su corazón, en esos casos encabezaba su carta con un simpático... *Querido bizcochito de mi niña...* continuando con algo que podría sonar así: *Amo cada uno de tus latidos fuertes y seguros...* o... *Ni imaginas lo agradecida que te estoy, gracias por permitirle disfrutar de sus días, hoy, ha intentado dar su primer paso, ¡gracias!...* Y de ahí podía dar un salto hasta sus piernecitas o *palillitos*, porque Linda Aurora había puesto a sus órganos cariñosos apodos, al hígado lo llamaba chocolatito y a sus riñones, gominolas.

Sin darse cuenta, entre mensajes bienintencionados y palabras llenas de amor e intención, pasó un año más en la vida de su niña y a pesar de seguir al pie de la letra los consejos divinos, los males de Rosabel eran persistentes y continuaban como si tal cosa formando parte de su día a día. Nada había cambiado, salvo que ahora la pequeña participaba en el recital de halagos y, de tanto en tanto, Candela se sumaba a la fiesta. Linda Aurora había puesto todo su empeño en enseñarle dónde se encontraban y cómo se llamaban las partes de su carita y le pareció buena idea añadir adjetivos... *ojos bonitos, boca perfecta, nariz sana...* Pero tampoco servía de nada.

A pesar de lo estériles que resultaban sus palabras, no se resignaba. Una tarde, tumbada en la piscina con su pequeña dormitando sobre ella y viendo a Fabián adentrarse en el Jardín, tomó una decisión que en aquel momento le pareció tan lógica, que no entendía como no había acudido a su mente antes. Enseñaría a su niña a utilizar sus pensamientos tal y como los utilizaban las Guardianas y el resto de Seres Celestiales. Su cuerpo podría ser humano, pero su mente no tenía por qué estar limitada. Pensaría como alguien que conoce los misterios de esta vida y cree en la conexión con lo invisible. Sabría que su mente es poderosa, creadora. Pensaría bonito y mantendría hermosos y enriquecedores diálogos con todo el mundo, pero sobre todo consigo misma y por supuesto, tan sólo prestaría atención a lo que le gustase, siendo su principal objetivo sentirse bien, siempre y en todo momento. Le enseñaría a ser responsable de lo que aconteciera en su vida sin culpar al destino, la suerte, el azar o el infortunio. Su hija no dudaría de la grandeza del Universo y sabría que éste siempre responde, siempre da y regala, no entiende el no y tan solo puede ofrecer aquello que previamente se le haya pedido. Entendería que el Universo no escucha las palabras, no puede. Pero siempre responde a los sentimientos. Diría a su pequeña a todas horas... *cariño, si no sientes amor, es inútil hablar de amor. Si no sientes alegría o ilusión, no sirve de nada hablar de diversión. Mi niña, no mires afuera, ahí no está el problema ni la solución, no está el verdugo ni el salvador... ¡céntrate en decidir qué pensar y qué sentir y cuando te sientas bien, no antes, actúa! ¡Habla bonito! ¡Piensa bonito! ¡Siente bonito! ¡Desea bonito! ¿Cuándo? ¡Ahora!*

Linda Aurora dejó a su niña en la tumbona, la tapó con un chal de ganchillo blanco y verde, pidió a un cliente que le avisara si despertaba y se dirigió hacia el Jardín. No había rastro de huéspedes ni visitantes, tan solo divisó a Fabián frente a las lechugas gesticulando con nerviosismo. Se sentó frente a los naranjos y comenzó una conversación con Pío.

—Me siento estúpida dando las gracias a un cuerpo que no responde —dirigía su discurso a las hojas del árbol—. Rosabel no mejora, sigue enferma, vomita y cada vez la fiebre es más alta y se resiste durante más tiempo a marcharse —su tono era desesperado—. ¡Debería estar afrontando la situación de otra manera!

—¿Luchando contra la enfermedad? —hablaba el Pío de siempre, pero a ella, en su dolor, le pareció cínico y desafiante.

—Por ejemplo. —La ausencia de resultados la hacían plantearse la posibilidad de recurrir a métodos tradicionales, humanos y médicos. En su desesperación, los fármacos se habían convertido en una opción, una incluso mejor que la guía y los consejos que le llegaban desde el mismísimo cielo.

—No puedes atraer la solución centrándote en el problema. Es contrario a la Ley. Si prestas atención al problema, tendrás más problema. Si prestas atención a la solución, obtendrás solución. ¿Por qué te cuesta tanto aprender esto? ¡Es sencillo! ¿Quieres salud? ¡Piensa en salud!

—Pero no veo resultados, mi niña sigue enferma —imploró— ¡Ayúdame!

—Sigue enferma porque no te centras en su salud —suavizó sus palabras—. Pequeña, deja de llorar y escucha. —Rodeó a Linda Aurora con sus alas y ella sintió consuelo y alivio de inmediato—. Hablas de salud, pero prestas atención a la enfermedad, mientras le dedicas hermosas palabras a su cuerpo, esperas temerosa la siguiente crisis y por tanto, eso es lo que recibes. —Una potente fragancia a Café impregnó de repente el Jardín—. Imagínatela corriendo, radiante, rebosante de salud y alegría y deléitate en ese sentimiento. Además, ¿no querías un propósito en tu vida?

—¿Hablar a un cuerpo enfermo es un propósito?

—Vuelves a hablar de enfermedad. Yo no veo enfermedad en tu hija y tú deberías cambiar tu manera de mirarla.

—¡Déjame en paz! —Se puso en pie, había visto que Fabián se dirigía hacia ella, pero antes de encontrarse con él tuvo tiempo de pronunciar—. ¿Sabes? Al menos todo esto me ha llevado a una conclusión: voy a enseñarla a utilizar su mente, pensará como una Guardiana.

—Cuidado —le advirtió—. No todo el mundo está preparado para despertar, para saber y conocer los poderes que encierra la mente. Cada uno tiene su ritmo e intentar acelerar los tiempos además de estéril puede resultar contraproducente. Las prisas no son buenas. Nadie *despierta* a nadie, es un proceso que nace desde dentro como respuesta a una intención, un deseo. No lo olvides.

Fabián saludó con una sonrisa a Linda Aurora, le pasó un brazo por los hombros y juntos caminaron hacia la piscina en busca de Rosabel. Debido a esta interrupción Pío no tuvo que escuchar un contundente... *lo tengo decidido y punto. Acaso, ¿no es eso lo que hacen las Guardianas de la Fe?* Y así no tuvo que replicar... *sí, eso hacen, pero solo a quien está preparado. A nadie más.*

Linda Aurora sentía debilidad por estas Guardianas y le hubiera encantado tener alguna de ellas cerca. Olían a Caramelo y ejercían su don a base de masajear cabezas, por eso no era extraño que abundaran entre profesiones como peluqueras, cuidadoras, masajistas o incluso profesoras de infantil. Cuando daban un masaje en la cabeza de un humano, todos sus pensamientos se convertían en ideas elevadas, positivas, hermosas, limpias y llenas de luz. Pensando así, sólo podían sentirse estupendamente y, por tanto, en su vida, sólo podían materializar acontecimientos sorprendentes.

IX

*F*elicidad estaba preciosa decorada con guirnaldas de papel y multitud de globos de todos los colores, tamaños y formas. Aquella era una estupenda oportunidad para atiborrarse de deliciosos y prohibidos dulces, hacer sonar sin límites estridentes silbatos y perseguir por todo el bosque pequeñas pelotitas de goma que botaban y rebotaban sin control. Linda Aurora no había escatimado en la celebración del tercer cumpleaños de Rosabel, *diversión para todos*, se había convertido en su máxima prioridad.

El sol brillaba, y a pesar de que abril no era el mes más idóneo para refrescarse en el río, la tentación del chapoteo fue más fuerte que otra cosa. El tobogán amarillo acogía a cada momento el griterío y alborozo de Rosabel, Candela, Bruno y Ana, que antes de unirse al juego de los más pequeños había dicho a tía y sobrina... *tomaros un respiro que los cuido yo... por cierto, la tarta exquisita, pero las magdalenas ¡me han vuelto loca! Luego me llevo dos para casa...* Y tras guiñarles un ojo se había lanzado al río.

Marla y Linda Aurora charlaban animadamente con los pies a remojo, hacía mucho tiempo que no compartían un momento a solas sin pensar en clientes, en Candela, en Rosabel, en Fabián...

—Está un poco fría, ¿no crees? —Linda Aurora pensó de repente en el último resfriado de su hija, apenas habían transcurrido cuatro días desde que la fiebre desapareciera y temía que aquel baño prematuro le removiera la tos y el malestar.

Marla giró la cabeza para mirar a la pequeña. Rosabel reía y palmeaba con sus manitas ante la idea de zambullirse de nuevo en el río.

—No te preocupes, está feliz, ¿qué puede ser más importante?

A lo lejos se escuchó el grito frenético de Ana... *nooo, de cabeza no mujer, que te vas a partir el cráneo... ¡Candela! ¡Cuidado! ¿No ves que Rosabel hace lo mismo que tú?*

—¿Cuánto tiempo crees que le queda? —preguntó Linda Aurora de repente.

—¡Quién sabe! —respondió Marla encogiéndose de hombros—. La abuela transitó por su infancia apenas unas semanas, Berta dos años, Candela lleva más de cuatro... —se calló para impedir que el llanto siguiera a sus palabras y, tras una breve pausa, compartió con Linda Aurora su temor—. Supongo que en cualquier momento, no sé, a veces pienso que la muerte viene a por ella, pero la ve tan feliz junto a Rosabel, la escucha reír y disfrutar como nunca antes lo había hecho, que llena de ternura e inaudita compasión, se marcha con las manos vacías.

—Tía, ¿cómo se prepara una para la muerte?

—No sé, mi niña, no sé. —Marla no quería continuar con esa conversación, tantas despedidas le dolían en el alma más de lo que Linda Aurora podía siquiera imaginar. Hacía dos años que le habían dicho adiós a Amelia y desde el último verano todo el mundo en La Ribera conocía la enfermedad que asediaba con la sombra del adiós inminente a la buena de María. Sí, hablar de la muerte le dolía—. No me gusta que lleves a Rosabel a la buhardilla. No es su lugar —dijo cambiando radicalmente de tema.

—Bueno, todavía es pequeña y su lugar es el lugar donde esté yo —respondió con sequedad.

—Es humana y allí no puede estar. En cuanto crezca un poco más, se acabó.

—Ya veremos. —Linda Aurora se puso en pie, no quería enturbiar un día como aquel.

—Ya veremos, ¡no! —Marla quería dejar muy claro que en este asunto no iba a hacer concesiones, jamás admitiría excepciones—. ¡Si no dejas a Rosabel fuera, tendré que dejarte fuera a ti!

Ante esta advertencia un escalofrío recorrió la espalda de Linda Aurora, no podía ni imaginar qué ocurriría si su tía descubría que se llevaba a casa libros sagrados. Los sacaba a escondidas de la buhardilla y por la noche, ante la mirada atenta de Candela y Rosabel, los abría con cuidado y les contaba historias únicas con las que soñar, las invitaba a un mundo increíble formado por mujeres valientes y hermosas, mujeres mágicas que exhalaban aromas de ensueño y tenían dones divinos. A Rosabel le gustaba mucho la

Guardiana de la Inspiración y su aroma a Césped Recién Cortado; Candela, por su parte, pedía con insistencia que releyera historias de la Guardiana del Humor porque le encantaba su aroma a Bebé y reía al imaginarla, siempre niña, alegre, juguetona y borrando todos los recuerdos dolorosos de los humanos a golpe de carcajada. Le hubiera encantado reír a su lado, ser su ayudante oficial era uno de los deseos que guardaba en su alma. Linda Aurora, en cuanto veía la oportunidad y sin precisar libro que la inspirase, relataba mil historias de las mejores Guardianas que jamás hubieran existido… *La Guardiana del Amor destacaba por su belleza, siempre desprendía un fresco aroma a Canela y Limón y era capaz de sanar del desamor a cualquier humano que a ella acudiera. Utilizaba deliciosas tisanas y exóticos elixires que ella misma preparaba y aderezaba con oración…* En otras ocasiones el recuerdo de su tía Berta la sorprendía y entonces no podía evitar hablarles de la generosa y entregada Guardiana de los Sueños… *era pelirroja, de ojos muy verdes y cara pecosa. Sus palabras conducían al humano irremediablemente hacia la consecución de su deseo y su aroma a Menta alegraba corazones y refrescaba almas…* Cuando el aroma de la Guardiana era la Lavanda, Rosabel y Candela repetían al unísono… *esa es la de la Ilusión, ¿verdad?*… y tras las risas por la coincidencia seguía la confirmación de Linda Aurora… *¡Sí!* Siempre dejaba para el final a la Guardiana del Miedo… *Valiente y decidida, comprometida con su don como ninguna antes lo estuvo, esta Guardiana que huele a Jazmín, consuela el miedo a todo aquel humano que llore en su presencia. Lo absorbe y lo guarda en su alma, en lo más profundo y ¿sabéis qué?*… lanzaba siempre ese interrogante al viento con aire misterioso, entonces Rosabel y Candela abrían mucho los ojos y le pedían que continuara con su relato. Linda Aurora no se hacía de rogar y en seguida las complacía inventando diferentes respuestas según la ocasión… *tuvo una hija a la que amó con toda su alma, porque fue la mejor mamá Guardiana de todas…, cocinaba los mejores dulces del mundo y por eso era muy querida…, entregó su vida por los demás sin dudarlo un instante… era feliz y reía a todas horas, un poco traviesa y muy divertida…* No importaba el final con el que fantaseara, siempre despertaba risas y aplausos. Pero por alguna razón que incluso ella misma ignoraba, jamás les hablaba de una Guardiana con aroma a Café.

La relación de nieta-abuela era muy especial. No eran más que dos niñas que se adoraban, se cuidaban y se divertían juntas como no sabían hacerlo con nadie más. Compartían a diario juegos, risas, baños en el río, meriendas en el hotel, cuentos de Guardianas y todas las aventuras que eran capaces de idear. Les encantaba dormir juntas y aunque a Fabián no le hacía demasiada gracia porque consideraba la desbordante alegría de Candela un inconveniente más que una ventaja, sus ausencias cada vez más frecuentes y prolongadas eran hartamente celebradas en *Felicidad*. Cuando él no estaba en sus vidas se respiraba un fantástico aire a libertad, podían dormir juntas, saltar sobre las camas, ir al río por la noche, acostarse al aire libre y soñar junto a las estrellas, y es que incumplir las continuas y estrechas normas de Fabián resultaba de lo más divertido.

X

—¿Qué haces? —Linda Aurora observaba a su madre ir de un lado a otro de la cocina hablando en voz baja, se aproximaban las fiestas grandes de Santa Gema y el ajetreo de los preparativos era lo habitual.

—Cocinar, ¿no lo ves? —fue su respuesta—. Quita, quita. —Su hija se hizo a un lado para permitirle el paso.

—Mamá, ¿quieres que te ayude? —se ofreció.

—¿Mamá? —preguntó extrañada—. ¡Mamá! —exclamó mirándola con sorpresa —. Ji, ji, ji —rio por lo bajini—. ¿Has oído?, ¡me ha llamado mamá! —dijo a Rosabel que contemplaba la escena desde el patio yendo hacia delante y hacia atrás en su nuevo y flamante triciclo.

—¿No te gusta? ¿Prefieres que te llame Candela? —preguntó Linda Aurora sintiendo que el alma se le acababa de romper en mil pedazos.

—Me da igual —respondió encogiéndose de hombros—. Pero que conste qué si tú me llamas mamá, yo te llamaré hija.

—¡Claro! ¡Faltaría más! —exclamó acercándose a ella—. Este es el trato: yo te llamo mamá y tú a mí, hija —hablaba despacio y con tanta ternura como era capaz de sentir—. ¿Trato hecho? —dijo tendiéndole una mano.

—¡Hecho! —Y tras apretar con fuerza la mano de Linda Aurora siguió—: ¡Luego se lo contamos a Marla!

—Claro… ¿Son dulces de Santa Gema? —preguntó señalando la bandeja que su madre acababa de sacar del horno.

—¿Qué? ¿Dulces de Santa Gema? ¡No! —gritó negando también con la cabeza.—. Son mis «Lágrimas de pan», ¿no lo ves?

—¿«Lágrimas de pan»? —Linda Aurora no había oído ese nombre antes.

—Sí, Dios me dio la receta.

—¿Dios?

—Sí, Dios —afirmó convencida—. Y fue maravilloso porque pude meter en la masa toda mi pena y después, cuando la saqué del horno y la compartí con los demás, se pusieron muy contentos y me daban las gracias porque les encantaba.

—Claro —le dio la razón con todo el dolor de su corazón.

—Pero después, cuando exhalé todo el miedo que había sanado en otros ahí —dijo señalando el ojo que Linda Aurora ocultaba tras su parche—, se me agarró la culpa al alma y todavía no se ha marchado.

XI

Fabián se llevaba a Rosabel a La Ciudad, sus padres querían conocerla. Estaba a punto de cumplir cuatro años y, por una razón u otra, el encuentro se había ido postergando siempre.

Se avergonzaba de su familia y sentía, con un profundo dolor, que ellos también se avergonzaban de él. Necesitaba sentirse aceptado, necesitaba que aprobaran su vida, sus anhelos, sus sueños... Quería que lo quisieran y ellos, sencillamente, no querían quererlo. Su hermana era una gran triunfadora, una abogada de éxito y prestigio que desayunaba a diario en caros restaurantes y comía siempre en compañía de amigos influyentes. En cambio, él tan solo era un soñador que a sus 36 años no había podido cumplir ni uno solo de sus sueños. Un fracasado que no había publicado su inacabado libro, un fracasado al que su único amor rechazaba dolorosamente una vez tras otra, un fracasado al que la tantas veces anhelada paternidad asustaba y paralizaba, empujándolo constantemente hacia vías de escape que a duras penas conseguía disfrazar. Un fracasado, un farsante que ni siquiera era capaz de reconocer abiertamente su fracaso y se ocultaba tras una sonrisa constante y palabras de ánimo para los demás.

—Esta noche estamos tú y yo solas —explicó Linda Aurora a su madre—. Rosabel se va con su papá a La Ciudad para conocer a sus abuelitos.

—¿Me contarás hoy también un cuento? —preguntó Candela sin mirarla, regar las hortalizas era una nueva ocupación que le resultaba muy divertida.

—Claro, mamá, como todas las noches —le acarició el cabello con ternura.

—¿Y jugaremos a dar las gracias? —Esta vez sí se giró para mirarla—. ¡Ya terminé! ¿Nos damos un baño? ¿Y Rosabel? —la impaciencia era una de las características que más se le había acentuado.

—Esta noche jugaremos a dar las gracias, y sí, puedes darte un baño en la piscina. —La tomó de la mano y paseó con ella por todo el Jardín—. Pero con Rosabel no, ella tiene que ayudarme a hacer una cosa.

—¿Una cosa? —preguntó llena de curiosidad—. ¿Qué cosa? ¿Te ayudo yo? —Y detuvo su paso a la espera de una respuesta afirmativa.

—No, cariño. Tú, a darte un remojón —y exclamó señalando hacia la piscina—. ¡Mira!

¡Allí está Marla! ¡Vamos! —Tiró con suavidad de su mano y ambas se pusieron de nuevo en marcha.

Linda Aurora subió a la buhardilla. Cada vez que quería entrar en aquel templo sagrado tenía que pedir la llave de los candados a su tía. Suponía que tarde o temprano dispondría de su propia llave, pero hasta el momento Marla no había dado señal alguna de otorgarle esa confianza. Aprovechando que su tía vigilaba atentamente a Candela y además estaba atareada con los preparativos de la comida, subió a la buhardilla llevando consigo a una silenciosa y sigilosa Rosabel, no sin antes susurrarle un rotundo... *Calladita, ¿eh?...* La pequeña no necesitaba tal advertencia, sabía perfectamente que su tía le tenía prohibido estar allí y le parecía divertido y excitante saltarse esa norma con el completo beneplácito de su madre. Ese secreto lo guardaba sin ningún problema.

—Cariño, ¿qué Guardiana nos llevamos hoy a casa? —preguntó mirando de soslayo a Rosabel—. ¡Deja de saltar en la cama!

—No quiero ir con papá, quiero quedarme en casa contigo y con Candela y que me leas cuentos —se quejó sin dejar de saltar sobre la cama de Marla.

—¡Para! —repitió su orden—. Solo será una noche, verás que divertido es conocer a tus abuelitos —intentó enfatizar su frase, pero ni ella se lo creía—. Vamos a ver, vamos a ver... —decía mientras paseaba su dedo índice por el lomo de los libros al tiempo que leía para sí sus fragantes títulos—. ¿Chocolate? —preguntó volviéndose hacia su hija.

—No, mami, chocolate no. —Le gustaba tanto el aroma de esa Guardiana que Rosabel no quería perderse su historia, ya leerían el libro en otra ocasión.

—Entonces, ¿qué te parece Coco? —preguntó suponiendo que en este caso la respuesta también sería negativa.

—Mmm... no sé, no sé.

—¿Cerezas? —Repasaba los libros sin orden dejándose llevar por su intuición y la apetencia de su ojo.

—¡No! ¡Qué asco! —La fruta y Rosabel no se llevaban bien.

—¿Anís?

—¿Anís? —se preguntó a sí misma—. Sí, Anís. ¿Qué Guardiana es?

—La Guardiana de la Salud —respondió tomando el libro y metiéndolo en una cesta de mimbre.

—¿Sabes qué hace? ¿Cura a todo el mundo? ¿Me puede curar a mí? —preguntó impaciente y molesta al saber que aquella noche se perdería una fantástica historia de magia.

—Sé que puede sanar cualquier dolencia conocida y por conocer, sé que lo hace con sus estornudos y sé que tú eres una niña sana y preciosa que no necesita que ninguna Guardiana del mundo la ayude. —Se aproximó hacia Rosabel y se tumbó a su lado en la cama—. Y sé que eres... ¡perfecta! —Y concluyó su discurso con cosquillas y risas compartidas que no pudieron ocultar un sentido y hermoso «¡Bravo»! procedente del más allá.

Sin que su hija se diera cuenta introdujo junto a este libro otro titulado «Ajo». Lo había leído y releído en decenas de ocasiones y siempre terminaba su lectura planteándose un interrogante del que no quería demorar por más tiempo la respuesta. Aquella noche, cuando su madre se durmiera, saldría a la balconada con una infusión de té bien fresquita y lanzaría su inquietud al viento con la esperanza de que Pío apareciera.

XII

Pasadas las ocho y de camino hacia *Felicidad*, Candela sorprendió a su hija con un inesperado *Gracias*.

—¿Por? —preguntó Linda Aurora sorprendida.

—Por echar al cura.

—¡Ah! ¡por eso! —no pudo reprimir la risa—. No fue nada, se lo tenía bien merecido, él se lo buscó. ¿Quieres llevar hoy la cesta? —En aquella ocasión contenía dos tomos de lomo rojo ocultos bajo un enorme ramo de margaritas y dos melocotones—. Toma mamá. —Sabía la ilusión que le hacía.

El episodio al que se refería se remontaba a días atrás. El cura había merendado en el hotel, y no era nada extraño, porque de tanto en tanto pretextaba cualquier cosa con el fin de disfrutar de los deliciosos manjares que preparaba Marla. Para distraer el tiempo, pidió a la pequeña Rosabel que le indicara cómo se llamaban las partes de su cuerpo. No era la primera vez que lo hacía, pero sí la primera vez que Linda Aurora lo presenciaba. A D. Braulio le hacía gracia, quizá demasiada, cómo la niña lo adjetivaba. Ante sus primeras risotadas, Linda Aurora puso mala cara, pero cuando Candela, inocentemente e intentado dar lo mejor de sí misma, comenzó a imitar a su nieta repitiendo lo que ésta decía, el sacerdote reaccionó de un modo totalmente reprobable, carcajadas fuera de tono que la Guardiana no estaba dispuesta a tolerar. Ella había soportado todas las burlas que su familia tendría que sufrir, sencillamente, no había espacio para más humillación, por lo que sin pensarlo demasiado se levantó hecha un basilisco y, señalando hacia la puerta de la calle, le gritó un ... *¡fuera de aquí! ¡ahora!*... que no necesitó más aclaración.

Para Linda Aurora cada risita de su madre, cada comentario fuera de tono, cada carrera por el hotel, chapuzón en el río, travesura o alusión a Manuela como si acabara de verla, era equiparable a un golpe de tos, esputo sanguinolento, fiebre o ataque agudo de dolor en un paciente terminal. Su madre se moría y aquellos desvaríos le recordaban con insistencia que... *en cualquier momento...* era la fecha en la que su madre se marcharía.

Hacía poco que Ana había llorado entre sus brazos la repentina pérdida de su padre, y aunque la acompañó en su dolor con palabras de consuelo que nunca consuelan y le aseguró la compañía de Candela para aliviarle la pena, no pudo evitar sentir una terrible punzada de envidia. Su amiga despediría a su padre para siempre, pero lo haría tan sólo una vez, ella en cambio, estaba sufriendo una continua y desesperante despedida desde hacía años.

XIII

La noche era perfecta y serena con una luna reinando en lo alto, redonda y brillante. El sonido del río se sumaba al canto de los grillos y Linda Aurora, sabiéndose una privilegiada, disfrutaba de aquel magnífico paisaje.

La balconada era un lugar perfecto para soñar, y el té con hierbabuena que se había preparado la mejor de las compañías. Estaba deseando sumergirse en los misterios de las Guardianas y dejarse seducir por aquellas mujeres a las que veneraba. Abrió por enésima vez el libro titulado «Ajo» y, tras dar un pequeño sorbo a su té, leyó en voz alta:

«La Guardiana cuyo Ángel exhala un potente aroma a Ajo es la Guardiana del Milagro. Dicha fragancia aparecerá en dos momentos de su vida: su nacimiento y su muerte.

Su don consiste en una milagrosa facultad para resucitar seres vivos, ya sean humanos, animales o vegetales, pero tan sólo podrán ejercerlo en una ocasión. No son ellas quienes deciden a quien salvar de la muerte, eso corresponde al Cielo.

Cuando comiencen a exhalar su aroma a ajo, besarán al moribundo insuflándole aliento de vida y éste renacerá.

A partir de ese momento disponen de poco tiempo, apenas unas horas, para anotar en su libro con quién y bajo qué circunstancias han ejercido su don. A continuación, su cabello se irá tiñendo de blanco y poco después, harán su transición».

Tal y como marcaba la tradición, cada vez que nacía una Guardiana debía inscribirse en su libro correspondiente. Estar inscrita en uno de aquellos libros sagrados la comprometía a anotar todas las incidencias o circunstancias de su vida estuvieran relacionadas con su condición celestial o no.

El libro titulado «Ajo» apenas contenía veinte anotaciones.

A Linda Aurora le resultaba muy difícil escribir en el suyo. Sentía que no tenía nada que compartir con el mundo, salvo su frustración. Fue Berta quien justo después de su nacimiento y en absoluto secreto decidió inscribirla. La primera vez que vio su nombre escrito en aquel libro, casi pierde la razón. Se sintió tan poderosa que creyó no necesitar sus respiraciones para continuar existiendo. Se vio a sí misma espléndida y hermosa, pero sobre todo útil porque su vida tenía sentido y propósito. Aquella sensación de invencibilidad apenas duró un instante. No tardó en recordar que su madre le había arrebatado su don y desde ese momento hasta el actual, seis años después, se había limitado a escribir una cínica e irónica anotación el día de su cumpleaños... *sigo viva y por supuesto, sin mi don.*

Cuando descubrió la entrega y generosidad absoluta de las Guardianas del Milagro, sintió escalofríos por ellas, alivio porque ningún ser amado olía a ajo y vergüenza por la frívola huella que estaba dejando tras de sí.

Todas eran admirables, pero una en especial, la tenía totalmente impresionada. Había escrito con caligrafía infantil casi ilegible por su temprana edad... *roble, tras un incendio.* El resto de los testimonios reflejaban situaciones tan variopintas como singulares... *niña, ahogamiento en el río... perro, envenenado... rosal, aplastamiento... madre, infección postparto... pájaro, cazador sin escrúpulos... maestro, accidente de bicicleta... niño, caída... haya, sequía... hormiga, pisotón... abuelo, fiebre.*

Aunque la lectura de este libro siempre la dejaba consternada, por alguna razón que desconocía, nunca pasaba mucho tiempo antes de que tuviera deseos de volver a leerlo. Se le despertaba la reflexión y, sin darse cuenta, terminaba planteándose cuestiones que no era capaz de resolver... *¿qué macabro equilibrio hay en el Universo que antepone la vida de una hormiga a la de una niña?, ¿merece la pena esta entrega tan absoluta?, ¿si hay Guardianas que tan sólo pueden desempeñar su don en una ocasión, habrá también Guardianas que puedan desempeñar más de un don a lo largo de su existencia?*

Aquella noche lanzó sus interrogantes tan alto como pudo y esperó la respuesta de Pío. Y tuvo que esperar mucho porque su Ángel parecía no encontrarse cerca. Nada más lejos de la realidad. Aunque se hiciera de rogar, siempre estaba presente, vigilando con atención cada uno de los pensamientos y emociones de Linda Aurora.

Y ahora, la Guardiana pensaba que era una pena que su abuela hubiera decidido terminar con todos los libros sagrados, porque intuía, intuyendo bien, que la vida de cientos de mágicas mujeres se había perdido para siempre.

No eran cientos las Guardianas que habían existido, sino miles y sí, era una pena que nadie pudiera beneficiarse de sus experiencias. La última Guardiana de la Gratitud y su delicioso aroma a Pan Recién Horneado caería en el olvido. Era capaz de llenar al humano de una completa apreciación por su vida simplemente tocándole con uno de sus dedos la punta de la nariz. Esa sensación grata y serena de agradecimiento conseguía mitigar todos sus pesares. A Linda Aurora le hubiera encantado conocer a la Guardiana de la Curiosidad, olía a Fresas y cuando exclamaba ¡*Oh!* despertaba en todos los que la escuchaban un intenso afán por investigar, conocer y saber; se convertían en seres inquietos y perseverantes. Curiosidad y perseverancia constituían dos importantes elementos a la hora de alcanzar objetivos increíbles.

Y como éstas, muchas más, hacía más de cien años que en la Tierra no habitaba una Guardiana de la Verdad, y era una lástima, cuando chasqueaba sus dedos el humano que estuviera frente a ella se veía obligado a decirse la verdad a sí mismo, y era difícil encontrarla a solas, porque su delicioso aroma a Galletas le confería un aire familiar que le procuraba compañía en todo momento. Fueron muchos los beneficiados de su don, casi tantos como los que consiguiera la Guardiana de la Valentía junto a su Ángel con aroma a Ropa Limpia.

La noche estaba dejando paso a la madrugada y Linda Aurora mostraba signos evidentes de cansancio, era hora de irse a la cama. Se puso en pie y, lanzando una mirada desafiante al cielo, susurró: *Muy bien Pío, como quieras, quédate en tu maravilloso mundo de Luz que yo me voy a dormir.*

—Buenas noches, cariño, que descanses.

—¡A buenas horas! —exclamó entrando en *Felicidad* ¿Has oído mis preguntas?

—Todas y cada una —dijo en un tono que a Linda Aurora le resultó burlón—. He escuchado las que has formulado y también las que no, y sí, mi niña, los milagros existen.

—No lo dudo —dijo quitándose el parche y, poniéndolo en el cajón de su mesita de noche, se tumbó sobre la cama. Las habilidades de Pío siempre la sorprendían.

—Sí lo haces —replicó su Ángel—. Cada vez que relees las admirables hazañas de las Guardianas del Milagro lo haces, y te digo que sí, que los milagros existen y no tienen nada de extraordinario.

—¿En serio? —preguntó con una media sonrisa.

—Pues sí, pequeña, los milagros no tienen nada de extraordinario, tan sólo se trata de sucesos que no pueden explicarse con la lógica y la razón de los humanos, pero ten por seguro que se ciñen perfectamente a las leyes del Universo. No hay milagros grandes o pequeños, fáciles o difíciles, rápidos o lentos, esas diferencias se encuentran en las mentes humanas. Los milagros son completamente naturales y, además, todos iguales.

—Si tú lo dices —no estaba demasiado convencida, pero no tenía fuerzas para la réplica.

—Y en cuanto a tu otro anhelo...

—Otro anhelo? —preguntó temiendo que la conversación se alargara por mucho más tiempo.

—Si te intriga la idea de poder tener más dones, prueba, ¿qué tienes que perder?

Linda Aurora sonrío, Pío y sus retos. Se quedó dormida de inmediato con una idea nueva vagando por su mente... *¿y si tuviera otros dones?* ... y amaneció con la firme determinación de salir de dudas.

Y lo intentó con tanto ahínco como poco acierto. Transcurrió un año entero intentando responder a preguntas que le surgían de no sabía dónde, ante un... *¿podré hablar con los animales?*... se la veía parlotear con los búhos, las aves y los peces en infructuosos intentos que a golpe de fracaso la conducían a la siguiente duda... *¿podré hablar con los objetos?*... y se pasaba días enteros saludando a las mesas, las sillas, los toboganes de *Felicidad,* su ropa y todo aquello que se cruzara en su camino, pero no, tampoco éste era su don... *¿podré volar?*... Tan pronto apareció esta idea en su mente, la desechó por peligrosa, si ese era su don, moriría sin descubrirlo, ¡era madre!, pero... *¿y si mi risa o mi canto curara algún trastorno?*... entonces se disponía a dar risotadas aquí y allá o a canturrear en presencia de los clientes mirándolos fijamente por si percibía algún cambio en su estado de ánimo. Nada, ni el canto ni la risa surtían efecto. Siguió con el silencio, pero no pudo completar ni el primer día, cuando llegó la noche y su niña la animó a contarle una historia de Guardianas, renunció sin dudarlo a su intento. Tuvo más ideas disparatadas y todas con el fallo como resultado, intentó comunicarse con las plantas, las verduras, las frutas, los árboles del bosque, la luna, el sol, las estrellas, la lluvia, el río, incluso intentó privarse de descanso, bebida y alimento, pero los resultados siempre eran negativos. Por suerte, Fabián no se percató en ningún momento de sus estrafalarias intentonas; no así Marla, que con el miedo como abanderado le preguntaba de tanto en tanto si se acordaba de su infancia… *no tía, no, todo está bien, confía en mí…* era la respuesta de una Linda Aurora que soñaba ilusionada con poder comunicarle en breve que tenía un nuevo don, y además estaba segura de que sería uno a medida, podría utilizarlo a su antojo y apenas le restaría tiempo a su propia existencia, sería tan maravilloso que conseguiría hacer feliz a muchas personas incluyéndose a sí misma en ese balance, pero hasta la fecha, sus ideas no estaban dando los frutos que esperaba. Por su parte, para Rosabel y Candela cada excentricidad de Linda Aurora era considerada un motivo de alegría y diversión, se había vuelto más juguetona y, apenas sin darse cuenta, estaba compartiendo más tiempo con ellas. Pío la observaba con amor y ternura. Reía ante sus ocurrencias y le satisfacía contemplarla tan rebosante de ilusión y entusiasmo. La Guardiana vivía enfrascada en su particular búsqueda sin darse cuenta de que encontrar los dones que anhelaba, o no, era algo totalmente secundario porque ¡el camino resultaba tan divertido!

XIV

Era domingo, diecisiete de abril. Rosabel y Candela se lanzaban una y otra vez por el tobogán para aterrizar en el río, mientras Linda Aurora las observaba sentada en la orilla sobre una enorme pañoleta con dibujos infantiles. Había preparado una rica merienda a base de pizza con mucho queso y poco tomate que remataba con un flan de chocolate blanco y nueces. Parloteaban sin cesar de la excursión que Rosabel haría al día siguiente con el colegio... *La Isla del Faro es preciosa, te encantará...* le decía su madre intentando convencerla. La pequeña nunca quería abandonar *Felicidad*. Ir al colegio le resultaba tedioso y abrumador, no le gustaba relacionarse con los demás niños y ante los constantes reproches de Fabián... *la tienes muy consentida, no puede estar todo el tiempo con Candela...* La Guardiana jamás replicaba, no le importaba su opinión, su niña estaba en la mejor compañía del mundo, compartía juegos con su madre, la Guardiana del Miedo, y así cada vez que el llanto acudía a su encuentro, éste era consolado y ella liberada, ¡qué sabría él!

La conexión entre ellas rebasaba lo racional. Candela siempre quería estar donde estuviera Rosabel. Linda Aurora lo sabía y muchas veces le permitía acompañarlas hasta la puerta del colegio haciéndole prometer que regresaría con ella a casa sin rechistar, y Candela asentía muy convencida para más tarde terminar olvidando por completo su promesa.

La excursión al faro coincidía con una fecha señalada: el quinto cumpleaños de Rosabel. Su padre había previsto una fiesta maravillosa que quiso preparar él solito, nadie, ni siquiera Linda Aurora tenía idea de qué les aguardaba, por lo que a aquella celebración la palabra *sorpresa* la definía a la perfección.

—¿Qué te pasó en el ojo? Rosabel dirigió su pregunta de repente desde lo alto del tobogán. Señaló el suyo propio para hacer referencia al ojo negro de su madre. Ni le asustaba ni le parecía extraño porque siempre lo había visto así, pero nunca se le había presentado esa curiosidad.

—Es una historia de magia, misterio y amor, mucho amor. Una fantástica historia de Guardianas —respondió indicándole con la mano que se acercara.

—¿Guardianas? —preguntaron al unísono nieta y abuela mientras tomaban asiento junto a Linda Aurora. Por nada del mundo se perderían aquella historia.

—Sí —y siguió con su relato poniendo voz de misterio—. Este ojo que veis tan negro y oscuro es en realidad un ojo hechizado que está bajo los efectos de un poderoso sortilegio.

—¡Ah! —exclamaron abriendo mucho los ojos.

—Se trata de un ojo muy valiente y generoso porque él solito se ha encargado de guardar durante años el miedo que aterrorizaba a otras personas y así han podido ser libres y felices.

—Eso lo hizo una bruja mala, ¿verdad? —Candela empleó un tono de pesar que atravesó el corazón de Linda Aurora.

—No —enfatizó—. Lo hizo una preciosa Guardiana, la Guardiana del Miedo. —Sonrió antes de proseguir—. Sabía que yo podría marcharme al cielo siendo apenas una niña y decidió meter en mi ojo todo ese miedo para que pudiera vivir muchos años y así tener una preciosa hija como tú. —Tomó a Rosabel de la mano—. Y cuidarla… —Una lágrima se deslizó lentamente por su mejilla.

—¿Y se curará algún día? ¿Por qué no le damos las gracias también a tu ojo? —propuso la pequeña.

—¡Quién sabe! —La idea le pareció encantadora.

—Yo sé cómo hacerlo —intervino de repente Candela—. El hechizo desaparecerá cuando la bruja mala muera —su tono era serio y grave. A sus palabras se unió un intenso aroma a Jazmín.

—No era una bruja mala, era y es una poderosa y hermosa Guardiana.

—No, era un ser despreciable que te hizo mucho daño —comenzó a llorar.

—Ya la he perdonado. —Se abalanzó hacia su madre y la abrazó con intensidad en un abrazo que se prolongó tanto tiempo que Rosabel, aburrida y sin entender, decidió ir a balancearse en los columpios del parque porque aquella escena ya no le divertía.

—Lo siento…

—Fue por amor, para protegerme y cuidarme… ahora lo sé —le susurró al oído.

—¿Me perdonas? —musitó.

—Sí, mamá, te perdono —y estas palabras convirtieron un instante en milagro.

Pío observaba la escena con una inmutabilidad impecable, de no haber sido un Ángel, el desespero y la impaciencia lo habrían aterrorizado. Al día siguiente se cumplía el plazo fijado por cielo para Rosabel, si consiguiera sobrevivir o no a su quinto cumpleaños era un misterio del que Pío desconocía el desenlace. En cambio, sabía que la fiesta no se celebraría porque aquella tarde de juegos y risas junto al Xuello se había convertido en la última para Candel

XV

—Cariño, en el delta se mezcla el agua dulce del río con el agua salada del mar. —Linda Aurora intentaba distraer a su hija para poder peinarla. Rosabel odiaba el peine. Lucía flequillo y una melenita a la altura de la barbilla que era mucho más corta en la zona de su nuca—. Estate quieta, por favor, llegamos tarde.

—No quiero ir, quiero quedarme aquí —se quejaba.

—Hay aves preciosas con un montón de colores y plantas que solo crecen allí… —seguía con su discurso intentando distraerla, pero cada queja de su hija le recordaba los reproches que Fabián le hacía continuamente… *muy pero que muy consentida, sí señor.*

—¡Qué no quiero ir!

—¿Puedo ir yo? ¿No? ¡Pues sí! ¡Yo me voy y punto! —exclamaba Candela a cada momento.

La excursión de Rosabel resultaba de lo más sugerente. Llegarían al embarcadero del delta en autobús y navegarían por las aguas del

Xuello hasta alcanzar, en la otra orilla, un pequeño islote ahora deshabitado, la popular Isla del Faro.

Era un paraíso de tierra poblado por aves acuáticas que parecían proceder de otros mundos y una vegetación tan abundante y exótica como singular. La unión de aguas dulces y saladas estimulaba el crecimiento de plantas que no podían encontrarse en ninguna otra parte y que, entre las cañas y los juncos, sobresalían con alegres colores predominando el amarillo, el morado y el blanco.

La maestra de Rosabel llevaba una semana entera preparando a los niños para la excursión. Aprovechaba sus clases para hablarles del delta y la Isla, les había enseñado fotografías de las aves y también del faro. Era enorme, altísimo y muy viejo. En la antigüedad había guiado a barcos y marineros, pero de repente, un buen día, su luz dejó de brillar.

A Rosabel los pájaros no le llamaron especialmente la atención, tenían picos, ojos, patas, algunos mezclaban el blanco y el rosado en su plumaje, en fin, lo normal para un pájaro, pero le impresionó la cantidad de personas yendo de un lugar a otro, haciéndose fotografías en cualquier rincón y comprando inútiles recuerdos. Aquella muchedumbre le agobiaba y la charla de su profesora le aburría. Estaba deseando regresar a *Felicidad* para poder disfrutar, de una vez por todas, de su cumpleaños.

Los únicos pensamientos que mantenían sus bostezos a raya incluían exclamaciones como «¡Navegar!» «¡Qué ilusión!». Pronto se subiría a una enorme barcaza azul y cruzaría el Xuello para conocer de cerca, la dichosa Isla y su dichoso faro.

El paseo en barco no cumplió sus expectativas por completo, no fue excitante ni emocionante, pero al menos vio algún que otro pececillo. En los escasos diez minutos que duraba el recorrido no se cesaron los entusiasmados... *¡Ah! ¡Oh! ¡Mira, mira! ¡Qué bonito!...* de los niños, junto a frenéticos... *¡no poneros de pie! ¡niños, todos sentados! ¡qué me enfado, ¿eh?!...* de su profesora.

En cuanto Rosabel puso un pie en la isla, sin pedir permiso ni pensárselo demasiado, se quitó sus zapatitos y también sus calcetines. En el preciso momento en el que su piel entró en contacto con la tierra, un extraño frío se le metió en el cuerpo, sus entrañas se hicieron un lío y el estómago se le cerró por completo... *¿te encuentras bien?...* le preguntó su maestra al verla palidecer... *¡ponte los zapatos!...* No dio tiempo a más, la niña se desplomó sobre la tierra y dejó de responder a estímulos.

Poner sus pies en alto y girarle la carita dejándole espacio para recibir todo el aire posible era el protocolo que seguir. No era su primer desmayo y la actuación de su profesora fue rápida y eficaz. Aunque Linda Aurora se empeñara en proclamar a los cuatro vientos la estupenda salud de su hija, todo el mundo sabía que era una niña enfermiza y débil que de tanto en tanto los entretenía con sustos de este tipo. Lo que no sabían es que éste no se trataba de un susto más. Nadie lo vio, ni siquiera lo sintió, pero una nebulosa dorada compuesta por millones de partículas de un tamaño casi imperceptible fue penetrando en el cuerpo de la niña a través de su oreja derecha. «Aliento de vida», un fino polvo dorado, iluminado con los mismísimos rayos del sol, acudió desde la nada para anidar en el cuerpo yacente de Rosabel. En apenas un minuto, cada una de sus células brillaba en dorado por la presencia de ese extraño elemento.

La cuenta atrás había comenzado. Las cuentas tenían que saldarse y así sería.

Si los allí presentes no hubieran estado tan entretenidos reanimándola, habrían podido percatarse de la tenue luz blanca que emanó del faro, apenas un destello cientos de años callado.

Habrían escuchado el particular canto de los pájaros celebrando con su trino un esperado y gozoso encuentro. Se habrían deleitado con el sensual baile de las plantas que se mecían al son que marcaban las aves. Y quién sabe si habrían sentido el movimiento de la tierra bajo sus pies, moldeándose a sí misma con el fin de dibujar en las aguas del Xuello una espléndida sonrisa. Ella estaba allí. La Isla del Faro era feliz.

El resto del día transcurrió sin incidencias, aunque Rosabel ya no fue capaz de comer ni beber nada. Había conocido el delta, sus pájaros, sus plantas, su isla y su faro. Estaba deseando regresar a casa. En el autobús de vuelta le corearon «Cumpleaños feliz» y ella prometió golosinas para todos al día siguiente. Su parada era la última; primero bajarían los niños de La Laguna, a continuación, los de La Aldea y finalmente el gentil autobusero la llevaría hasta las puertas del hotel en El Bosque.

Cuando se detuvieron en la primera parada algunos niños dormían. Rosabel miró por la ventanilla y se sorprendió al ver a Ana charlar con su profesora. Poco después, ésta se dirigía con paso lento y rictus serio hacia su asiento.

—Baja, cariño, te quedas con Ana.

—No puedo, me espera mi mamá en el hotel. —Le tenían dicho que no se fuera con nadie—. Hoy es mi cumple —dijo quejosa.

—Vamos. —La tomó de la mano desoyéndola—. Tu mamá ha dicho que te quedes en casa de Ana. —La ayudó a ponerse la mochila en la espalda y la acompañó hasta las escaleras obligándola a bajar.

—¡Hola preciosa! —exclamó Ana—. Esta tarde la pasamos juntas.

—¿Y mi mamá? —insistió Rosabel a punto de llorar—. Quiero a mi mamá. —Temía que le hubiera pasado algo—. Quiero a mi mamá —repitió de nuevo negándose a dar la mano a Ana.

—Vamos a casa y desde allí la llamamos, ¿vale? —sonrió y le tendió de nuevo su mano—. Me han dicho que hoy es el cumpleaños de una princesita, ¿conoces a alguna princesita que hoy cumpla cinco años? —Rosabel se relajó, medio sonrió y accedió a acompañarla. Seguro que le estaban preparando una maravillosa fiest

XVI

A las doce de la mañana de un dieciocho de abril, ocurrió. Un cliente fue quien dio la voz de alarma. El cuerpo inerte de Candela descansaba en el Jardín. Estaba tumbada en un banco frente a los Jazmines rodeada por centenares de semillas blancas de dientes de león que revoloteaban a su alrededor una y otra vez. En el suelo, su regadera.

Cuando Marla fue a verla, llevó consigo una colcha celeste, la brisa de aquella mañana era fresca. Cerró la puerta del Jardín y se dirigió con paso lento hacia su hermana, la tapó con ternura, la besó en la frente, le susurró un sentido... *te amo, hermanita, descansa en paz...* y se sentó junto a ella a contemplar los jazmines y un hermoso arco iris que brillaba en el cielo sin ton ni son. La Guardiana del Miedo, Candela, había alcanzado la Paz a los cuarentaiséis años.

Minutos después la puerta del Jardín se abrió y Linda Aurora recorrió los escasos metros que la separaban de su madre como una exhalación. Lloraba. Se arrodilló junto a ella y la abrazó con fuerza. Marla se unió al abrazo. Esa fue su única y verdadera despedida; lo demás, un paripé que querían que terminara antes de haber comenzado.

—Voy a avisar a Fabián —fueron las primeras palabras que pronunció Linda Aurora limpiándose las lágrimas con el dorso de la mano—. Le diré a Ana que recoja a Rosabel, no quiero que asista al funeral, no lo necesita. Hablaré con ella después.

—Está bien, cariño —poco tenía que decir al respecto—. Llamaré al médico y le pediré a D. Braulio que prepare la misa para esta tarde. No quiero pésames, ni paseos, ni visitas. —Se puso en pie—. Voy a decir a todo el mundo que se marche.

… *Lo siento, cariño, lo siento mucho, arreglo los turnos y voy para allá, llego en cuanto pueda. ¿Cómo estás? ¿Y Rosabel, se lo has dicho? Suspendo la fiesta y ya veremos más adelante, tú de eso no te preocupes...* fueron las palabras de Fabián.

El médico certificó el fallecimiento de Candela y el cura aceptó celebrar su funeral aquella misma tarde, pero el paseo por las calles de La Aldea era de obligado cumplimiento. Lo marcaba la tradición y las buenas familias enterraban así a sus muertos. Si querían un cura, aquello no era negociable.

Linda Aurora, que creía sentirse huérfana desde hacía tiempo, ahora sabía que se equivocaba. Paseando tras el féretro de su madre junto a su tía, sentía cómo se iba rompiendo por dentro, no encontraba palabras para definir sus emociones, aquella tristeza debía de ser lo más parecido a lo que puede sentir un árbol cuando se le siegan las raíces, o una flor cuando es arrancada brutalmente de la tierra. Tenía que afrontar cómo hablar con Rosabel, contarle lo que había pasado y consolarle la pena, estaba segura de que el dolor de su hija le dolería más que el suyo propio. Quería cerrar los ojos y no despertar jamás, pero tenía que pasear, rezar, llorar, implorar y partirle el corazón a su hija.

XVII

—No te preocupes mamá, yo la traeré de vuelta —fueron las palabras de Rosabel tras conocer la muerte de su abuela. Madre e hija se balanceaban en los columpios de *Felicidad* mientras Fabián las contemplaba con el rictus serio desde la balconada. La noche, con su discurrir habitual, se iba adueñando por momentos de la escena.

—No es posible, cariño —le dijo Linda Aurora reprimiendo el llanto.

—¿Cómo que no? —Estaba realmente sorprendida—. Siempre me has dicho que mi mente es poderosa, que no hay nada que no pueda hacer, ser o tener.

—Sí, pero...

—¡Odio esa palabra!, ¡no digas, *pero*! ¡no digas, *no*! —exclamó enfadada—. ¡Quiero hablar con mi abuela y eso es lo que haré! —Se lanzó al suelo desde el columpio y subió las escaleras a la carrera.

—Cariño... —Fabián intentó detenerla, pero Rosabel pasó de largo directa a su habitación, se lanzó sobre la cama que tantas veces compartiera con su abuela y se rindió al llanto y la frustración.

Linda Aurora, a golpe de repetición, había inculcado en su hija esa creencia, hasta la saciedad le había dicho lo poderosa que era su mente, y a pesar de creer realmente lo que le decía, ni siquiera ella era capaz de calibrar el auténtico poder que encierra tal afirmación. Por suerte, tampoco conocía la cruenta lucha que se estaba produciendo en el cuerpo de su hija. Apenas unas horas la separaban de un desenlace que cambiaría su vida para siempre, ya todo dependía de las fuerzas que habitaban en Rosabel, si vencía el bien, despertaría arropada por un fragante aroma, pero si por el contrario era el mal quien triunfaba, se sumiría en un profundo sueño para más tarde abandonar esta vida por completo.

—Ven —Fabián llamó a Linda Aurora y le indicó con un gesto que se reuniera con él—. Necesita tiempo, es pequeña —dijo intentando disculpar a su hija.

—Lo sé, supongo que el tiempo... —Se acercó a Fabián y se abrazaron, pero no encontró consuelo en sus brazos—. Le he hablado de la muerte de mi madre tal y como ella me habló de la muerte de mi abuela —intentaba justificarse porque de alguna manera la persistente culpa se empeñaba en hacerla sentir responsable de todas y cada una de las emociones y decisiones de su hija, y es que desde que estrenara maternidad esa incómoda sensación de no estar haciendo las cosas bien se había convertido en un componente más de su relación con Rosabel.

—Cariño, es pequeña —reiteró su argumento porque no sabía qué decir, no sabía qué hacer ni cómo consolarla. Deseaba estar en cualquier otro lugar y de haber podido decidir se hubiera marchado lejos hasta que aquella «situación» amainara y todo volviera a estar en calma.

—Pero es que a mí Manuela me daba miedo, en cambio, Rosabel ama... —hizo una pausa para emplear la conjugación adecuada—, ... digo, amaba a mi madre más de lo que creo que me ama a mí. —El dolor de su hija por aquella despedida conseguía mitigar el suyo, nunca pensó que el dolor ajeno pudiera doler más que el propio, pero así era. Linda Aurora sólo deseaba consolar a su hija sin preocuparse por su propio consuelo.

—¿Y tu tía? —preguntó Fabián.

—Tranquila, entera, serena —respondió buscando de nuevo un abrazo en el que consolarse—. Quizá demasiado.

—¿Se han marchado todos los huéspedes? —Acariciaba el pelo rojo de Linda Aurora y lo besaba con ternura de tanto en tanto—. No sé si es buena idea que se quede sola en el hotel esta noche, ¿quieres que vaya a buscarla? —preguntó con sincera preocupación.

—No está sola, un matrimonio ha decidido quedarse hasta mañana —respondió—. Creo que se marchaban temprano.

—Yo también tengo que marcharme temprano —dijo con pesar—. Pero vuelvo por la tarde y me quedo con vosotras toda la semana.

—Gracias —musitó—. No te preocupes, estaremos bien.

—¿Rosabel ha dicho algo de su cumpleaños?

—No, nada, creo que ni se ha acordado.

—Bueno, más adelante cuando recuperemos la ilusión y las ganas le organizaré una bonita fiesta.

—Está bien.

La conversación no se prolongó mucho más tiempo, Fabián estaba deseando tomarse un respiro y marcharse a descansar y Linda Aurora quedarse sola y desahogarse con Pío. Sabía que, debido a su estado de ánimo colmado de pena y dolor, no sería capaz de escucharlo, pero también estaba segura de su compañía porque un intenso aroma a Café aderezado con Jazmines impregnaba todo el bosque. En cuanto se quedó a solas, se sentó en el suelo, cruzó sus piernas y miró al Cielo antes de comenzar a hablar:

—¿Sabes? Hoy me ha perseguido durante todo el día un arco iris. Allá donde mirara, estaba. Y ahora me he dado cuenta de que se trata de ella. Mi madre está aquí. Todavía puedo sentirla. —Y ante el recuerdo de su madre, sonrió.

A Linda Aurora no le cabía la menor duda, Candela amaba los arcoíris y siempre que la lluvia se marchaba, salía en su busca. Cuando no los encontraba, regresaba cabizbaja y sin ganas de comer, pero cuando podía disfrutar de sus colores, animaba a todo el mundo a salir a contemplar aquella belleza. Estaba segura, aquel insistente arcoíris que había lucido hermosos colores pastel todo el día era su madre en gloriosa despedida.

No tardó en marcharse a la cama, como no tardó en abandonarla. Se levantó insomne y con el ojo enrojecido por la falta de sueño y el llanto derramado. Le había sorprendido la reacción de Marla, suponía que dadas las circunstancias y el prolongado aviso que la muerte les había procurado, ella misma debía haber respondido así, pero la despedida la desesperaba y no podía encontrar sosiego en nada. Se dirigió hacia la habitación de Rosabel y se acurrucó junto a ella. No podía compartir su dolor con Fabián porque a él no le dolía, en cambio, el tibio y suave cuerpo de su niña la consoló de inmediato. La abrazó, la besó y antes de que el sueño la venciera solo acertó a pronunciar... *todo está bien mi amor, soy mami...* pero no lo estaba, en su niña continuaba desarrollándose aquel particular y silencioso duelo que se prolongaría hasta que los primeros rayos de Sol aparecieran en el horizonte.

Pío, el eterno observador, hizo su contribución. Potenció su aroma a Café para hacerse notar y extendió su enorme ala cubriendo a madre e hija de bendiciones y serena aceptación.

XVIII

Rosabel pertenecía a un peculiar y poco frecuente tipo de Guardiana, las Guardianas Guía. Nacían siendo humanas y padecían una pésima y delicada salud que tenían que arrastrar hasta el momento de emerger al mundo en su forma celestial o bien, abandonarlo para siempre. Cinco años era el tiempo que disponían para ello y el recuento de las emociones que habían sentido o hecho sentir, de las palabras que habían emitido o tenido que escuchar y de los pensamientos sobre sí mismas y los demás, lo que determinaba el resultado.

Se trataba de un procedimiento rocambolesco que no siempre tenía un final feliz. La aspirante a Guardiana Guía debía encontrarse con un lugar muy especial para ella, se le conocía como *el refugio de la Guardiana* y cada una disponía del suyo en particular. No bastaba con una visita de cortesía, debía fundirse con él, sentirlo, abrazar sus árboles, sumergirse en sus aguas, acariciar su tierra... Sólo si este encuentro tenía lugar, podría ponerse en marcha el necesario recuento; de no ser así, durante el transcurso de su quinto cumpleaños, moría sin más.

Rosabel había tenido mucha suerte porque, «in extremis», el Universo le había regalado una última oportunidad en forma de excursión escolar. Pisar la fresca tierra de la Isla del Faro con los pies desnudos se había convertido en una posibilidad de salvación.

Era curioso ver cómo Guardiana y refugio se compenetraban mágicamente, compartían sus emociones aún en la distancia y si aquella mañana y motivada por un soñado encuentro la isla había dibujado su sonrisa sobre las aguas del Xuello, durante la noche y con un intenso deseo de acompañar a Rosabel en su dolor, su contorno se había moldeado para convertirse en algo parecido a una lágrima.

En el recuento todo era tenido en cuenta; las experiencias gratas, las desagradables, los hechos vitales y también los pensamientos banales. El Cielo incluía en su particular balance desde un abrazo, una sonrisa, una caricia, una buena noche de descanso, el placer de degustar una comida deliciosa, sentir el agradable calorcito de los rayos del sol sobre la piel, la brisa agitando el cabello, la ilusión, el entusiasmo, la esperanza, el amor, la ternura, jugar, los pensamientos benévolos, reír y hacer reír, sentir la frescura del Xuello, la excitación de una excursión, recibir y hacer regalos, besar y ser besada, soñar despierta y dormida también, inspirar a otros con palabras y acciones, ser inspirado por el ejemplo de los demás, bromear, lanzarse por el tobogán, dormir junto a su abuela, mecerse en los columpios, corretear por el Jardín, escuchar historias rebosantes de magia y soñarse protagonista de las mismas, dedicarse palabras tiernas a uno mismo, hablar con ternura a los demás, desear lo mejor a todo el mundo, saberse merecedor de toda la dicha del Cielo, un constante sentimiento de abundancia y agradecimiento..., el dolor de una pérdida, la frustración por no conseguir lo que uno quiere, la tristeza, sentirse enferma, débil, diferente, las mentiras, el abandono, la desilusión, el llanto, las palabras feas y los pensamientos desagradables, la burla, la impotencia... Todo, era todo.

Un día de recuento era todo el tiempo que precisaba el Cielo para dilucidar su veredicto, si triunfaban las sensaciones gratas, Rosabel renacería como una Guardiana Guía, sana y perfecta haciendo gala desde el primer momento de su grandeza y exhalando una sugerente y dulzona fragancia a Miel. Junto a ella y para siempre, Aliento de Vida transformado en un majestuoso Ángel de alas doradas.

Sí, Rosabel era afortunada. Su abuela Candela había sido, sin duda, la mejor compañera de juegos y su madre, con su estrafalario empeño por amar un cuerpo enfermo, la mejor influencia. A sus cinco años le resultaba sencillo y natural hablarse con cariño y contemplarse como alguien bello y hermoso a pesar de sus circunstancias. Era una niña soñadora que creía en lo invisible y se sentía invencible.

Felicidad amaneció con un dulzón aroma a Miel con almendras, los estados de ánimo de las Guardianas Guía, si eran intensos y sinceros, matizaban su fragancia... Miel con almendras para los sentimientos de pérdida, Miel con leche cuando se sentían tiernas y enamoradas, Miel con canela si era el nerviosismo el que imperaba, Miel con limón sin estaban alegres, ilusionadas o entusiasmadas, Miel con fresas en situaciones de entrega y ayuda a los demás, Miel con café si las invadía la ira y el enfado y Miel con nueces ante la preocupación. Cuando dormían o estaban en paz, el aroma a Miel, sin más, las adornaba de sensualidad con tal intensidad, que siempre dejaban tras de sí una estela hipnótica de partículas imperceptibles. Rosabel se sentía poderosa, y lo era. Lástima que su madre no estuviera junto a ella para disfrutar de aquel momento. Con los primeros rayos del sol Linda Aurora se había lanzado por el tobogán y como si huyera de las llamas de un incendio, corrió hacia el hotel exclamando a voz en grito el nombre de su tía. Tenía algo importante que compartir con Marla, algo que no podía esperar, algo que no podía creer. Portaba en su mano derecha su parche y en los ojos, los dos, el reflejo del bosq

SORPRESAS, SECRETOS Y UN POQUITO DE AMOR

I

La primera noche sin Candela fue muy dura para Linda Aurora, apenas consiguió dormir y, cuando lo lograba, era mecida por atroces pesadillas. Las lágrimas le abrasaban por dentro y por fuera. El llanto y el miedo habían tomado las riendas y nada podía consolarla salvo la rítmica y serena respiración de Rosabel. A punto de despuntar el sol, despertó sobresaltada con la imagen de su madre difuminándosele en el pensamiento. No recordaba su sueño, pero sabía que Candela lo había protagonizado, podía sentir que así era, tanto como podía sentir la quemazón que las lágrimas estaban produciéndole en los ojos. En los dos.

No entendía cómo podía ser, su ojo seco, negro y estéril no había llorado nunca, no al menos hasta donde el recuerdo le alcanzaba. Se puso en pie de un salto sin poder evitar que las sábanas se le enredasen en los pies y dando un traspiés consiguió alcanzar el espejo que tenía frente a ella. Y allí mismo, erguida y completamente despeinada, comprobó por primera vez en su vida que sus ojos, los dos, eran de un azul tan intenso y brillante que enmudeció al contemplarlos. Pensó en despertar a Fabián para decirle que un milagro le había devuelto la visión de su ojo castrado, para gritarle que su madre, desde el Cielo le había hecho un regalo maravilloso, para contarle que era una mujer mágica y entregada, que tenía un don y se debía a los demás, para pedirle que se marchara, que allí, junto a ella, no tenía nada que hacer porque se había reencontrado con su propósito y éste le absorbería la vida entera. Por suerte, no lo encontró en la cama. Fabián ya se había marchado y no tuvo que escuchar todos aquellos argumentos que la euforia y la falta de cordura habían puesto en la mente de Linda Aurora.

¡Mi tía!... exclamó para sí antes deslizarse por el tobogán y salir despavorida en dirección al hotel.

Vestía un camisón violeta, iba descalza, con la melena roja alborotada y agarrando con fuerza en su mano derecha el parche bajo el que en tantas ocasiones ocultara su ojo. Exclamaba... *¡Pío! ¡Pío! ¡Pío!...* y no le importó no conseguir respuesta alguna, porque en realidad no la esperaba, como tampoco esperaba toparse con un huésped que al ver cómo se aproximaba semejante estampa solo pensó en huir. No pudo, en cuanto fijó su mirada en la de Linda Aurora, comenzó a balbucear frases, que si bien parecían encontrarse fuera de contexto, tenían todo el sentido del mundo para él... *no la quiero, a mis hijos sí, pero a ella no..., ¿qué puedo hacer?, le he sido infiel, lo confieso... he sido infiel en tantas ocasiones y con tantas mujeres que ya no puedo ni recordar con cuántas... y la culpa me está matando, cada vez que me regala una sonrisa o recibo un abrazo de mis hijos, la culpa me asesta una nueva puñalada...* y mientras expresaba sus auténticos pensamientos y buscaba expiar su culpa, corría. Y sin mirar atrás corrió como un loco en busca de su destino, y tomó el sendero en dirección a La Aldea corriendo cada vez más y más deprisa porque mientras la culpa se iba quedando atrás y su lastre disminuyendo, él se iba volviendo más ligero.

Linda Aurora se quedó petrificada ante la visión de aquel señor fuera de sí exclamando a los cuatro vientos sus verdades más íntimas mientras huía de la culpa hacia Dios sabe dónde. Era la primera vez que sentía el poder de su don y se asustó. Se asustó porque sintió la enorme responsabilidad que sobre ella recaía, vio en los ojos de aquel señor un miedo tremendo, el miedo a reconocer la verdad de sus emociones, el miedo a hacer lo que realmente sabía que tenía que hacer, el miedo a ser sincero, el miedo a tomar la decisión adecuada, el miedo a las consecuencias de esa decisión, el miedo a volver a empezar, el miedo a mirarse a los ojos sin mentiras ni disfraces. Supo que cuando un humano se reflejaba en sus ojos de Guardiana se encontraba cara a cara con su propia alma, y entendió que al descubrirse a sí mismo tal y como es, quedaba libre de cualquier carga que hubiera tenido que soportar hasta el momento en su vida, y que era precisamente esa libertad la que le otorgaba la fuerza necesaria para volver a empezar. Pero sobre todo pudo sentir el inmenso poder que tenía y el peligro que esto suponía, se recordó a sí misma y en milésimas de segundo que su propósito era entregarse a los demás, que el poder sería una magnífica herramienta si lo ponía al servicio de los demás, pero un arma letal si se limitaba a utilizarlo tan sólo en beneficio propio; y dejando caer el parche en el suelo extendió sus brazos a ambos lados de su cuerpo y con las palmas de las manos hacia el Cielo susurró un sincero... *¿qué puedo hacer por ti?* Nadie la escuchó, el recién exculpado se encontraba ya lejos.

Lentamente recogió el parche del suelo y, agradeciendo que su tía no se encontrara en el hotel, regresó a *Felicidad* con su ojo oculto como de costumbre.

Ante las puertas de su hogar sintió un intenso aroma a Miel, un aroma amargo y envolvente que parecía querer abrazarla y consolarla y supo que aquella mañana no había tenido lugar en su vida un milagro, sino dos, y sonrió al recordar las palabras con las que Pío insistía en que los milagros suceden con frecuencia porque no tienen nada de extraordinarios.

II

Marla también afrontó la primera noche sin Candela en compañía del desvelo. Con una serenidad impropia para la ocasión, sirvió la cena al matrimonio que se hospedaba en el hotel y tras darles las buenas noches subió a la buhardilla. Tomó su libro sagrado y anotó un escueto y revelador... *he vuelto*. A continuación, cogió todos y cada uno de sus guantes y los metió en una bolsa de tela. Los sentimientos que acompañaban a este gesto le resultaban familiares, había tenido oportunidad de experimentarlos cuando tras la muerte de su madre decidiera volver a comprometerse con su propósito de Guardiana. Resultaba curioso comprobar como un punto final en la existencia de un ser querido suponía de nuevo para ella la oportunidad de un comienzo.

Con la noche como testigo se dirigió hacia el Jardín y arrodillándose junto a los jazmines enterró sus dedos en la tierra una y otra vez. Sonreía. Estaba segura de lo que hacía y esa claridad le producía una dicha difícil de explicar. Allí mismo enterró sus guantes y con ellos la promesa que años atrás hiciera a su hermana... *Candela, mi niña, sé que te hice una promesa, pero no puedo más. Me añoro. Os añoro. Necesito ser quién soy. Soy la Guardiana la de la Ilusión y como tal viviré lo que me reste...* a sus palabras se unió un intenso aroma a Lavanda junto a una profunda aceptación proveniente del más allá... *Agradezco mi don, agradezco mi naturaleza y agradezco la claridad que he encontrado en medio del dolor. Ahora sé que no hay promesa terrenal que pueda anteponerse a mi compromiso con Dios.*

Terminado su particular ritual se puso en pie de un salto y llena de entusiasmo y energía corrió hacia el hotel, lo atravesó, y subida en su bicicleta verde pedaleó sendero abajo con la luna todavía presente.

Cuando llegó a la Aldea se mostraba pletórica. Sin dejar de sonreír y parlotear se sentó en el borde de la fuente del Parque Maravillas a esperar almas que abrazar. Cualquier intento por detener o aminorar su creciente verborrea resultaba infructuoso. Al principio se trataron tan sólo de pensamientos, pero en poco tiempo se convirtieron en palabras susurradas que terminaron siendo exclamadas a viva voz... *si tienes un don, debes compartirlo sin importar los motivos para hacerlo. Si no lo quieres compartir, ¡está bien!, pero no te escudes en el miedo o la pereza, sólo son excusas y al Cielo no le valen, no tiene oídos para las excusas...* hablaba al viento, a la luna, a un perro que paseaba distraído, a las primeras luces del amanecer y a un madrugador que de camino al trabajo se vio sorprendido por su discurso... *dices que no tienes nada que ofrecer, ¡mentira!, date a través de «eso» que se te da tan bien; «eso» que harías siempre porque te hace feliz, las horas se detienen y pierdes la noción del tiempo; «eso» de lo que no te cansas nunca; ¡«eso» es tu don!, ¡tu regalo!, ¡el Cielo no se equivoca nunca y te lo ha dado para que lo disfrutes y lo compartas!...* Al primer despistado fueron uniéndose otros y pronto se formó un reducido grupo de aldeanos que escuchaban atónitos el mensaje de Marla... *¿no sabes cómo hacerlo?, no importa, comienza con tu familia, con tus amigos, comparte contigo mismo frente al espejo si es necesario, hazlo en sueños, ¡pero comienza! Planta en tu mente la semilla de este pensamiento: deseo compartir mi* *don con el mundo entero. Repítelo hasta que forme parte de cada una de tus células... ¡Expándete!*

Lo intempestivo de la hora salvó a Marla de la hecatombe. Afortunadamente sus palabras no encontraron demasiadas almas humanas en las que refugiarse. La euforia que mostraba bien podría entenderse como un brote psicótico propiciado por el dolor o incluso los primeros e inequívocos síntomas de aquella extraña enfermedad mental que padecía su familia. En cualquier caso, para cuando el ajetreo matinal quiso hacer acto de presencia, Marla se encontraba exhausta de tanto ir y venir en cortos paseos alrededor de la plaza. El silencio por cansancio se impuso y fue entonces cuando los abrazos de Guardiana se abrieron paso; sin ningún tipo de miramiento se fue abalanzando hacia cada cuerpo que encontraba en su camino, sin importarle si éste correspondía a un animal o una persona, con el firme propósito de fundirse con él. Al principio dirigió su original actividad a los presentes en el parque, más tarde sumió en su delirio a los transeúntes que paseaban por las calles adyacentes, y para cuando las campanas de la iglesia anunciaron las diez, era difícil encontrar habitante en La Aldea que hubiera podido escapar de ella. La ilusión y el entusiasmo reinarían en aquel lugar durante semanas enteras, la preocupación de los lugareños por la salud mental de aquella maravillosa mujer, mucho más.

    Y tal como llegó, se marchó. Se sentía ligera y despejada a pesar de no haber dormido en toda la noche. En la puerta del hotel le esperaban Linda Aurora y Rosabel. No hizo falta hablar. El intenso aroma a Miel fue el mensajero de la buena nueva y como si todavía estuviera poseída por una fuerza de otro lugar, Marla se bajó de su bicicleta dejándola tirada ante la puerta, pasó junto a ellas y, corriendo como una exhalación, alcanzó la buhardilla desde donde les gritó un enérgico *¡Vamos!* Había llegado el momento de romper candados y desvelar secretos.

III

Sí tía, estamos solas... Linda Aurora no quiso entrar en más detalle. Calló la huida desesperada del huésped y la tristeza y desconcierto que a posteriori embargó a su esposa, como también silenció que había recuperado su don. Llevaba en su ojo derecho un parche rojo a juego con su vestido y sentada tras la mesa de roble de la buhardilla sólo deseaba disfrutar de aquel maravilloso y desconcertante momento de su vida en el que su niña exhalaba un formidable aroma a Miel. Estaba impaciente por conocer cuál era el don de la dulce Rosabel y esperaba que su tía lo conociera. No existían registros, ni libros, ni le constaba alusión alguna a una Guardiana con esa fragancia, nada. Si su tía no tenía respuestas lo intentaría con Pío, pero sabía que su Ángel era poco dado a facilitarle las cosas y le diría algo como... *Es tu experiencia, tu vida, ¡vívela y deja de preguntar!*

—¡A Miel! —exclamó Marla sacando a Linda Aurora de sus divagaciones—. Ven aquí, ven conmigo. —Se dio dos golpecitos en las rodillas indicando a la niña que se sentara sobre ellas y cuando Rosabel obedeció, la abrazó tan fuerte como pudo—. ¡Mmm! ¡Qué bien hueles!, tu mamá y yo tenemos que contarte un montón de cosas.

—Cosas de Guardianas, ¿verdad? —preguntó inocentemente.

—¡Linda Aurora! —Marla se giró hacia su sobrina con los ojos muy abiertos—. ¿Le has hablado de las Guardianas?

—¡Sí! ¡Todas las noches! —respondió entusiasmada Rosabel—. ¡Y me encantan!

—Jovencita, ya hablaremos tú y yo —sentenció.

—Mi mamá me ha dicho que yo también soy Guardiana —dijo retorciéndose una de sus trenzas—, pero no sabe cuál, ¿tú lo sabes? —Miraba directamente a los ojos de su tía abuela sin dejar de juguetear con su pelo.

—No, cariño, no lo sé —respondió sin ser del todo sincera—. En estos libros rojos —le dijo señalando la pared de la buhardilla— está la vida de centenares de hermosas y valientes Guardianas como tú. —La besó en la frente—. Pero no hay ningún libro que se titule «Miel».

—Se quemaron —intervino Linda Aurora— hace muchos años, cariño, algunos libros se quemaron en un terrible incendio. —Se aproximó hacia la estantería y tomó cinco de ellos, eran rojos como los demás, pero parecían diferentes, más pequeños y estrechos, sus títulos:

Lavanda, Menta y Jazmín—. Mira, cariño, estos son los libros de tus tías abuelas.

El tomo *Lavanda* recogía las impresiones y experiencias de Marla, y lo hacía de un modo tan intermitente como lo había sido el compromiso que ésta mantenía con su don. Sin embargo, eran tres los libros que rezaban en su lomo la palabra *Menta*, y es que Berta, la pecosa Guardiana de los Sueños, encontró en la palabra escrita una vía de escape cuando su voz se apagó en los últimos años de su vida. Y, por último, otro titulado *Jazmín*, el de Candela, el único que Linda Aurora no había tenido el valor de consultar jamás. Lástima, porque de haberlo hecho se hubiera sorprendido al encontrar notas sobre un hechizo, la receta de un dulce llamado «Lágrimas de pan», un tremendo desespero cuando comenzaron a aparecer los primeros recuerdos de su infancia y la muerte le tendía los brazos, el miedo ante la decisión de contar a una hija cómo había destrozado su vida, y finalmente coloridos garabatos que culminaban en una última y definitiva anotación, hecha años atrás, en la que un enorme corazón con su nombre y el de Rosabel ponía el punto final.

—Son diferentes. —A Rosabel no le pasó inadvertido el tamaño de sus cubiertas.

—Sí, sus libros también se quemaron en el incendio y tuvieron que comenzar a escribir su historia desde el recuerdo —contó Linda Aurora—. Tú también tendrás tu libro y será como uno de estos, ¡te encantará!
—No me gusta el rojo, lo quiero azul.
—¿Azul?
—Sí, azul —reafirmó sin dudarlo—. Y con hadas, mariposas y un unicornio en la tapa.
—¡Ni pensarlo! —exclamó Marla—. Los libros sagrados son rojos. ¡Y punto!

El resto de la conversación fue una historia repleta de magia y amor. A Rosabel le encantaba escuchar historias de Guardianas y Marla se reveló como una magnífica cuentacuentos, tanto que incluso Linda Aurora escuchaba atenta y embelesada los relatos de su tía... *Cariño, yo soy la Guardiana de la Ilusión y cuanto toco a alguien con estas manitas...* decía mientras le ponía las manos frente a los ojos y las movía con gracia provocando la risa de la niña... *o les doy un abrazote con estos brazos que Dios me ha dado, se vuelven locos de ilusión, tanta, tanta, que pueden incluso contagiarla a otros...* Y así, una a una, fue relatando los dones de la familia mientras Rosabel se henchía de orgullo al reconocer en aquellas magníficas mujeres a su amada abuela Candela, su tía e incluso su propia madre.

—Mamá, si eres Guardiana, ¿por qué no tienes ningún don?

—Sí lo tiene —Marla se adelantó a la respuesta de Linda Aurora—. Pero…

—Pero necesito mis dos ojos, cariño —señaló el parche que cubría su ojo— y solo tengo uno. Estaba decidida a seguir guardando su secreto.

No contaría a nadie que había recuperado la visión. Tras lamentarse durante años por su ojo castrado y desear recuperarlo más que nada en el mundo, ahora se daba cuenta de que no quería que nada cambiase.

Marla seguía con su relato y era increíble la manera en la que expresaba amor al referirse a episodios tan duros como la locura de su madre, el progresivo silencio que se adueñó de Berta, la eterna niñez de Candela, sus dones, su magia, su compromiso y cuando se refirió a la necesidad de guardar secreto fue especialmente clara y contundente… *a nadie, es a nadie, sería nuestro fin.*

Rosabel se mostraba feliz y relajada. Le encantaba formar parte de ese mundo y, aunque la sorpresa hubiera resultado lo más natural, ella se sintió complacida y alegre, pero en ningún caso sorprendida. Había deseado ser Guardiana desde que escuchara el primer cuento de boca de su madre y sabía que no había nada que no pudiera ser, hacer o tener. Aquel día en el que su cuerpo amaneció exhalando aroma a Miel no era más que el día en el que recibió del Universo aquello que tanto había deseado. Se entusiasmó con aquella mágica confirmación porque comprendió que su madre tenía razón, que era poderosa, que su mente creaba aquello que pensaba y pronto volvería a hablar con Candela.

—Mañana sin falta, mi niña tendrá aquí su libro y tú, tus llaves —dijo Marla poniéndose en pie.

—Gracias —Linda Aurora sonrió satisfecha, había soñado durante años con sus propias llaves de la buhardilla—. ¿Y eso? —preguntó dirigiendo su mirada hacia las manos desnudas de su tía.

—De eso ya hablaremos —sonrió y prosiguió—. Y por favor, toma tu libro inmediatamente y escribe en él: «Soy madre de una preciosa Guardiana con aroma a Miel».

IV

Felicidad, el hotel de Manuela, y podría decirse que La Ribera al completo amanecieron con un refrescante aroma a Miel aderezado con Canela y Limón. Rosabel presentaba a partes iguales altas dosis de nerviosismo y alegría. Se estaba preparando en el hotel una bonita y fantástica fiesta en su honor, por fin celebraría su quinto cumpleaños, y esperaba impaciente formular su deseo antes de soplar las velas. A kilómetros de allí, donde el Xuello moría, la Isla del Faro se unía a sus emociones exhibiendo una silueta sonriente tan sólo perceptible para las aves.

—Al final ¿quién viene? —Marla montaba claras con una batidora—. ¿Sabes algo de Bruno?

—No puede venir, ahora está viviendo con su madre al otro lado de la orilla, hace mucho que no lo veo. —Linda Aurora se acercó al horno para comprobar que estaba encendido—. Un día tenemos que ir a hacerle una visita.

—¿Compraste almendras? —preguntó de repente. Preparaba el dulce preferido de Rosabel, almendrados, y no era por su sabor o textura que los prefiriera, sino porque le encantaba colocar sobre cada uno de los pegotitos de masa una almendra.

—Sí, sí, compré almendras y harina de centeno. Lo tenemos todo —Linda Aurora se afanaba en extender la masa que acababa de preparar, sabía que Fabián adoraba aquel pan de centeno artesanal—. A las cinco llegarán los niños, Ana un poco más tarde.

—¿Las golosinas? —preguntó viendo entrar en la cocina a Rosabel.

—De eso se encarga Fabián. —Espolvoreaba con avellanas y pasas mientras canturreaba—. Me siento feliz y me siento culpable por ello, ¿sabes?

—Pues no lo hagas, cariño. —Marla se aproximó hasta su sobrina y la abrazó con ternura—. Hemos nacido para ser felices, si en la tristeza aparece un atisbo de alegría, paz o sosiego, agárrate a él como si fuera el último. No lo será. Siempre hay más destellos o instantes en los que ser feliz, pero procura no desperdiciar los que lleguen a ti. Son valiosos y únicos. —Se limpió las manos en su delantal blanco y entregó a Rosabel un cuenco de vidrio azul repleto de almendras—. Toma cariño, de una en una, ¿eh?

—¿Y las que sobren? —preguntó endulzando su voz.

—Las dejas en el tarro —Linda Aurora se adelantó a la respuesta complaciente de Marla. Todavía recordada el empacho que sufrió la última vez que prepararon almendrados.

La niña aceptó a regañadientes, colocó cuatro almendras en sus correspondientes bolitas de masa y, cansada porque la novedad había desaparecido, salió de la cocina en dirección al Jardín, allí siempre encontraba diversión y ahora que era Guardiana, todavía más. Le encantaban aquellas pelusillas negras que revoloteaban alrededor de todo el mundo y le parecía un pasatiempo fascinante soplar sobre ellas y hacerlas desaparecer. Algunas incluso emitían sonidos semejantes a quejas o lamentos. No lo podía evitar, si aquellas nubecillas aparecían ante ella, soplaba y soplaba hasta eliminarlas.

—Tía, Rosabel sopla —dijo Linda Aurora tras comprobar que su hija había abandonado la cocina y no podía escucharla.

—Lo sé, la he visto, pero su mechón blanco no ha aparecido —respondió mientras cortaba en tres pedazos iguales la masa de hojaldre que acababa de sacar del horno.

—¿Y si al ser una Guardiana especial no tuviera el mechón? —se mostraba preocupada—. Sopla a diestro y siniestro todo el día. Fabián hace preguntas, cree que está desarrollando algún trauma por Candela y yo no sé qué decirle.

—Habrá que pedirle mesura y control —dijo esparciendo con la espátula una deliciosa crema.

—No podrá. Es pequeña. —Linda Aurora tomó a Marla de la mano y en clara alusión a la desnudez de ésta, preguntó de nuevo—. ¿Y eso?

—Ya te dije que de eso hablaríamos luego.

Marla se debatía ante un dilema. No había sido sincera con Linda Aurora. Recordaba las historias que su madre les contaba antes de dormir, y en una de ellas, una que repetía con frecuencia y relataba como si le fuera la vida en ello, la protagonista era una valiente y hermosa Guardiana que exhalaba un delicioso aroma a Miel y vivía atemorizada bajo la amenaza de un malvado brujo al que nunca podría derrotar. Si aquella fábula era realidad o no, deseaba no tener que descubrirlo jamás.

V

El hotel de Manuela rebosaba color y alegría. Se celebraba, por fin, el quinto cumpleaños de Rosabel. La tarde transcurría apacible y mientras al griterío de los niños se sumaba la charlatanería de los mayores, el destino se encargaba de sincronizar circunstancias y maravillosos encuentros.

A las seis y media exactamente, llegó la hora de la tarta. Linda Aurora salía de la cocina con un delicioso manjar de galletas y chocolate blanco entre las manos cuando se topó con ellos, con *«los Carlos»*. Apenas llevaban un par de semanas en la Ribera, iban de allá para acá dándose a conocer y ofreciendo su em 7ayuda con sumo respeto y amabilidad. Protagonistas de conversaciones y comentarios de todo tipo, *los Carlos* eran una novedad venida de La Ciudad con el propósito de protegerlos. Paseaban en un bonito y brillante coche que hacía sonar su sirena de vez en cuando para diversión de los más pequeños. Dos guardias que, debido a la inconveniencia de compartir nombre, obligaban a los lugareños a utilizar adjetivos como si fuesen sus apellidos... *he visto a Carlos... ¿qué*

Carlos?... el joven... ¡ah! O ...he hablado con Carlos... ¿qué Carlos?... el más bajito.

Ese, el más bajito, el moreno, el más joven, el que a veces llevaba barba, el de ojos grandes, verdes y expresivos, el que en ocasiones ceceaba y siempre sonreía, era *el Carlos* que había vuelto loca de amor a la mismísima Ana.

—¡Hola! —Linda Aurora los saludó amistosamente—. ¡Qué sorpresa!

—¡Hola! —dijeron *los Carlos* al unísono—. Disculpe, no sabíamos que... —Era *el Carlos* alto, el calvo, el de gafas y rictus serio quien hablaba.

—... se celebraba algo —continuó su compañero—. Solo queríamos presentarnos y ponernos a vuestra disposición. —Sonrió al terminar la frase y miró, sin querer mirar, la tarta que llevaba Linda Aurora en las manos.

—Es el cumpleaños de mi niña y por supuesto estáis invitados. —Devolvió la sonrisa y con un gesto les indicó que la siguieran, la fiesta se estaba celebrando en la piscina.

Los Carlos aceptaron la invitación. En la piscina el alboroto era monumental, los niños, arremolinados en torno a Rosabel la ayudaban a destapar los regalos. La libreta roja, de gruesas tapas decoradas con mariposas y unicornios, la entusiasmó. Ya tenía su propio libro de

Guardiana. Solo le quedaba volver a charlar con su abuela y la felicidad sería completa.

—Te superas. —Fabián repetía tarta.

—Gracias —dijo Linda Aurora besándolo en la mejilla—. ¿Has visto a Ana?

—Al principio —respondió distraído.

—Estará en el Jardín, voy a ver.

Pero en el Jardín no la encontró, ni en la cocina, ni en la piscina, ni en el bosque... *¿Dónde se habrá metido?...* se preguntaba Linda Aurora... *Ana no se marcharía sin despedirse.*

Se equivocaba. Fue ver aparecer a *los Carlos* y salir despavorida, sendero abajo. Una hora tardó en regresar, justo el tiempo que le llevó recorrer El Bosque - La Laguna, ida y vuelta, y decidir cómo resaltar su belleza.

—Nos vamos —dijo *el Carlos* más alto, el sol se estaba ocultando y tenían que regresar al puesto—. Estaba todo delicioso, muchas gracias por la invitación y ya sabe dónde encontrarnos si necesita algo.

—No hay de qué —respondió educadamente la Guardiana —. Ha sido un placer —les dijo mientras los acompañaba hasta la puerta. Y fue allí, despeinada por el viento y con los ojos brillantes, donde encontraron a Ana.

—¡Hola! —saludó cantarina mientras ajustaba su escote palabra de honor dejando bien al aire sus bronceados hombros. Estaba muy hermosa con el cabello alborotado y un vestido rojo como su carmín.

—¡Hola! —respondieron *los Carlos*. Linda Aurora se quedó sin habla ante semejante visión... *¿Con tacones? ¿En la bici?, ¿en serio? ¡Está loca!... ¿Y ese vestido?, ¿y esos labios? ¡Madre mía!...*

—¡Qué casualidad! —exclamó *el Carlos* que siempre sonreía.

—¡Sí! ¿verdad? —Ana miraba el suelo frotándose las manos sin parar.

—¡Increíble! —de nuevo *el Carlos* guapo hablaba—. Ayer nos vimos en la escuela, antes de ayer en la Iglesia...

—Sí, sí. —Sonreía nerviosa—. Qué casualidad.

—... Y el anterior en su tienda de bicis, señorita —*el Carlos* alto, el que no bromeaba y siempre hablaba de usted, dio por terminada la conversación.

Los vieron marcharse en su flamante coche y la bobalicona sonrisa que persistía en el rostro de su amiga confirmó las sospechas de Linda Aurora. Ana, su Ana, se había enamorado.

VI

Fue Marla quien tranquilizó a Fabián... *¡la han encontrado sana y salva! ¡Gracias a Dios! ¡Gracias a Dios!*

—¡Gracias a Dios! ¡Gracias a Dios! —repetía también él, sentado en el suelo y ante las lechugas que lo habían estado escuchando con tanta paciencia mientras lloriqueaba como un niño—. ¿Estaba sola? ¿está bien? ¿seguro? —Verlo derrotado enterneció a la Guardiana.

—Sólo sé que está con su madre y se encuentra bien. —Le tendió su mano.

—Eso es lo importante, eso es lo importante.

—Sí, eso es lo importante —le hablaba con una dulzura que jamás antes había utilizado con él—. Ven, levántate de ahí y acompáñame a la cocina. —Y mientras Fabián obedecía, la Guardiana lo distrajo con la promesa de empanadillas, panecillos de nueces y la inminente llegada de su niña.

Rosabel había desaparecido por la mañana. Nadie la había visto y no había rastro de ella ni de su triciclo. Nada, en ningún lugar, y eso que buscaron en todos, en *Felicidad* y también en el hotel, el bosque, el sendero y el río. Por fortuna fue más allá, a cinco kilómetros, en La Aldea, donde la encontraron sentada en la fuente del Parque Maravillas rodeada de cartulinas blancas en las que se podía leer repetidamente la palabra «NO», tachada con una enorme cruz roja que sin duda pretendía hacerla desaparecer.

Estaba en silencio, contemplando el ir y venir de unos y otros cuando D. Braulio la vio. Le extrañó la falta de compañía y no dudó en llamar al hotel. Fue Linda Aurora quien contestó y sin pensarlo dos veces tomó el sendero pedaleando como si estuviera poseída. En sus prisas, olvidó decir a los demás que Rosabel había aparecido y tuvo que ser el cura quien volviera a llamar para dar la buena nueva a los que todavía se afanaban por encontrar a quien ya no se hallaba perdida.

Al primer y sentido abrazo le siguió una inevitable regañina.

—¡Estás loca! ¿Cómo se te ocurre? ¡No vuelvas a hacerlo en tu vida! —a Linda Aurora no le importó la presencia de espectadores—. ¡Esto tendrá consecuencias, no lo dudes! —Tampoco le suavizó la mirada traviesa de su niña, ni su pelo despeinado—. ¡Venir sola! ¡Sin decírselo a nadie! ¡Y en pijama! —su tono, alto y severo, contrastaba con los abrazos que le daba sin cesar—. ¡No puedes hacer algo así!

—¿No? ¿por qué? —preguntó desafiante.

—Porque eres pequeña, porque estábamos preocupados, porque podría haberte pasado algo, porque es peligroso. —La liberó de su abrazo y se sentó junto a ella—. Porque no sé qué haces aquí con todo esto —señaló las cartulinas esparcidas por el suelo— ...no me gusta esto Rosabel, no me gusta nada. —De nuevo la rodeó con sus brazos.

—No soy pequeña, soy poderosa —dijo intentando escabullirse de los brazos de su madre—. Y no es peligroso porque mi abuela me protege. —La miró fijamente y elevó el tono de su voz para decir con contundencia—. ¡El mundo no es peligroso! ¡El mundo es maravilloso!

El camino de regreso al hotel lo recorrieron en el vehículo de D. Braulio. Linda Aurora y Rosabel se sentaron juntas en el asiento de atrás y la Guardiana no dejaba de abrazar a su hija por mucho que esto molestase a la pequeña. El aroma a Miel con Café pronto inundó el receptáculo y la conversación que entablaron captó de inmediato la atención del señor cura, que sin poder evitar apartar la mirada del sendero, curioseaba a través del espejo retrovisor encontrándose, sin esperarlo, con más de una burla de la dulce Rosabel.

Cuando la niña explicó que odiaba la palabra «NO» y quería que todo el mundo se enterara de que se trataba de una palabra dañina que tenían que dejar de pronunciar, D.Braulio fijó sus ojos en los de Rosabel en el espejo, y ésta, para sorpresa y sonrojo de su madre, masculló muy seria... *le dices a éste que se meta en sus asuntos o se lo digo yo.*

Fue la primera muestra de osadía; a ésta, siguieron muchas más y es que el breve trayecto hasta el hotel estuvo de lo más animado. A la indiscreción del cura se sumaban el descaro de Rosabel y el apuro de Linda Aurora. Cuando la niña afirmó con rotundidad que la noche anterior había hablado con Candela, su madre le indicó con un gesto que hablara más bajito, consejo que fue seguido por un sonoro carraspeo del sacerdote. La niña hizo caso omiso y siguió con su relato. Estaba entusiasmada y le traía sin cuidado la discreción, había hablado con su abuela y ésta le había dicho que siguiera su corazón... *adelante, haz lo que creas que tienes que hacer, yo estaré contigo...* fueron sus palabras. A semejante comentario el cura no pudo evitar volver a mirar por el retrovisor, encontrándose en esta ocasión con una sonora pedorreta... *¡por favor, Rosabel! ¡pide disculpas* *inmediatamente!...* increpó Linda Aurora... *¡ni pensarlo, que no mire!*

D. Braulio, con la intención de atajar los desvaríos de la pequeña, de tanto en tanto introducía algún tema de conversación, pero ésta no estaba dispuesta a callarse y siempre replicaba... *estoy hablando yo* o... *dile a ese que se calle*, a lo que Linda Aurora, estupefacta y muerta de vergüenza repetía... *por favor, Rosabel, no seas maleducada... lo siento D. Braulio, con los niños ya se sabe...* O ...*Rosabel, pide disculpas... lo siento mucho, es que lo está pasando muy mal...*

A pesar del empeño que puso la niña en fastidiar al cura, éste consiguió hablar del buen tiempo que hacía, de lo crecido que bajaba el río para esa época del año y de la buena de María, de lo enferma que estaba la pobre, de lo sola que se sentía y de lo mucho que echaba de menos otros tiempos. Las palabras justas para terminar de desmoronar a Linda Aurora que llevaba semanas, por no decir meses, posponiendo su visita.

De regreso en el hotel, justo a sus puertas, terminaron madre e hija fundiéndose en un abrazo con Fabián y Marla, mientras D. Braulio los observaba desde el coche rumiando una oración y santiguándose sin parar.

VII

Linda Aurora se encontraba en *Felicidad*. Sentada en su balconada, balanceando los pies en el aire, una taza de té con limón a su derecha y un libro rojo titulado *Café* en su regazo. Sus ojos, los dos, contemplando la grandeza del río. Había decidido seguir fingiendo, dejar las cosas tal y como estaban, no deseaba más cambios, pero sopesaba dejar constancia en su libro de esta milagrosa recuperación. Quizá en un futuro disponer de esa información pudiera resultar de utilidad a alguna Guardiana desesperada.

—Buenas noches, preciosa —Pío interrumpió sus cavilaciones.

—Buenas noches. —Sonrió e instintivamente miró al cielo, la luna estaba creciendo—. ¡Qué sorpresa!

—No pienses tanto y duerme más.

—¿Te has enterado de lo que ha hecho Rosabel? —preguntó sorbiendo un poquito de té.

—¿Tú qué crees? —preguntó por toda respuesta.

—¿Y qué te parece?

—¿Qué me parece, qué? —A Pío todo le parecía divertido.

—¡Por favor! ¡Hoy no! —la sacaba de sus casillas—. ¡Pues qué va a ser!, su descaro, su mala educación, haberse escapado —enfatizaba su discurso con un continuo movimiento de manos—. ¡Si hasta dice que habla con mi madre! ¡Y delante del cura! —Los pies se unieron al baile de sus manos—. Parece que le han cambiado las toses, por palabrotas, los vómitos, por salidas de tono y los resfriados, por una tremenda falta de respeto. Dime —dijo suplicante—. ¿Qué hago con ella? —Su hija la tenía muy preocupada, al espectáculo de aquel día, tenía que unirse el hecho de que Rosabel soplaba a todo el mundo sin control.

—Dejarla Ser quien Es, ¿qué otra cosa podrías hacer? Sobre sí misma, decide ella.

—Ya, tú siempre tan explícito. —Sabía que poco más podría sacar de él. Cambió de tema—. ¿Y qué hago con mi don?

—Lo que quieras. En lo tocante a tu vida, decides tú. Pero sea cual sea tu decisión recuerda que no estará bien ni mal, sólo será una decisión más. Si no te sirve, podrás volver a decidir.

—Me paso encomendándome a ti a todas horas, entregándote mis dudas, mi confusión. —En realidad Linda Aurora no necesitaba respuestas que ya conocía, pero necesitaba desahogarse.

—Lo sé.

—Puedo sentir que lo recibes e incluso en ocasiones lo transformas en algo bueno para mí.

—En ocasiones, no, siempre. No puede ser de otra manera. Es Ley —y continuó—. Todo aquello que dejes en mis manos se transmutará en Luz.

—Pero lejos de sentirme en paz, me siento inútil. ¡Qué fácil! Si tengo un problema, para ti... Si tengo pena, para ti... Si dudo, para ti... Todo para ti.

—Así es. Pero no siempre me entregas lo que te estorba, parece que te gusta recrearte en el dolor. Si algo te incomoda, dime «te lo entrego, yo con esto no puedo» y después, ¡olvídalo! Yo sé cómo hacerlo desaparecer. Pero muchas veces te limitas a llorar y lamentarte sin intención de pasarme el relevo. Tú decides, y si no tomas esa decisión, yo no puedo intervenir. No puedo interferir en tu libertad. Necesito tu permiso para actuar.

—¿Qué hago aquí? ¿Qué hacemos aquí?

—¿Las Guardianas? Ayudar, guiar, servir. Llámalo como quieras, en definitiva, contribuís a llevar a los humanos por el camino que les procure las mejores experiencias; encendéis su ilusión, su pasión, los ayudáis a soñar sin límites; consoláis su pena y mitigáis su miedo. Las primeras Guardianas lo sabían, esta conversación jamás hubiera tenido lugar con una de ellas, pero ahora, tanto tiempo mezclando vuestra energía con la de los humanos no es de extrañar que también caminéis un tanto desorientadas. Sois Energía, como todos los demás, en este punto no hay distinción entre humanos y Guardianas, sólo que vosotras vibráis más alto. Además, me tienes a mí, sabes quién eres, o deberías saberlo y tienes un propósito claro y definido. Abandona de una vez y para siempre tu papel de víctima porque no te conduce a ningún lugar en el que desees estar, créeme.

—Será que no concibo la vida sin sufrimiento.

—Será.

—Será que siento la Paz como si se tratase de una visita inoportuna.

—Será… pero si sientes que la Paz es tu estado natural, también será. Tú, decides. Forma parte de ti. Yo, formo parte de ti. Dios, forma parte de ti. No hay separación alguna y nunca la ha habido. La Paz, su energía, no se trata de algo a lo que puedas acceder o no en función de tu comportamiento, el capricho divino o el azar. ¡Siempre está brillando para ti! Cuando no puedes ver su Luz, cuando no sientes su inspiración, es porque el miedo se interpone, y es que no importa que forma adopte: rencor, odio, envidia, da igual, todo es miedo.

Linda Aurora se marchó a la cama complacida. Quería dormir. Conversar con Pío siempre le aliviaba la confusión y la hacía sentir capaz de todo, eliminaba el drama de cualquier situación y es que, tal y como él repetía con frecuencia... *la Verdad es sencilla y natural.*

VIII

Y la verdad era que Rosabel se levantaba cada noche a hurtadillas para no ser descubierta, entraba en la habitación donde dormían sus padres, se arrodillaba junto a Fabián y soplaba y soplaba alrededor de su cabeza con la intención de eliminar tantas pelusillas negras como pudiera. Cada vez las conocía mejor, sabía qué eran, el perjuicio que ocasionaban y cómo deshacerse de ellas. Las malditas dudas que no dejaban alcanzar el éxito a su padre, no sobrevivirían mucho más. Apenas llevaba unos meses enfrentándose a ellas y ya había aprendido a diferenciarlas entre sí. Las veía con tanta claridad como podía contemplar el río y las escuchaba con tanta nitidez como gozaba del canto de los pájaros. Aquellos obstáculos estaban vivos y eran reales, parlanchines y criticones, utilizaban un lenguaje lacerante y prejuicioso repleto de vocabulario obsceno y malsonante cuando se dirigían a Fabián y en cambio, se convertían en seres suplicante y llorones cuando la veían acercarse a ella. A lo lejos parecían bolitas, pelusillas, nubecillas negras que al revolotear se asemejaban a un puñado de molestas moscas. Pero bien miradas de cerca, cada una era única y diferente. Las que acosaban a su padre, eran muy insistentes y siempre regresaban sin importar las veces que Rosabel las eliminara. Cada noche, ahí estaban, y además eran de las protestonas, de las que al tiempo que se fundían con la nada gritaban desafiantes... *volveremos, no podrás con nosotras.* El pobre de Fabián atraía ese tipo de personajillos desagradables porque acostumbraba a escuchar las opiniones de los demás, de los bienintencionados que le recordaban lo mayor que era para alcanzar sus sueños y querían evitarle el dolor del fracaso y de los malintencionados que no deseaban verlo triunfar por pura envidia. Unos y otros, curiosamente y a pesar de lo opuesto de sus intenciones, utilizaban argumentos semejantes para hacerlo desistir.

Fabián tenía la mala costumbre de hacerles caso, de contaminar su mente pensando los pensamientos de otros. Pensamientos de duda que giraban a su alrededor con una insistente cantinela... *no eres capaz, no eres lo suficientemente bueno, no podrás hacerlo, eres muy mayor, no te lo mereces, no se puede tener todo en la vida...* y miles de macabras maneras de gritarle o susurrarle que no merecía la pena persistir porque no lo lograría nunca.

Pero aquella tortura estaba próxima a su fin, ella estaba allí, era Guardiana, era poderosa y aunque no sabía nada de su don, seguía su instinto y éste la empujaba a soplar y soplar para alejar aquellas molestas y chillonas bolitas negras. Y no importaba las veces que regresaran porque no se daría por vencida. Soplaría y finalmente las derrotaría. Y una calurosa noche de agosto, en camisón turquesa, descalza, llena de buenas intenciones y exhalando un dulzón aroma a Miel con leche, venció. Ni rastro de pelusillas ni pelotitas revoloteando, lo que contempló sobrevolando la cabeza de su padre fue una escena que tan pronto apareció, se esfumó de repente. Un sueño, un sueño que Fabián anhelaba desde hacía tiempo y que por una u otra razón nunca llegaba a hacerse realidad. Rosabel supo de inmediato que aquella noche no tenía que soplar y siguiendo un impulso, se acercó muy despacito a su padre y le susurró un misterioso y enigmático mensaje: *Puedes hacerlo y lo harás; es más, puedes hacerlo y lo has hecho ¡Enhorabuena, estás a 60 sonrisas de tu sueño! Tienes coraje, fuerza y todo lo necesario para enfrentarte a un nuevo reto, a un cambio.*

Así era, en pocos días Fabián recibió una oferta de trabajo que no podía rechazar de ninguna manera. Escribir una columna diaria en el periódico de la Aldea era una bendición. Podía elegir libremente sobre qué escribir y eso le encantaba, y aunque la remuneración no era demasiado elevada, suponía un comienzo. Se sentía escritor por primera vez en su vida, podría dormir en *Felicidad* cada noche, arropar a su pequeña y despertar junto a Linda Aurora. ¡Era feliz!

Tras la maravillosa noticia de Fabián, la pequeña comenzó a lucir un generoso y brillante mechón blanco en su cabecita. A él, le encantó. A Linda Aurora, no.

A su debut como Guardiana le siguió la primera visita de su Ángel. A partir de ese momento, espolvorearía cada noche sobre ella una nebulosa de partículas que le haría recuperar la armonía perdida durante el día. Suspendido sobre su cuerpecito, desplegaba unas enormes y doradas alas que con suaves movimientos rociaban a Rosabel de una fina y refrescante llovizna de oro, «aliento de vida». Ajustaba de esta manera su temperamento y balanceaba sus emociones para que pudiera afrontar, llena de ilusión y entusiasmo, una nueva jornada. Libre de cargas, culpas o pesares, alegre o malhumorada, respondona o tímida... nunca se sabía qué Rosabel amanecería. Podía despertar con la franqueza acentuada, la responsabilidad mermada o la honestidad despistada. Rosabel se había convertido en una niña imprevisible y desconcertante con la encantadora costumbre de utilizar a todas horas la expresión... *¡me encanta!... me encanta ser especial, me encantan los baños en el río, me encantan las frescas y limpias aguas del Xuello, me encantan las personas con las que me encuentro cada día, me encanta mi familia, me encanta ser amable, me encanta el hotel, me encanta vivir en «Felicidad», me encanta sonreír, me encanta ser útil, me encanta ayudar a otros...*

Las Guardianas Guía eran muy poderosas, las únicas que ejercían su don más allá de la mente, las únicas que influían directamente en el subconsciente del humano, en esa parte de la mente que no juzga, no interpreta, es un poco simplona pero absolutamente eficaz. Esa parte de la mente que no descansa nunca, siempre obedece, y tiene como principal objetivo: complacer. Esa parte de la mente en la que cualquier idea que sea aceptada como cierta se reflejará irremisiblemente en la vida del humano sin importar lo descabellada o absurda que pueda parecer, porque si el subconsciente lo cree, se hará realidad. Pero creer no es fácil, porque las dudas, las malditas dudas, acechan continuamente. Si alguien pretende alcanzar sus sueños, primero ha de hacer desaparecer a aquellos molestos seres, y Rosabel, en esto, era magnífica. A golpe de soplido eliminaba obstáculos y a base de palabras mágicas, poblaba el subconsciente de ideas adecuadas que éste aceptaba sin rechistar. *Puedes hacerlo y lo harás; es más, puedes hacerlo y lo has hecho* era su particular mantra y ser capaz de conocer con exactitud la distancia a la que el humano se encuentra de su sueño hacía de su labor un divertido y apasionante pasatiempo. Medía esa distancia en sonrisas y sabía que, a partir de cien, lo que era un sueño se convertiría en realidad porque llegados a ese punto no hay vuelta atrás, las personas se convierten en *atrayentes* y las circunstancias, encuentros y casualidades favorables se suceden de un modo espontáneo y natural. Se encuentran en un camino excitante y lleno de adorables imprevistos, el camino hacia el triunfo.

Rosabel, que aprendía a través de su propia experiencia, no tardó en descubrir que algunos humanos, cuando están a muy pocas sonrisas de su sueño, tiran la toalla, desisten cansados o contaminados por las dudas. ¡Lástima! Si pudieran sentirlo como ella, no abandonarían jamás. Sabrían que los sueños se cumplen y que tan solo hay que perseverar y creer en uno mismo sin hacer caso a los demás. El malestar que pueden sentir, en forma de frustración o decepción, tan sólo es un indicador de la distancia a la que se encuentran de su objetivo, no de la imposibilidad de alcanzarlo. ¡No pueden no obtenerlo!

Los humanos han nacido para cumplir sus sueños, para ser felices. ¿Quieren acortar distancias? ¡Es fácil! Reír, bailar, dormir, divertirse y sentirse despreocupados, abrazar, besar, hacer el amor, sentirse agradecidos y por supuesto soltar y dejar ir son claves para avanzar, rápida e inexorablemente hacia el disfrute de su sueño. Cuando están a tan sólo cinco sonrisas de éste, y a pesar de no poderlo ver ni oír, impera en ellos la sensación de estar a punto de tocarlo con la punta de los dedos. Y ¡así es! Pero la tentación a su renuncia es grande y pueden rendirse ante el abandono estando tan sólo a una sonrisa de su sueño. ¡Sólo a una!

Rosabel era muy especial, y así se sentía. Las Guardianas con aroma a Miel, las Guardianas Guía, poseían otros dones, unos extraordinarios poderes que se mantendrían ocultos hasta que llegase el fatídico e inevitable momento de tener que defender su vida.

IX

Era domingo por la tarde, Fabián y Rosabel dormían la siesta en *Felicidad* mientras Marla terminaba de recoger los platos de la comida. Ana y Linda Aurora trataban de aliviar la fuerza de agosto refrescando sus pies en la piscina.

—¿Sabías que María está muy malita? —preguntó Linda Aurora.

—Sí, he oído comentar algo —respondió Ana cerrando los ojos y volviendo su cara hacia el sol—. Ya no va a misa ni nada ¡Imagínate!

—Esta tarde voy a verla, ¿vienes?

—No, esta tarde no puedo —mintió, desde que su padre muriera intentaba evitar enfrentarse a despedidas y María estaba más allá que aquí—.

Pero que no se te ocurra ir de negro —dijo en clara alusión al vestido de seda que llevaba su amiga—. María necesita luz, color y alegría.

No tardó en dar por concluida aquella conversación y comenzar a hablar de *su Carlos*, porque desde que aquel muchacho de uniforme llegara a La Ribera, lo único que le importaba a Ana, era él. Llevaba unos días, justo los que el guardia guapo llevaba por allí, que no dejaba pasar ninguna oportunidad para preguntar a Linda Aurora acerca del amor y sus misterios. Y ésta, que a ojos de su amiga debía ser toda una experta, no sabía qué contestar. No sabía si decir lo que oye decir a todo el mundo; si decir lo que ella cree que es; o decirle lo que siente por Fabián. Porque si el amor es tener mariposas en el estómago, dejar de comer, sufrir una inmensa pena si no se es correspondida, morir de dolor si lo imaginas en brazos de otra... No podía ayudarla, nunca había estado enamorada. Pero si el amor es sonreír cuando llegas a casa y él está esperándote, sentir paz en sus brazos, pasear juntos en silencio, compartir cada día, pensarte anciana y verlo a tu lado, entonces sí podría compartir su experiencia con ella.

Pero Ana sentía mariposas, y pasaba los días sin comer y las noches sin dormir. Tras arreglárselas para compartir con *su Carlos* conversaciones y cafés, su desazón había aumentado, ahora sabía que tenía en el corazón a una chica rubia, que como él mismo la había descrito era dulce, pequeñita y delicada. Una chica que tenía los ojos azules y su piel blanca, que siempre olía a rosas, hablaba cantando y tenía un sentido del humor que no había encontrado en nadie antes. Ana veía como le brillaban los ojos cuando hablaba de «esa mujer» que en unos días iría visitarlo y si La Ribera le gustaba, le daría el *sí quiero*. Y Ana, escuchando sus palabras, quería morir, porque mientras él afirmaba que serían buenas amigas a ella le resultaba imposible soñarlo sin añorarlo.

—Carlos te gusta mucho ¿verdad? —preguntó Linda Aurora.

—Sí, mucho, pero tiene novia.

—No sabía. —Jugueteó con los pies salpicando sin querer—. ¿Cómo se llama?

—Ni lo sé, ni me importa —respondió con desdén—. La llama *mi novia*.

—Olvídalo. —Creyó que todavía estaba a tiempo.

—Ya es tarde. Ahora ya está —dijo encogiéndose de hombros.

—Te hará daño.

—Ya duele.

Marla pasó junto a ellas y las saludó con una sonrisa. Se dirigió hacia el Jardín, le gustaba pasar mucho tiempo allí. Era curioso lo que se parecía a Fabián en algunas cosas. Tardes enteras, sobre todo de fin de semana, se las pasaban juntos en aquel vergel, ella sentada en un banco frente a los jazmines y él sentado en el suelo frente a las lechugas.

Linda Aurora recordó la breve conversación que había tenido con su tía por la mañana, y es que, tras preguntarle por enésima vez por la desnudez de sus manos, le había respondido con una tranquilidad pasmosa… *pues ya ves, lo he decidido y no te preocupes cariño, cuando vengan a mí los recuerdos de la infancia, me tomaré una infusión bien cargadita de dormidera, llenaré mis bolsillos con piedras y me lanzaré al Xuello en busca de paz y descanso.*

Desde la muerte de Candela su tía estaba muy cambiada, a partir de que sus manos regalaran ilusión a diestro y siniestro sin hacer distinción entre animal o humano, se la veía siempre rodeada de pajarillos que le revoloteaban todo el día e incluso se posaban en sus hombros o su cabeza, los perros la perseguían por el sendero, contentos y sin dejar de menear la cola y los bebés le sonreían y tendían sus bracitos en busca de un abrazo especial. A pesar de estar preocupada por ella, tenía que reconocer que nunca la había visto tan alegre, con los ojos así de brillantes y rebosante de vida y energía. Estaba bellísima con aquellos vestidos largos, vaporosos, y su pelo suelto en una melena roja y ondulada que adornaba con diademas y coronas de margaritas blancas y amarillas.

Ana retomó el hilo de la conversación, sólo le interesaba hablar de *su Carlos*... *Me encanta oír su voz al otro lado del teléfono, me encanta verlo, me encanta que roce mi piel, me encanta escucharlo, me encanta que cecee, me encanta su sonrisa, me encantan sus ojos verdes, me encanta su mirada, me encanta su pelo, me encanta su barbita, me encanta pensarlo, me encanta soñarlo, me encanta mirarlo e imaginar que le gusto, me encanta estar abierta a todas las posibilidades, me encanta tener esperanza, sería estupendo que fuera tierno, cariñoso, fogoso y decidido, sería estupendo que diera el primer paso, que fuera valiente, sería estupendo despertar junto a él, sería estupendo que me besara, que me deseara, sería estupendo vivir a su lado ilusionada y emocionada, sería estupendo saberme pensada, sería estupendo ver el deseo en sus ojos y sentirlo después en sus manos, sería estupendo vivir un divertido romance. Me encantaría que fuera mi cómplice, no me importaría tener una relación oculta, secreta, que fuera solo nuestra, divertida y sin demasiadas exigencias. Viviríamos felices, sin presiones ni compromisos. Disfrutaríamos de conversaciones profundas y también de otras frívolas, nos encantarían los besos furtivos, las miradas tiernas, aguantarnos las ganas y después volvernos locos revolcándonos, mordiéndonos, comiéndonos...* Llegados a este punto, Linda Aurora propinó a su amiga un fuerte empujón lanzándola a la piscina, un baño de agua fresquita le sentaría muy bien.

Rieron a carcajadas, y a pesar de lo estridente de sus risas, la Guardiana pudo escuchar la voz de Pío decir... *cuando Ana vuelva a preguntarte sobre el Amor, puedes decirle que el Amor no es divisible, sólo se expande; el Amor no niega, sólo afirma; el Amor no rechaza, sólo acepta; el Amor no excluye, sólo incluye; el Amor no desaparece, es eterno y por tanto no tiene principio ni fin; y si todavía no entiende la naturaleza del Amor, basta con que le digas que cada vez que sienta mariposas en el estómago y el corazón galopándole en el pecho, cierre los ojos y agarre esa sensación de zozobra con fuerza porque es hermosa, única y pasajera...*

X

La habitación de María se encontraba a oscuras, tan pronto puso un pie en ella, Linda Aurora se dispuso a subir las persianas sin pedir permiso. La estancia era sobria y modesta, un enorme crucifijo presidía el cabezal de la cama y junto a ésta, una mesita de noche acogía lo que parecía ser una Biblia, un vaso de agua medio vacío y un termómetro. A pesar de lo poco ventilado del cuarto y de la enfermedad que se extendía con invisibles tentáculos, aquel lugar exhalaba, curiosamente, una fresca y sugerente fragancia a Canela y Limón.

—Hola, cariño —la voz débil y quebradiza, los ojos vidriosos, los labios agrietados, todo en ella rezumaba enfermedad.

—Hola, María —le devolvió el saludo con una sonrisa mientras se aproximaba a la cama—. ¿Cómo estás? —Se sentó junto a ella y le tomó la mano, no pudo evitar pensar que tenía que haber hecho caso a Ana, el negro no era un color adecuado para la ocasión.

—Esperando, mi niña. —La miraba con detenimiento, como si intentara fijarla en su recuerdo—. Y tengo ganas, ¿sabes?

—¿Ganas?

—De morirme —hablaba con naturalidad, no había rastro de pesar o miedo en sus palabras—. No creas que no me gusta estar aquí, pero no así, no así…

—Vamos María, no diga eso mujer. —Linda Aurora sentía que el llanto se le iba a desbordar en cualquier momento, quería escapar, pero siguió a su lado, cogida de su mano, sonriendo con dulzura.

—Hablo en serio, cariño. Ha llegado mi momento y estoy preparada. —Se removió entre las sábanas e intentó, sin conseguirlo, enderezarse.

—Yo te ayudo —se ofreció de inmediato—. No te esfuerces, apóyate en la almohada, ¿estás bien? ¿Quieres algo? ¿Agua? ¿Algo de comer?

—No cariño, todo está bien. —Se acomodó como pudo para continuar—. Cuida de él.

—Lo haré. —Linda Aurora sabía que se refería a Bruno.

—Es la única pena que me llevo —bajó el tono de su voz, temía ser escuchada por su cuñada—. Su madre lo quiere mucho, y lo cuida, pero su lugar es éste, en la otra orilla no es feliz, no tiene amigos, no lo comprenden.

—No te preocupes, María, haré todo lo posible para que pase más tiempo aquí —hablaba con sinceridad—. Con Rosabel se lleva muy bien y Fabián lo quiere muchísimo.

—Gracias, gracias de verdad. —Sus ojos se llenaron de lágrimas.

Fue un impulso, algo de ninguna manera premeditado. Linda Aurora se quitó el parche de su ojo y fijó su mirada azul en la de María. Ésta sonrió, no comenzó a parlotear ni gesticular, sencillamente la miraba y sonreía en silencio hasta que pasado un buen rato dijo como muestra de todo arrepentimiento... *siento haber dudado alguna vez de la existencia de Dios, siento haber maldecido a mi cuñada por llevarse a la otra orilla al bueno de Bruno y siento lo mal que me cae el cura... esa es toda la culpa que me daña en el alma... Gracias.*

Y se marchó.

La Paz que envolvió aquel trágico momento convirtió el drama y el dolor en aceptación y una sensación de continuidad difícil de explicar. Linda Aurora sintió tal felicidad que no pudo reprimir llorar, eran lágrimas de satisfacción, de claridad, de gratitud y profunda apreciación.

Visitaría moribundos, esa sería su contribución, liberar almas en sus últimos momentos, ayudarlos a morir en paz, ser un bálsamo de serenidad. D. Braulio podía ayudarla, cuando se presentía cercano el fin, era a él a quien llamaban. Estaba segura de que lo convencería para acompañarlo en sus visitas y así podría utilizar su don en secreto, en contadas y hermosas ocasiones, útiles como pocas.

María había muerto y a pesar de tener el corazón encogido, se sentía inmensamente feliz. Extraño contraste, extraña sensación

XI

Al cura le resultaba complicado poner en práctica el perdón que predicaba con tanto ahínco, y a pesar de haber transcurrido varios meses desde que Linda Aurora lo echara del hotel, seguía evitando que sus miradas se cruzasen. La Guardiana sabía que, si quería ganarse su aprobación tendría que emplearse a fondo y a D. Braulio no le bastaban las palabras de arrepentimiento, él quería hechos. Quería verla acudir a misa todos los domingos, que participara en la liturgia con sincera devoción, verla ante él, en el altar y con un ramo de flores dispuesta a abandonar el camino de pecado por el que tan notoriamente transitaba, y por supuesto, estaba deseando poder rociar a la pequeña Rosabel con refrescantes aguas bautismales.

A Linda Aurora le hicieron falta diez misas, cinco lecturas, pasar el cepillo en más ocasiones de las que le hubiera gustado, algún que otro donativo y alguna que otra negación... *¿Catequista? ¡No!... ¿Cantar en el coro?, ¡hombre de Dios! ¿Me ha oído usted cantar?... ¿Boda? ¡No!, ¿bautizo? ¡Tampoco!...* para conseguir una sonrisa de D. Braulio.

Pero la consiguió, y no necesitaba más. Tras aquella sonrisa y una vez terminada la misa lo siguió hasta la sacristía y sin saludo ni preámbulo, formuló su petición a bocajarro:

—Me gustaría acompañarlo a ver enfermos.

—¿Enfermos? —Se giró para mirarla. Aquella muchacha no dejaba de darle sorpresas.

—Sí, Padre. Enfermos, muy enfermos —su voz mostraba ansiedad y es que lo que más deseaba Linda Aurora era liberar almas—. Enfermos a punto de morir, usted ya me entiende.

—¿Y por qué? —su sorpresa iba en aumento.

—Porque tras la muerte de mi madre se me ha despertado algo, necesito dar consuelo a los demás... No sé, Padre, creo que el Señor me empuja a hacerlo —dijo hábilmente.

—¿Y no te empuja hacia el altar? —El cura no dejaba pasar la ocasión para recriminarle su vida pecaminosa—. En fin, está bien, te avisaré —dijo sin entusiasmo.

—¡Gracias! ¡Gracias! —se arrodilló a sus pies y besó su mano.

—¡Quita, quita! —rehusó gratamente complacido—. Pero que quede claro desde ya mismo que no soy un taxista, ¿eh? —La ayudó a levantarse y prosiguió con su advertencia—. Para ir y volver, te las arreglas tú solita.

—Descuide D. Braulio, todavía tengo buenas las piernas.

—Y no vuelvas por aquí con tu hija si antes no pasa por la pila bautismal, ¿queda claro?

—¡Clarísimo! —exclamó desde la puerta pensando en lo mal que le caía el cura y en cuánta razón tenía María.

XII

Dos semanas tardó en volver a la Iglesia, esta vez en compañía de Fabián y a pesar de la advertencia del cura, también de la pequeña Rosabel. Un matrimonio, por todos conocido, renovaba sus votos. Cincuenta años de convivencia eran muchos años y sus hijos habían organizado una jornada inolvidable para celebrarlo. Toda La Ribera estaba invitada a disfrutar de un plan que incluía misa, comida al aire libre en el parque y muchísima emoción. No se lo podían perder. Incluso Marla, poco dada a esos menesteres consideró aquella ocasión como una oportunidad maravillosa en la que repartir un poco de ilusión aquí y allá.

La renovación de votos resultó, como era de esperar, conmovedora. Antes de comenzar la liturgia, uno de los hijos del matrimonio subió al altar y visiblemente emocionado pronunció estas palabras... *el matrimonio es uno de los compromisos más cruciales que una persona puede aceptar en su vida. Por ello, la renovación de vuestros votos es tan importante, os va a permitir recordar qué fue lo que os unió y cuáles fueron las promesas que un día os dijisteis frente a este mismo altar...*

Tras la misa, en la que el cura se aprovechó descaradamente de la gran afluencia de fieles para extender, mucho, muchísimo, un tedioso sermón, los cuatro hijos del matrimonio y tres de sus nietos se fueron turnando en la lectura de unas palabras repletas de admiración y gratitud:

"Nos hace mucha ilusión poder acompañaros en un momento tan especial, y damos gracias al Cielo por ello.

Nos sentimos afortunados por ser testigos del inmenso amor que os profesáis. Hemos compartido todo tipo de momentos a lo largo de nuestras vidas, y si alguna vez, las cosas se han tambaleado a nuestro alrededor, vosotros, como dos pilares fuertes y robustos, habéis soportado la carga. Siempre habéis estado y estáis ahí, cuidándonos y velando por nuestro bienestar.

Habéis sabido conjugar a la perfección la rectitud y el amor, habéis sido capaces de mostrarnos el camino correcto a golpe de ejemplo y constancia. Sois muy grandes y nosotros, vuestra familia, os amamos incondicionalmente.

Gracias por ser refugio constante, gracias por amarnos incluso en los momentos en los que nosotros no lo hacemos, gracias por sonreír a las dificultades, gracias por convertirnos en lo que ahora somos, gracias por enseñarnos tantas y tantas cosas que aún sin saberlo llevamos dentro.

Podéis estar seguros de que nada cae en saco roto. Ni uno de vuestros consejos o abrazos ha sido en vano. Vuestras enseñanzas viven en nosotros y esperamos saber transmitirlas a nuestros hijos, y que éstos a su vez las transmitan a los suyos. De nuevo y mil veces más, gracias».

Todo el mundo terminó llorando, incluido D. Braulio. Al principio el llanto asomó furtivamente y aunque los presentes intentaron disimularlo, la emoción se contagió con virulencia y cobró tanta fuerza que terminaron por sollozar a moco tendido.

Fue bonito, lacrimógeno y altamente saludable para los que adolecen de emociones atoradas. Hablar a viva voz de agradecimiento y amor supuso un bálsamo purificador gratamente bienvenido en La Ribera.

Linda Aurora no podía dejar pasar aquel intenso momento y no lo hizo. Volvió su cara hacia la de Fabián y tomó una de sus manos, la llevó hasta su vientre y en voz susurrante le confesó la certeza que aquella mismita mañana, en forma de mareo y nausea se le había revelado. Esperaban un hijo. Y con una claridad que no había tenido antes, la Guardiana formuló aquella pregunta tantas veces escuchada y otras tantas veces rechazada.

XIII

La noticia del embarazo fue recibida con sorpresa por todo el mundo, incluidos los protagonistas. Desde hacía mucho tiempo, probablemente desde el comienzo de su relación, entre Fabián y Linda Aurora había un enorme cariño, una apreciación mutua, mucho respeto y el deseo de ser los mejores padres para Rosabel, pero ni rastro de intimidad, gemidos, susurros, caricias ni pasión. Esa faceta de amantes había quedado relegada primero y olvidada después. Fue la muerte de Candela el detonante de miradas silenciosas y abrazos prolongados. A Linda Aurora se le alborotó la necesidad de protección y a Fabián le encantaba salvar a su princesa. En más de una ocasión, pero tampoco demasiadas, a las palabras de consuelo le habían seguido abrazos, tímidas caricias, susurros insinuantes… y ahora, sin esperarlo, participaban de aquella maravillosa sorpresa con forma de comienzo.

Fabián cumplía sus sueños a la carrera; ejercía su profesión, esperaba su segundo hijo y su amor, por fin y tras años de rechazos y esperas, le había pedido matrimonio. ¡Ella le había pedido matrimonio! ¡Ella!

—¡Ha sido ella! —exclamó ante sus amigas las lechugas—. Había tirado la toalla, lo confieso, pero la vida es maravillosa, increíble... mágica. —Gesticulaba como un loco mientras Linda Aurora lo observaba divertida desde la buhardilla—. Me ha pedido matrimonio y me ha dicho que esperamos un hijo, ¿creéis que puedo ser más feliz? ¡Pues no! ¡No puedo ser más feliz!

Fabián había conseguido sentirse bien con su situación. Aceptaba su realidad y había hecho las paces con los rechazos de Linda Aurora. Y ese punto de aceptación que a algunos le suena a derrota y resignación, supone en realidad una inmensa victoria, la de confiar ciegamente en la vida y decidir sentirse bien, a pesar de no tener aquello que se desea. Este punto en el que se deshizo de toda resistencia y dejó de empecinarse tozudamente en lograr lo que tanto se le negaba es el que se encuentra a tan sólo una sonrisa de los sueños. Dejar ir, confiar, ser feliz a pesar de las circunstancias, aceptar y no resistir, es el instante que precede, siempre, al milagro.

Y la llegada de su segundo hijo, lo era. Un regalo venido directamente desde el Cielo. No sería el último obsequio divino, a Fabián le quedaban muchos por recibir, y uno de ellos, en concreto, lo anhelaba desde que era un niño. Un deseo secreto, íntimo y que todavía se encontraba muy lejos, más allá de las cien sonrisas, mucho más allá. Tan lejano estaba que ni siquiera Rosabel podía acceder a él; en cambio, sí conocía las dudas que se le interponían como si fueran un auténtico muro de hormigón. Cada vez que Fabián pensaba en su deseo, el muro se hacía más grande, se había anclado en la vergüenza y el temor, y le atosigaban nubecitas vestidas de negro que continuamente le gritaban... *no eres capaz, se reirán de ti, no te lo mereces, no creas en ti, no vales...* su hija las soplaba cada noche, pero estas dudas engordaban con facilidad y se volvían pesadas y densas, se nutrían de todas las críticas que escuchaban, eran oportunistas e irritantes. Rosabel las odiaba y sabía que para vencerlas tendría que recorrer un largo camino. No le importaba, estaba dispuesta a hacerlo, y lo haría.

XIV

Llegó el día señalado para la boda. El primer domingo de noviembre, con la tierra brillando en amarillo y naranja por las hojas de los árboles, todo el mundo se dio cita en la Iglesia de La Aldea. Linda Aurora era la primera mujer de su familia que pasaba por el altar y nadie quería perderse el acontecimiento.

La Iglesia era pequeñita y coqueta, reposaba sobre una loma junto al río. Tenía paredes blancas con ventanales azules y una pérgola rematada en tejas grises y estaba sustentada por cuatro columnas blancas con una línea azul vertical en el centro. Sobre el tejado principal, una campana. Y sobre ésta, una cruz.

Los bancos de la Iglesia estaban decorados con jazmines blancos por expreso deseo de la novia. Los bancos, el altar y un extremo de la mesa del altar también lucían el blanco.

Marla fue la primera en llegar, se adelantó a todo el mundo con la excusa de supervisar los adornos florales. Ni los miró. Consideraba que la belleza de las flores las haría destacar las pusieran donde las pusieran. En cambio, no tardó en abalanzarse sobre dos empleados que mientras colocaban adornos por toda la iglesia caminaban tristones y alicaídos al considerar que trabajar un domingo era una ofensa en vez de una bendición. Tres abrazos repartió, y cuando desistió de rodear con ilusión a D. Braulio porque no se dejaba ver, se apostó en la puerta con la intención de ofrecerse a todo el mundo sin vergüenza ninguna.

Y lo hizo. Tanto entusiasmo puso en su empresa que incluso a los padres del novio y a su estirada hermana, los obsequió con un poquito de sí misma.

Linda Aurora estaba muy hermosa con un sencillo vestido de corte romántico, largo hasta los pies y con una pequeña cola que apenas alcanzaba a rozar el suelo. Hizo caso al cura y se adornó con el beige reservando el blanco para Rosabel. El Ángel dorado se había esmerado la noche anterior con la niña a fin de procurarle un amanecer repleto de prudencia y timidez. Sorprendentemente, había accedido con docilidad al peinado trenzado, la diadema floral y al largo y blanco vestido que le propiciaba tropiezos al menor descuido. Incluso escuchó con atención la advertencia de su madre... *cariño, no soples a nadie...* aunque después no hiciera ni caso y cuando las ganas la devoraban por dentro, mirara de reojo para asegurarse de no ser vista y por la espalda y a traición se abalanzara contra los allí presentes con el fin de fulminar las repelentes pelusillas negras que lo inundaban todo. ¡Había tantas!

Linda Aurora no quería que Fabián la esperara en el altar, ella lo que quería era una ceremonia íntima, familiar y lo más breve posible. Pronunciar *Sí quiero* aprovechando la misa dominical de las doce, en una Iglesia decorada en blanco con el aroma a Jazmín de su madre y una obligada invitación a todos los habitantes de La Ribera... *Fabián y yo nos casamos el primer domingo de noviembre, quien quiera acompañarnos será bienvenido...* El anuncio de boda no pilló por sorpresa a nadie, Rosabel se había encargado de gritarlo a los cuatro vientos en su última escapada al Parque Maravillas... *¡Habla sólo de lo que te gusta! ¡Mis padres se casan! ¡El primer domingo de noviembre a las doce! ¡Estáis invitados!... ¡Habla sólo de lo que te gusta! ¡Mis padres se casan! ¡El primer domingo de noviembre a las doce! ¡Estáis todos invitados!...* En aquella ocasión había pedido permiso a su madre para lanzar al mundo su mensaje, el de *¡Habla sólo de lo que te gusta!,* el otro fue fruto de su propia cosecha. Bruno la acompañaba, desde que Linda Aurora hiciera su promesa a María, el muchacho pasaba más tiempo entre pájaros y armonía. Se lo pasaron de maravilla cantando su mensaje y palmoteando sin parar. Por si algún despistado confundía la hora o la fecha del enlace, D. Braulio fue anunciando el evento tras cada una de sus misas durante diez días consecutivos y como remate final, Fabián había publicado en la portada de su periódico la foto de su amada con un titular en mayúsculas y entre exclamaciones que decía... *¡Se casa conmigo! ¡Esta hermosa princesa y yo, nos casamos! El próximo domingo a las doce. ¡Os esperamos!* No es de extrañar que el esperado día, una hora antes de comenzar la ceremonia, la iglesia estuviera a rebosar, no había espacio para más morbosos ni mirones, por no caber, ni los novios podían sentarse. Ana, ni corta ni perezosa instaló cinco sillas en el altar mayor, a la derecha de D. Braulio y a pesar de la reticencia de la novia que solo quería discreción y brevedad, la situación demandaba una solución y estar expuestos en lo alto lo era. Ella, que no quería pompa ni ostentación, se encontró frente a decenas de expectantes vecinos. No había vuelta atrás.

Y en el altar, se encontraban entremezclados en perfecta armonía los aromas a Jazmín, Lavanda, Café y Miel; una fragancia a Miel que por momentos se tintaba de limón por la alegría del día, y por momentos rezumaba aroma a leche, por la ternura y el amor que sentía la pequeña Rosabel. Allá a lo lejos, en su refugio, en la Isla del Faro, los pájaros emprendían el vuelo despavoridos una y otra vez, y es que mientras la tierra vibraba, los árboles se agitaban sin descanso; la isla no podía controlarse, no podía detener su emoción, hacía suyos los sentimientos de Rosabel y sobre las aguas del Xuello dibujaba compulsivamente espléndidas sonrisas y hermosos corazones.

Los padrinos de la boda eran Ana y Bruno.

¡Qué guapísima estás, Linda Aurora!... Ana vestía de largo, un vestido azul turquesa que se ceñía a su cintura con un cinturón varios tonos más oscuros. Se había recogido el pelo en un moño bajo, pegadito a su nuca, y lucía unos pendientes plateados que le alcanzaban los hombros. Estaba muy elegante, pero sus nervios le acentuaban la espontaneidad, no le importaba que todo el mundo estuviera mirando o que el cura carraspeara insistentemente, ella, a lo suyo... *¡Estoy tan feliz! ¿Te gusta mi vestido? Es nuevo, que conste que voy de estreno. Me lo ha hecho Patro, la de la carnicería. ¡Qué manos tiene!...* D. Braulio carraspeó de nuevo con la esperanza de hacerla callar, pero Ana hizo caso omiso a la insinuación y siguió hablando en susurros altos... *¡Mira que estoy contenta!...* Y sin poder evitar que sus ojos se pusieran vidriosos, continuó... *¿te puedes creer que hasta veo guapo a Fabián? ¡Quién me lo iba a decir! ¿Y Bruno? ¿Lo has visto? ¡Está despampanante con chaleco y pajarita!*

Y fue cuando la mulata recibió el ramo de novia de manos de su amiga, un abrazo de Marla y dos buenos soplidos de Rosabel, cuando creyó haber abandonado este mundo y estar flotando en una nebulosa de paz y serenidad. Pronto volvió a la realidad. La reclamaban fuera, en la calle estaban repartiendo arroz y pétalos de rosas con los que rociar a los recién casados. Dos guitarras, varias panderetas y muchas palmas acompañaron ese momento de alegría e ilusión. Marla había conseguido despertar el entusiasmo de todo el mundo y mientras sonreían, parloteaban los unos con los otros dispuestos a ofrecer de sí mismos lo mejor, dispuestos a disfrutar de aquel momento como si del último se tratase. Pero la Guardiana nunca tenía suficiente, seguía dando abrazos, siempre había necios que la miraban de reojo por su insistencia, o la intentaban esquivar, pero la mayoría se dejaba mecer y apretujar por aquella mujer de malva constante. Incluso Linda Aurora recibió su dosis de ilusión, un divertido abrazo ante el que exclamó:

—¡A mí, no!

—Calla, calla, por si acaso. —Y la rodeó, la apretó contra sí y la besuqueó como si fuera una niña pequeña mientras inhalaba profundamente su aroma.

En pleno apretujamiento se encontraba Linda Aurora cuando Rosabel tiró de su vestido hacia abajo para captar su atención.

—Mira —dijo señalando con su dedo índice hacia el cielo. Un gigantesco arco iris lucía en lo alto. De vivos colores, nada de suaves tonalidades, al contrario, brillantes y chillones colores con los que Candela se sumaba a la fiesta—. Anoche me dijo que vendría.

Un escalofrío de emoción recorrió el cuerpo de Linda Aurora, escalofrío al que Pío puso fin con un... *¿Cómo iba a perderse la boda de su hija?*

No hubo banquete ni celebración posterior, pero los vecinos de La Aldea sacaron sus sillas a la calle, hicieron corrillos en plazas, compartieron secretos, sueños y espontáneamente gozaron de una velada inolvidable.

Marla regresó al hotel acompañada de dos perros y un gato, a su paseo se sumaban con intermitencia pajarillos, ardillas e incluso algún que otro conejo despistado. Y poco después, siguiendo un impulso provocado desde el más allá, mientras todos se divertían en La Aldea, ella asestaba fuertes mazazos a una pared tras la que se había estado ocultando, durante demasiados años, una habitación maldita, una habitación de verdes paredes y con vistas al río que guardaba un secreto

LA LLEGADA DE UN SER MUY ESPECIAL

I

Manuela, cincuenta años atrás, había intentado poner punto final a una dolorosa etapa de su vida levantando un muro de ladrillos en la puerta de aquella habitación. Resultó inútil, sus recuerdos seguían formando parte de ella, no podía desprenderse de ellos y terminó comprendiendo que no importaban los muros, ni los candados, ni la distancia, ni el tiempo transcurrido, la humillación sufrida estaría en ella para siempre. En ese momento, justo en ese, se abandonó a la locura y a ésta entregó sus recuerdos.

La habitación maldita resultó ser una preciosa estancia pintada de verde y decorada con sólidos y robustos muebles blancos que, una vez consiguieron despojarse de la humedad y el polvo que los habían acompañado durante mucho tiempo, brillaron y exhalaron un entrañable pero doloroso aroma a Canela y Limón.

Marla se sentía fascinada, le encantaba todo lo que aquel lugar contenía: una cama, con una reluciente colcha blanca, tricotada a mano y salpicada con rosetones en celeste y malva; un enorme y colorido retrato que colgado en la pared, sobre el cabezal de la cama, mostraba la imagen de Manuela siendo niña junto a una señora que era el vivo retrato de Rosabel, ambas sonriendo, mirándose a los ojos y desprendiendo vida y luz; una mesita de noche a la izquierda de la cama, sin cajones ni secretos, con tan sólo una pequeña lamparita rematada en malva; un armario que se sustentaba sobre cuatro gruesas patas y adornaba con guirnaldas de colores los dos espejos de sus puertas, los mismos que enmarcándola en sendos óvalos, se empeñaban en devolver a la Guardiana la imagen de una señora cercana a los cincuenta, de pelo rojo, sonrisa infantil y mirada brillante por la ilusión; una ventana, oculta por culpa de los ladrillos que pronto se abriría a la grandeza del río; y un majestuoso y sugerente mueble tocador que la atrajo desde el primer momento. No pudo resistirse, se sentó en su taburete forrado de terciopelo blanco y se contempló en el espejo, instintivamente tomó un cepillo que encontró frente a ella y comenzó a acariciar su pelo. Cada vez que lo deslizaba sobre su cabello, sentía la cercanía de su madre. Olía a ella. Era de Manuela, de su madre, y ahora le pertenecía. Como colofón al descubrimiento llamó su atención un cuenco plateado que contenía tres pequeñas llaves de distinto color: negro, gris y rojo. Las tomó y las colocó junto a la llave de la buhardilla que desde hacía años pendía de su cintura, las custodiaría bien cerca de sí misma a la espera de desvelar el misterio que escondían.

Y tardó días en descubrir los tres cajones que se ocultaban en el armario, tres estrechos compartimentos rectangulares y con una pequeña cerradura en el centro que la habían estado esperando pacientemente tras vaporosos y largos vestidos en tono pastel que, le sentaban como un guante a su cuerpo y como un bálsamo de paz a su alma. Comprobó que cada llave abría un cajón y cada cajón custodiaba un secreto: un libro de lomo rojo que contaba la historia de Guardianas con fragancia a *Miel* para la llave roja; un libro negro con hojas ribeteadas en dorado titulado *Sobre magos, brujos y otros demonios* para la llave negra; y para la gris, un pequeño cuaderno con dibujos y notas manuscritas que intentaba llamar la atención con un sugerente: *Elixires, brebajes y demás pócimas*, en su tapa. Y en los tres cajones, en un claro desorden, fotografías de Manuela en compañía de un apuesto y moreno señor al que Marla no podía dejar de mirar sin preguntarse... *¿Será el maldito? ¿Será Pascual? ¿Será mi padre?...* Y sobres que contenían cartas, pedacitos del corazón de su madre que no tuvo el valor de profanar.

Le emocionaba cada rincón de aquella habitación, aunque Manuela la odiara, para ella se trataba de un lugar sagrado, de una extensión de la Guardiana del Amor, de su madre, del ser mágico que no llegó a conocer, del ser fabuloso y entregado con el que había soñado siendo niña y al que había intentado emular al convertirse en adulta.

La primera noche durmió allí, sobre la colcha que acogiera las lágrimas de su madre en tantas ocasiones; no le importó la humedad del encierro ni el polvo acumulado. En apenas unos días arreglaron los desperfectos de la pared y abrieron la ventana hacia el río. Lo siguiente, instalarse definitivamente, colocar en su puerta un enorme candado y comenzar a portar cinco llaves en su cintura.

II

—Dime, tía. —Linda Aurora entró en la buhardilla, Rosabel la seguía mientras Marla las esperaba sentada tras la mesa de roble. Tenía en las manos un libro rojo y en sus gestos se dejaba sentir impaciencia.

—Ella no —dijo por todo saludo refiriéndose a la niña.

—No me voy —replicó Rosabel enfadada—. No me voy y no me voy. —Su Ángel la había preparado para la jornada con una dosis extra de ímpetu, madurez y determinación, la conversación que le esperaba las precisaba, tanto como el empecinamiento que la caracterizaba, porque no importaba de qué se tratara, siempre conseguía salirse con la suya—. Soy mayor y me quedo —sentenció mientras cerraba la puerta.

—Si te quedas, te quedas calladita y quietecita. —Marla conocía lo persuasiva que podía resultar su sobrina-nieta—. Deja de saltar en la cama y siéntate junto a tu madre, tengo que contaros algo muy importante.

Marla les habló de su descubrimiento, del libro sagrado titulado *Miel*, aunque silenció los demás. Suspiró profundamente y comenzó:

—Encontré el libro *Miel* en la habitación verde —sus palabras captaron de inmediato la atención de sus espectadoras, Linda Aurora se llevó la mano a la boca mientras se revolvía en la silla y Rosabel casi se cae de la cama al fallarle la ejecución de su voltereta—. Sé cuál es el don principal de Rosabel, sé por qué sopla y sé que tiene dones secundarios —bajó la voz para continuar en un susurro con—: ¡Y os van a encantar!

—Yo ya sé cuál es mi don —replicó la niña algo decepcionada—. Veo las dudas, las resistencias, los obstáculos que impiden a los humanos alcanzar sus sueños. Son como pelusillas o nubecitas negras y chillonas, insistentes y maleducadas, pero yo siempre gano, terminan desapareciendo y cuando se van, puedo ver qué es lo que ese humano desea y lo lejos que está de alcanzarlo.

—¡Es un don precioso! —exclamó Linda Aurora—, cariño, tienes un don maravilloso, ¡qué suerte!

—Sí, es muy divertido —afirmó—. La distancia de un humano a su sueño se mide en sonrisas —continuó— si está a más de 100, ni siquiera lo puedo ver, pero sé que está ahí, en algún lugar, esperándolo. —Sin duda su Ángel había hecho un buen trabajo, la niña se explicaba con claridad y contundencia llevando la voz cantante de la conversación—. ¿Sabéis?, todos los humanos desean cosas, siempre, sin parar. —Se acercó a la mesa donde la escuchaban con atención las Guardianas y se sentó sobre ella—. Pero en realidad sólo desean una: sentirse bien, todo lo demás es irrelevante, pero creen que teniendo esto o lo otro es como lo conseguirán y yo sé que no es el camino, yo lo sé, por eso me gusta ir al Parque Maravillas y darles pistas. —Sonrió al recordar sus escapadas al Parque, le encantaba predicar mensajes que parecían inofensivos pero podían resultar altamente poderosos si calaban en las mentes de los humanos... *el silencio ayuda...* había sido su última proclama.

—¿Sabías todo eso y no nos habías contado nada? —le regañó su madre cariñosamente.

—No me preguntaste, nadie me preguntó, pero da igual —respondió antes de continuar su discurso—. Cuando veo un deseo, desaparece de repente y sé que no tengo que soplar más, tengo que susurrar.

—¿Susurrar? —preguntó Linda Aurora intrigada.

—Sí, susurra —Marla se adelantó a la respuesta de la niña—. Rosabel es una Guardiana Guía, huele a Miel, pero puede oler a miel con canela, limón, leche, caramelo, jabón y Dios sabe qué más, en función de su estado de ánimo. —Se puso de pie, se dirigió hacia el ventanal y tras echar una breve ojeada al Jardín y comprobar que Fabián se dirigía hacia el huerto, continuó—: Como bien ha dicho, elimina los obstáculos del humano hacia su sueño a golpe de soplido y cuando ve su deseo, susurra un mantra que penetra hasta el subconsciente del humano y así, fija en éste una idea que le permitirá hacer realidad su sueño.

—¿Sub… qué? —preguntó la niña que ahora no entendía nada.

—Subconsciente, cariño —aclaró su tía—. Es «algo» que, si se encuentra en algún lugar, es más allá de la mente, en sus profundidades, tan escondido y oculto que el humano no puede llegar, pero tú, sí.

—¡Ah! —exclamó sintiéndose importante—. ¡Qué bien! ¡Más allá de la mente! —Levantó las manos como si intentara tocar el techo y comenzó a recitar su particular mantra—. «Puedes hacerlo y lo harás; es más, puedes hacerlo y lo has hecho», «puedes hacerlo y …»

—¡Qué bonito, cariño! ¡Qué bonito! —interrumpió Linda Aurora, el orgullo que sentía no podía explicarse con palabras, instintivamente se acarició el vientre, el bebé llamaba su atención, era muy activo y las patadas se sucedían continuamente sin tener en cuenta si era de día o de noche.

—Hay más —pronunció Marla misteriosamente.

—¿Más? —preguntaron madre e hija al unísono—. ¡Cuenta!

—Y son buenas noticias, muy buenas —dijo sonriendo y dirigiendo su mirada a Linda Aurora—. La niña tiene otros dones que el libro denomina *secundarios,* tres, para ser más exactos.

—¡¿Tres?! —exclamó Rosabel—. ¡Qué barbaridad! ¡Tengo muchos dones! ¡Soy la Guardiana más poderosa del mundo! —Se puso otra vez de pie y comenzó a dar saltitos de alegría.

—¡Pero sigue, que se me va a salir el corazón del pecho! —exclamó la Guardiana de Almas.

—Pues al parecer, esta pequeña revoltosa recibe cada noche la visita de un precioso ángel dorado que espolvorea sobre ella las emociones que necesitará para afrontar la jornada siguiente, todas las que precise y en la proporción justa y adecuada, excepto la tristeza. —Sonrió con ternura—. Rosabel podrá estar enfadada, preocupada, divertida o incluso asustada, pero nunca, nunca, estará triste.

—¡Ohhhh! ¡Ohhhh! ¡Ohhhh! —exclamó la niña—. ¡Soy la Guardiana más poderosa del mundo y además soy feliz!

—Hay más —repitió Marla—. El segundo de los dones secundarios es increíble, realmente mágico, tres veces lo leí para asegurarme de que mi imaginación no estaba engañándome. —Se acercó a madre e hija y sentándose sobre la mesa junto a la pequeña continuó—: Aquí lo pone, aquí lo pone, no es cosa mía que aquí lo pone. —Tenía en sus manos el libro sagrado y señalaba su tapa roja con el índice.

—Pero ¡sigue! ¡por Dios! ¡sigue! —Linda Aurora ya no podía con tanta pausa y tanto misterio.

—Pues esta preciosa Guardiana de casi seis años, puede recuperar, en un santiamén, toda la vida que haya podido perder por ayudar a los humanos.

—¡¿Cómo? ¿Qué?! —fueron los únicos vocablos que salieron de la boca de Linda Aurora. Estaba atónita y pletórica, su hija podía recuperar la vida perdida, su hija podría vivir eternamente, su hija podría hacer feliz a todo el mundo, su hija podría ejercer su don sin miedo ni reservas, su hija sería eternamente feliz y ella, también.

—¡Bravo! —A su exclamación, Rosabel sumó aplausos y tres pequeños saltitos.

—Pues sí, al parecer toda Guardiana Guía está vinculada a un lugar mágico llamado *refugio* de tal manera que cuando su piel entra en contacto con el agua o la tierra de ese lugar, el tiempo se detiene y ella recupera la vida perdida.

—¿Detiene el tiempo?

—Sí, ese es su tercer don secundario —Y sin más, abrió el libro rojo y, señalando con el dedo una página en blanco, dijo—. cariño, aquí y ahora mismo, inscribe a tu hija.

—Dame tía, ya lo haré luego en casa, tengo ganas leerlo y releerlo —intentó hacerse con el libro, pero Marla se lo impidió en lo que resultó un breve, pero firme forcejeo.

—No, cariño, he dicho que aquí y ahora mismo la inscribas, pero el libro me lo quedo yo.

Linda Aurora obedeció, inauguró la página con una escueta anotación con el nombre de Rosabel y su fecha de nacimiento, pero no pudo replicar porque de repente, sin más, comenzó a llover. Era incomprensible que de un cielo celeste y totalmente despejado hubiera surgido una única y negruzca nube con el capricho de descargar su lluvia sobre el Jardín de Manuela. A lo lejos vieron a Fabián correr despavorido en dirección al hotel y tras él, tres huéspedes que recordaron a las Guardianas la proximidad de la cena y la necesidad de posponer su conversación para otra ocasión porque la ensalada, la cazuelita de marisco y una sabrosa bandeja de fruta de temporada estaban por preparar.

—¡Candela lo ha hecho!, ¡Mamá, la abuela lo ha hecho! ¡Anoche me dijo que papá correría y mira como corre, mira! —Y es que Fabián corría huyendo de los truenos y relámpagos que parecían perseguirlo sólo a él.

—Vamos cariño. —Le abrió la puerta de la buhardilla y dio un paso atrás para dejarla pasar—. Baja con cuidado y ve a la cocina. —La siguió—. Y no hace falta que le digas a papá lo que te contó ayer la abuela, ¿entendido?, ni a papá ni a nadie.

A pesar de haber transcurrido casi un año desde la muerte de Candela, Rosabel seguía hablando con ella cada noche. Sería por la hermosa relación que habían cultivado a golpe de juegos, travesuras y diversión, sería por el vínculo fraternal de ser abuela y nieta o sería por tratarse de dos Seres mágicos, que noche tras noche, pero sólo durante el sueño, se encontraban. Las conversaciones eran tan vívidas que a Rosabel le parecía estar oliendo a jazmines todo el tiempo y el recuerdo tan real, que era incapaz de referirse a su abuela en pasado. Habían establecido consignas que conseguían inundar de magia la cotidianeidad. Candela se hacía notar evitando caer en el olvido... *recuerda cariño, mañana por la tarde, antes de la cena, una nube negra, una sola, aparecerá en un cielo celeste y despejado y hará correr a tu papá, ¡verás qué risa!...* Y así era, la Guardiana del Miedo se presentaba en forma de gotitas de agua con aroma a jazmín. En otra ocasión le había dicho... *recuerda cariño, mañana a las siete de la tarde, siéntate en el tobogán amarillo de Felicidad, no te confundas, en el amarillo, y verás como cuatro hermosas gaviotas revolotearán sobre ti. Yo seré una de ellas...* Y así era, cuatro gaviotas aparecían de repente y una de ellas alborotaba el vuelo de las demás dibujando piruetas que a Rosabel le sabían a... *Cariño, Soy Yo, tu abuela...* Pero no todos los mensajes eran benévolos o divertidos, también había regañinas... *Estudia más que estás perezosa y haz caso a tu madre, sé que te sientes muy poderosa, pero cuanto más poder sientas, más humilde debes mostrarte, estás al servicio de los demás, no al contrario...* O muestras de cariño... *Ponte el abrigo de lana, mañana cambia el tiempo y hará mucho frío...* o mensajes de más complicada interpretación... *El domingo acompaña a tu madre a misa, siéntate en el tercer banco, ponte el vestido rojo y pórtate bien...*

Linda Aurora desconocía estas señales, pero de tanto en tanto escuchaba a su hija hablar de ellas y había notado que siempre que se refería a Candela lo hacía en presente. Le preocupaba que no fuera capaz de superar la pérdida. No quería confrontarla con la realidad porque Rosabel tan sólo era una niña con el corazón roto por la pérdida de su abuela, pero tampoco quería alentar sus fantasías al considerar que, pasado un tiempo, el golpe sería peor. Ella misma estaba rota, callaba su dolor porque cada vez le costaba más hablar de su madre y oírla en presente la destrozaba. Necesitaba olvidar, necesitaba dejar atrás, no a su madre, sino el sentimiento de su ausencia. Un día, aprovechando un agradable paseo de regreso a *Felicidad* y con el naranja del atardecer como testigo, intentó encontrar respuestas.

—Rosabel habla de mi madre como si estuviera aquí —le dijo a Pío.

—¡¿En serio?! —exclamó, no sin antes haber dado una sonora carcajada—. Y exactamente, ¿qué es lo que te extraña?

—Pues que mi madre ya no está, se fue...

—¡No! —fue tajante en su interrupción—. Tu madre está, es cierto que no la ves y te adelanto que no la verás, pero si dejaras de resistirte podrías sentirla. —Potenció su aroma a Café—. No se ha ido a ningún lugar, ¿dónde podría ir?

—No empieces. —Conocía de sobra los argumentos de su Ángel

—No hay ningún lugar al que ir, ya lo sabes.

—Sí, lo sé —dijo resignada—. Llevas años diciéndomelo.

—Y tú llevas años olvidándolo, pero no te preocupes que ya te lo recuerdo yo. —La rodeó con su ala haciéndola sentir abrazada y continuó—: Pues eso, que no hay ningún lugar donde marcharse y aunque lo hubiera, que no lo hay, no puede desaparecer, es eterna, como tú, yo y el resto de los seres que existen.

—Ya, ya.

—Entonces, si no puede marcharse a ninguna parte y es eterna, ¿dónde piensas que está? —jugaba con ella.

—Supongo que aquí —dijo en voz baja.

—¡Exacto! ¡Aquí! ¡Ahora! ¡Escuchando tus lamentos y boberías! —le encantaba repetir ese argumento—. Morir sólo es una transición, una liberación, desprenderse de las resistencias que molestan durante la vida, es un reencuentro con uno mismo, el regreso al hogar. Así que deja de lamentarte, tienes una hija preciosa y un bebé en tus entrañas y los dos necesitan a una madre alegre, que les hable con ternura y amor, que les dé la bienvenida cuando comienza un nuevo día y las buenas noches cuando termina y que siempre tenga su corazón ilusionado.

—¿Mi hija será Guardiana? —preguntó acariciándose el vientre.

—No sé.

—Sí sabes, mentiroso —dijo molesta—. Dime, ¿será Guardiana?

—Dime tú, ¿qué aprendiste de tu experiencia con Rosabel? ¿qué valoras por encima de todo en el mundo?, ¿dones o salud?

—Salud.

—Pues entonces quédate tranquila —dulcificó su voz antes de continuar—: Tendrás un bebé sano, pequeñito y muy despierto, vendrá adelantado a su tiempo y…

—¿y…? —no podía consentir que aquella conversación quedara suspendida—. ¿Y…? —repitió.

—Y duerme más, toma menos café, bebe mucha agua y da largos paseos, ¡mira que piernas tan hinchadas tienes

III

Linda Aurora no quería esperar, no tenía ningún sentido demorarlo en el tiempo, sospechaban que el refugio de Rosabel podía ser la Isla del Faro y estaba deseosa por descubrirlo... *tía, tenemos que ir a la isla del Faro esta misma semana, creo que es el refugio de Rosabel, por intentarlo...* Y la propuesta fue tan bien acogida por todo el mundo que, *esta misma semana* se convirtió en *al día siguiente.*

A Fabián le encantó la idea de navegar por el Xuello y visitar aquel exótico lugar del que tanto había oído hablar y nunca había tenido la oportunidad de conocer; y Ana por su parte, ni corta ni perezosa, decidió acompañarlos a una excursión a la que no había sido invitada, pero en la que, desde luego, se sentía bien recibida.

Rosabel amaneció con la ilusión acentuada, su Ángel la había rociado hasta en tres ocasiones con ilusión, paciencia y buena educación. La jornada tenía que ser perfecta y las rabietas y los caprichos quedaban totalmente excluidos, debía ser un día especial, único y maravilloso en el que no tenía cabida ninguna interferencia, ¡iba a encontrarse con su refugio!

Marla se encargó de los preparativos, colmó dos cestos de mimbre con bocadillos, pastelitos, refrescos, agua y pan de avena. No olvidó llevarse tres cantimploras vacías y dos bolsas de tela, esperaba regresar al hotel con promesas de eternidad para Rosabel, es decir, con un montón de fértil tierra y frescas aguas de la isla.

Y se convirtió en una experiencia inolvidable, el trayecto hasta el delta en autobús resultó de lo más divertido, Fabián y Ana compartieron asientos en primera fila, justo tras el conductor y al lado de éste, sin dejar de darle conversación y algún abrazo de vez en cuando, se sentó la Guardiana de la Ilusión, pletórica y con los nervios a flor de piel por lo que el día pudiera deparar; Rosabel y su madre prefirieron sentarse en los asientos del final, desde allí la pequeña soplaba y resoplaba como una loca porque todo estaba lleno de negras y juguetonas partículas que intentaban escaparse del fin, sin tener a donde ir. Incluso en dos ocasiones, paseó por el angosto pasillo que quedaba entre los asientos repitiendo, como si cantara, su particular mantra.

Tras casi dos horas de excursión llegaron a su destino. Rosabel había dejado desnudos sus pies en la barcaza y apenas entró en contacto con la isla, la tierra tembló, se contrajo dando forma a lo que parecía una enorme mueca con forma de sonrisa y de inmediato se transformó en un bonito y redondo corazón. Le daba la bienvenida, un recibimiento tierno y amoroso que excepto para las Guardianas, pasó inadvertido; el tiempo se había detenido por completo y todos se habían convertido en unos seres inanimados, quietos como estatuas. Incluso los pájaros se quedaron inmóviles en el cielo exhibiendo sus alas extendidas; las plantas dejaron de mecerse por la brisa; y los turistas que los acompañaban, mostraban posturas increíbles y en algunos casos, ridículas. Todos paralizados como si fueran de piedra, era increíble. La niña no podía parar de reír, se sentía traviesa y complacida con su poder, sólo le turbaba la visión de su padre, con la boca abierta porque acababa de comenzar una conversación y un pie despegado del suelo porque estaba caminando. Absolutamente estático. No le gustaba verlo así. Los demás le divertían, estaban graciosos, pero a su padre lo quería en movimiento, vivo y desprendiendo sonrisas. Duró segundos, no muchos, pero sí los suficientes para que Marla y Linda Aurora consiguieran llenar sus bolsillos y las bolsas de tela con toda la tierra que fueron capaces de escarbar; el mechón blanco de Rosabel recuperara el tono negro de siempre; y la

Guardiana de Almas confirmara, al recibir dos contundentes patadas dentro de su vientre, que su bebé, también era un ser mágico.

    Linda Aurora, dejándose llevar por la emoción del momento no pudo reprimir exclamaciones como… *¡increíble! ¡increíble!…* que no tardaron en encontrar la réplica de Pío… *desde luego que es increíble, ¡todavía tienes que ver para creer!*

    Las Guardianas habían acordado merendar a orillas de la laguna con el fin de hacerse con una muestra de sus aguas. Llegado el momento y obedeciendo un gesto de Marla, la niña se descalzó de nuevo y puso sus pies a remojo. Volvió a ocurrir, el tiempo se detuvo, a Rosabel le resultaba inquietante y extraño moverse entre la quietud, pero sabía que pronto se acostumbraría a aquella sensación y su capacidad para controlar el tiempo le reportaría momentos de diversión inigualables. Unos segundos bastaron para llenar todas las cantimploras.

    A partir de ese día, Rosabel siempre llevaría consigo un saquito de tela con tierra de la isla y un tarrito de vidrio transparente con aguas de la laguna. Marla insistió en que así fuera y aunque la niña no entendía el argumento de… *por si acaso…* le gustaba llevarlo porque se sentía especial y podía percibir el amor que la isla le profesaba.

A Linda Aurora le preocupaba que su hija no perdiera ni un segundo de su vida por ayudar a los demás. Por eso, en cuanto comprobaba que su mechón se estaba volviendo blanco, le echaba unas gotitas de *agua mágica* en el vaso de leche que tomaba antes de irse a la cama y se aseguraba de que se lo bebiera enterito. A continuación, Fabián se quedaba hecho un pasmarote en medio de cualquier parte durante unos segundos mientras las dos, o mejor dicho los tres, porque el bebé siempre pataleaba en esas ocasiones, se quedaban suspendidos en la eternidad. A la mañana siguiente, cuando Rosabel amanecía sin el mechón de Guardiana, Linda Aurora se sentía feliz, pero Fabián meneaba la cabeza como muestra de desaprobación mientras decía... *¡qué manía con teñir a la niña!, ¿por qué no te tiñes tú?*

IV

La primavera en la Ribera era sencillamente espectacular, con todos aquellos aromas envolventes, el fino canto de los pájaros, la suave brisa que solía acompañarlos y un número infinito de tibios rayos de sol que alegraban los días y siempre parecían querer abrazarlo todo. El bosque estaba lleno de vida, de seres amables, de animalitos inofensivos, de caminantes y aventureros; el Xuello descendía en un curso abundante, sin estridencias, testigo prudente de risas y juegos. Si *Felicidad* era un dulce paraíso suspendido en un árbol, el Jardín de Manuela rebosaba colorido y fragancias que sabían conjugarse entre sí con el fin de culminar en sabrosos manjares de mesa.

Y fue un miércoles, en concreto un siete de mayo, cuando Linda Aurora sintió la primera punzada en su vientre. No le resultó ni demasiado contundente, ni demasiado prolongada, pero supo con la certeza de su alma que no vería otro amanecer sin tener a un bebé en sus brazos. No le extrañó que faltaran cuatro semanas para la fecha predicha por el doctor, Pío ya le había advertido; y a pesar de lo prematuro del nacimiento estaba tranquila porque su Ángel, que nunca le mentía, había afirmado con rotundidad que su bebé nacería sano.

Con esa idea en la mente decidió callar y observar. Se convirtió en una espectadora consciente de lo que ocurría a su alrededor mientras mentalmente hablaba con su bebé. Le encantaba hacerlo. Lo hacía con frecuencia. Le contaba sus cosas, le daba las gracias por hacerle compañía, por su discreción, por su paciencia, por su presencia, por su decisión de formar parte de su vida; también le preguntaba sobre su naturaleza, su don; otras veces le contaba chascarrillos y se reían juntos, ella a carcajadas, su bebé con volteretas y pataditas aquí y allá; le hablaba mucho de Rosabel, le describía su belleza, su don, su fortaleza para superar los primeros años de vida; le hablaba de las Guardianas, de la Ribera, de Fabián, de Ana y de Bruno; no quería que se sintiera extraño en un mundo tan hermoso, era un bebé inesperado pero profundamente amado.

Las contracciones no se detuvieron en todo el día, pero tampoco cobraron fuerza, y para cuando llegó la hora de la merienda, Linda Aurora se encontraba exhausta por la intermitente presión de su vientre y cansada por el disimulo y los nervios de la espera.

Tras servir las cenas en el hotel, a eso de las 21:30, se marchó a *Felicidad* con el propósito de descansar hasta que llegara el momento *de* entregarse a la aventura de parir. Rosabel iba con ella, y con las dos, Bruno... *voy a tumbarme un ratito a esperar a papá, sí, sí, podéis quedaros en los columpios hasta que él llegue.* El muchacho repartía su tiempo entre la otra Orilla, el hotel de Manuela y *Felicidad*. Todos esperaban su llegada, disfrutaban de su compañía y temían a la despedida. Bruno era especial, sacaba lo mejor de cada uno y ¡era tan hermoso darse! ¡tan liberadora la entrega!

Fabián llegó a las diez y treinta y encontró a Bruno y Rosabel sentados en los columpios y aunque le pareció muy tarde los vio tan felices que no quiso interrumpirlos. Jugaban a dar las gracias a su cuerpo, era una costumbre que Rosabel no había perdido, cada noche lo hacía ya fuera a solas o en compañía de su madre, y de tanto en tanto lo predicaba a su manera en el Parque Maravillas. Desde que Bruno jugara con ella, no perdía ninguna ocasión en la que disfrutar de un buen baño de gratitud.

—¿Y mamá? —preguntó Fabián como saludo.

—En casa —respondió su hija sin mirarlo.

Allí estaba, tumbada en el sofá con los pies en alto y sus manos descansándole sobre el vientre; agotada, ojerosa, pálida y exhibiendo una escueta sonrisa de compromiso. Por suerte, a Fabián le pasó inadvertido el rápido movimiento de manos con el que la Guardiana se había colocado un parche blanco en su recién estrenado ojo. Tras un dulce beso de bienvenida y un cariñoso abrazo, Linda Aurora relató su día, su molesto día con todas aquellas contracciones que más que acercarla a su bebé, la estaban agotando y poniendo frenética. Inútiles e infructuosas contracciones que parecían no estar cumpliendo con su cometido... *esta mañana creía que hoy sería el día, ¡pero mira qué hora es y nada de nada!* ... por lo que pensar en el ocho de mayo como la fecha señalada era una hipótesis que cada vez cobraba más fuerza. Y si mientras contemplaba el techo del salón de *Felicidad* había planificado con detalle el día en el que creía que nacería su bebé, ahora, en idéntica posición trasladaba sus planes a Fabián. Pensaba descansar toda la noche, reponer fuerzas y afrontar lo que tuviera que venir recuperada y llena de energía... *por la mañana, temprano, a eso de las siete, vas al hotel con Bruno y Rosabel y los dejas allí al cuidado de mi tía...* estaba convencida de lo que decía, lo tenía todo perfectamente organizado en su cabeza... *y avisas al doctor para que venga a echarme un vistazo...* quería parir en calma, en su casa y en su cama, sin tanta expectación ni testigos como tuvo cuando nació Rosabel... *no, la niña que no vaya al cole que por un día no pasa nada y quiero que en cuanto asome la carita el bebé, venga a darle un beso enorme.*

Cuarentaicinco minutos después de su impecable exposición, a las once y veintidós horas exactamente y casi sin darse cuenta, con dos vigorosos empujones adornados de... *¡Vamos! ¡tú puedes! ¡qué valiente eres! ¡te amo!*, Linda Aurora paría un bebé pequeñito, de poco más de dos kilos y seiscientos gramos, con una piel que tendía al morado y un llanto fuerte y enérgico. Pío los envolvió de inmediato con su ala proporcionándoles calor y un familiar y dulce aroma a Café... *así huele tu madre, ¿no te parece delicioso?...* parecía querer decirle; mientras tanto, Linda Aurora le susurraba palabras de amor... *bienvenido, eres un precioso regalo del Cielo... te amo, gracias por venir a mi vida.*

Fabián, loco de contento y desbordado por los acontecimientos, se encargó de anunciar la llegada del recién nacido a grito pelado desde la balconada de *Felicidad*; sus oyentes: Rosabel, Bruno, el río, la luna, las aves nocturnas, los árboles y poco más; sus palabras: *¡Ya está aquí! ¡Ya está aquí! ¡Es un niño! ¡Un niño! ¡Y se llamará como el poeta, Federico!*

Federico fue prematuro, y aunque había nacido fuerte y sano, tal y como predijera Pío, a sus pulmones les costaba la adaptación, respiraba con dificultad emitiendo un leve quejido y su color, anclado en el morado, no mejoraba de ninguna de las maneras. Ni amoroso calor, ni tierno abrazo, nada, el morado se había instalado en su piel y ahora ese persistente quejido venía a complicar las cosas. Fabián insistió en llevarlo al hospital, pero Linda Aurora estaba convencida de que lo mejor era quedarse allí y nutrirlo con su calor. Piel con piel. Se lo puso desnudito sobre su vientre igualmente desnudo, y ocurrió el milagro, ante el asombro de Fabián, la respiración dificultosa del pequeño se normalizó y en apenas unos minutos su color pasó del morado al rosado, y sin más, un dulce sueño con sabor a gloria los embargó.

V

A pesar de lo intempestivo de la hora, a la llamada de Fabián respondieron todos de inmediato. El doctor tardó en llegar desde La Aldea treinta minutos, quince en marcharse. Todo estaba perfecto y aunque el bebé era prematuro, con un poco de paciencia y buena leche, no tendrían problemas para sacarlo adelante... *que Dios os de salud para criarlo...* fueron sus últimas palabras.

Marla voló, mal colgó el auricular y salió corriendo, Fabián le había dicho que el bebé era un niño y no necesitó escuchar más, el escalofrío que le recorrió la espalda la acompañó hasta las mismísimas puertas de *Felicidad.* Los encontró a todos en la habitación de Linda Aurora, su sobrina tenía al pequeñín en brazos, desnudito sobre su vientre, y junto a ella, sentados a cada lado de la cama Bruno y Rosabel observaban como dos bobalicones cada gesto o mueca del recién llegado.

—Se llama Federico —dijo Fabián apenas la vio entrar—. Fede no, ¿eh?, Federico, como el poeta.

—Bien, bien —murmuró sin mirarlo, no tenía tiempo para cumplidos ni felicitaciones, no al menos para él. Atravesó en dos zancadas la habitación y cuando llegó junto a su sobrina le propinó un dulce y prolongado beso en la frente, dio uno de sus abrazos ilusionantes a Bruno, y fijó su mirada en Rosabel antes de pedirle su bolsita de tierra.

—Ten —obediente, tendió hacia Marla un saquito rojo rematado con un fino cordel dorado que acababa de sacar de su bolsillo.

—No, quédatelo tú —rehusó. Fabián estaba distraído y Bruno ausente—. Acaricia la tierra, cariño—. Sugirió al tiempo que le guiñaba un ojo como muestra de complicidad.

Y acatar la orden supuso que el tiempo se detuviera, que la sonrisa de Bruno quedara suspendida y un tímido bostezo de Fabián, completamente congelado. La atención de las Guardianas se fijó de inmediato en el recién nacido y pudieron observar cómo Federico trataba de trepar por el vientre de su madre en busca de alimento. No había duda, él también era un Ser Mágico.

—¡Vigílalo! —exclamó Marla con los ojos encendidos—. ¡Vigílalo! —repitió antes de tomar la puerta y lanzarse al bosque.

En su precipitada huida tropezó con Ana en las escaleras, la mulata llegó tan pronto como pudo, estaba deseando ver al chiquitín y apretujar a su amiga… *dame, dame*… en cuanto entró en la habitación arrebató al pequeño de los brazos de su madre y sentándose en la cama junto a ella aceptó un café, saludó a Rosabel y comenzó a parlotear de sus cosas.

Linda Aurora sonreía, mientras Federico dormitaba en brazos de Ana, Bruno y Fabián se afanaban por preparar café en la cocina y Rosabel, soplaba. Y estaba soplando como una loca a la espalda de Ana cuando de repente, se detuvo. Un sueño precioso había surgido de la nada y ahí estaba, frente a ella, Ana recibía un apasionado beso de amor de *su Carlos* y se encontraba a tan sólo ¡treinta sonrisas! Comenzó a reír y a susurrar su mantra.

Carlos había sido abandonado por su novia unos meses atrás y paradójicamente, su sufrimiento había puesto loca de contento a Ana. Pero el tiempo pasaba y él no se decidía a invitarla a cenar, ni al cine, ni a pasear, ni a nada… Compartir un café por las mañanas y no todas, con eso tenía que conformarse, y aquellos encuentros eran poca cosa porque el guardia guapo se mostraba poco hablador. Algunos días llegaba tarde; otros, con los ojos enrojecidos por el insomnio y quién sabe si también por el llanto. Lo habían dejado plantado a pocos días de un paseo hacia el altar y el golpe era tan bajo y tan duro que nada parecía consolarlo. Y si en los desayunos con Ana no buscaba el consuelo, sí lo hacía en la compañía de otras mujeres. Sentirse invisible había inundado a Ana de tristeza y apatía, pero imaginarlo en otros brazos había conseguido sacarla de la desazón y conducirla, rápidamente, hasta un monumental enfado... *si no me quiere, peor para él, una mejor que yo no va a encontrar...* acababa de decirle a su amiga. Y ese paso de la tristeza al enfado siempre suponía una magnífica noticia en lo que a energía y vibraciones se refiere. Vivir con alguien dócil, callado y tristón es más sencillo que compartir gritos y rebeldía, pero para el que sufre no hay duda: gritar, siempre es mejor que llorar.

Resultaba curioso como el nacimiento de Federico había provocado tantas y tan variadas reacciones en sus allegados. Fabián, estaba entusiasmado con su *muchachote* de dos kilos y seiscientos gramos, la vida no podía irle mejor. Tenía una magnífica familia, incluso su propia madre, la misma madre ausente e inquisidora de siempre, parecía otra, hacía unos días que sin ton ni son lo había llamado por teléfono para decirle... *Fabián, hijo, te quiero. Creo que nunca te lo he dicho y lo siento. Te quiero muchísimo.* ¡Sí, era feliz! Y sí, Rosabel aprovechaba cada uno de sus descuidos y cada una de sus distracciones para soplar a su alrededor sin ser vista; en lo que respecta a la niña, el nacimiento de su hermano le supuso una tremenda decepción, ella quería una Guardiana a la que instruir, una Guardiana con la que jugar, una Guardiana con la que compartir secretos, en definitiva, una Guardiana junto a la que salvar al mundo. Tenía tres opciones, y las tres le parecían igualmente maravillosas: una hermanita con aroma a caramelo, coco o eucalipto hubiera supuesto realmente un regalo, le encantaban esas fragancias porque le recordaban a las piruletas que su madre hacía con azúcar quemada, los yogures de coco con bizcocho que su tía preparaba como nadie, y los caramelitos de eucalipto que tomaba cuando necesitaba calmar la tos; A Marla en cambio, la noticia de un varón en la familia le había erizado el alma entera y paralizado las tripas. Intuía que, a la llegada de Federico, le seguirían problemas; y Linda Aurora, por su parte, no pudo reprimir la risa al comprobar, una vez más, lo juguetón que se muestra el destino y cómo acostumbra a ofrecer los resultados más inesperados. Un hijo sano era un premio, era todo lo que podía pedir, un hijo varón estaba bien, muy bien.

VI

Marla decidió visitar a su sobrina en el primer rato que tuvo libre, y éste se presentó a las once de la mañana. Quería pedirle disculpas por su estampida de la noche anterior y hablar con ella con calma. Lucía de blanco, un vestido antiguo pero precioso, uno largo hasta los pies, uno que había pertenecido a su madre y ahora ella paseaba con frecuencia. Su piel estaba bronceada por el sol, sus interminables paseos por el Jardín la favorecían, y la corona de flores lilas y rosadas con la que llevaba su cabello recogido, también. Introdujo tres libros y una fiambrera con un pastel de zanahoria en una mochila, una colorida mochila de punto que había sido tricotada con sus propias manos, se la puso en bandolera y se dirigió con paso firme hacia *Felicidad*.

Linda Aurora la vio llegar y le pareció estar viendo un Ángel, no importaba el amarillo chillón de su mochila que, a pesar de romper la armonía y la estética de su figura, en absoluto desmerecía su belleza. Iba acompañada de dos conejitos, que tan pronto como alcanzó la Guardiana su destino, se perdieron a toda velocidad en las profundidades del bosque.

Tras una disculpa, dos besos y tres abrazos, preguntó por el pequeñín y supo que estaba dormido en su cuna, al parecer prefería comer de noche y descansar de día. Sin preámbulos se sentó a la mesa, su sobrina había preparado una bandeja con delicados y variados bocaditos de chocolate, nata, crema y canela que conjugaban perfectamente con el pastel que ella misma había horneado; lo sacó de su mochila e hizo lo propio con un libro rojo, uno negro y lo que parecía un cuaderno de notas, los fue apilando, dejando en primer lugar el rojo y, pidió a su sobrina dos platos y un cuchillo para poder saborear aquellos ricos manjares.

—He pasado toda la noche leyendo estos libros y lo que he encontrado me ha helado la sangre. No te voy a engañar —Marla comenzó la conversación decidida—. El nacimiento de Federico no es una bendición como crees, el nacimiento de Federico es una maldición. Aquí lo pone, cariño. —Señaló el libro negro, el que incluía en su título las palabras *brujo y demonios*. Removía lentamente su taza de té mientras mentalmente repasaba las delicias de la bandeja intentando decidir por cuál comenzar.

—No digas tonterías, tía —Linda Aurora derramó un chorrito de leche dentro de su taza y troceó el pastel de zanahoria en cuatro generosos pedazos—. el Cielo siempre atiende, mi hijo es una bendición, ¡por Dios! —Estaba sentada frente a una de las ventanas que le mostraban el paisaje del río—. Prueba uno de estos —dijo mostrándole un delicado bollito de crema con canela y azúcar quemada.

—Bueno, bueno —meneó la cabeza—. Yo lo único que sé es que las cosas son como son y no como nosotras quisiéramos que fuesen. —Abrió el libro por una página previamente marcada, era un libro que hablaba de brujos y su mundo era realmente fascinante. Seres mágicos dotados de libre albedrío que podían elegir cómo utilizar su don, y siempre acudían al mundo de la materia como respuesta a una maldición.

—¿Qué pasa? ¿Qué te preocupa? —Linda Aurora la miraba fijamente—. ¿Conoces el don de Federico?

—Los tiene todos cariño, todos —hizo una pausa para tomar aire—. Es capaz de cualquier cosa, su poder reside en su Fe, y su peor enemigo es la Gran Duda. —Sorbió de la taza y jugueteó con los restos de dulce que había en su plato sin atreverse a mirar a su sobrina.

—¿La Gran Duda? —la información que su tía le ofrecía no le decía gran cosa, no sabía a qué se enfrentaba—. ¿Qué es la Gran Duda? ¿Dónde está? ¿Cómo puedo protegerlo? ¿Qué puede hacerle? —respuestas era lo que necesitaba.

—No sé —la única que obtuvo—. Pero sé que el Ego es vulnerable a los dones divinos, quizá podamos hacer algo.

—¿A todos los dones, tía?

—No sé, cariño, pero te contaré todo lo que he descubierto.

Y es que de los libros se desprendía una inquietante información. Al parecer, si una Guardiana paría un hijo varón y su familia estaba bajo el yugo de una maldición, éste nacería siendo un brujo. Estaba condenado a luchar contra sí mismo, y del desenlace de esa batalla dependería el destino de todo su linaje. Si triunfaba el Bien, si tomaba las decisiones adecuadas y optaba por seguir la voz de su Ser y ofrecer al mundo la mejor versión de sí mismo, se convertiría en un Mago, un poderoso Ser de Luz, un auténtico y eterno Hacedor de Milagros. Si por el contrario vencía en él el Mal, si su ego conseguía hacerse con las riendas de su vida, no dudaría en matar una a una y de manera cruel y despiadada a todas y cada una de las Guardianas de su familia. Igualmente, la eternidad lo esperaba, pero en esta ocasión convertido en un malvado hechicero.

—Bueno, pero en nuestra familia no hay ninguna maldición —Linda Aurora quería zanjar la cuestión, se mostraba aliviada y entusiasmada con la idea de eternidad para su pequeñín.

—Te equivocas, cariño. —Marla apartó su plato y ocupó ese espacio con el cuaderno de brebajes, lo abrió por una página marcada y leyó en voz alta—: «Brebaje para engendrar sin varón».

—No entiendo.

—He descubierto que mi madre lo utilizó para gestarnos. Nuestro padre, tu abuelo, su bisabuelo —dirigió su mirada hacia la habitación donde Federico dormía— no existe, no es humano.

—¡No puede ser! —exclamó horrorizada—. ¡No puede ser! —era la incredulidad la que repetía sus palabras.

—Somos producto de un hechizo, estamos malditas y mi madre, mi pobre madre lo gritaba a todas horas sin que nadie quisiera escucharla —comenzó a sollozar— y ha llegado el momento de saldar cuentas. —El llanto cobró fuerza y como pudo, con la voz más grave de lo habitual y las palabras entrecortadas, continuó—: Ha venido a matarnos, Linda Aurora, a todas —se rompió entre lágrimas. En el libro de brebajes había encontrado una receta titulada «Brebaje para engendrar sin varón» y anotaciones de puño y letra de su madre en las que contaba cómo lo había hecho y por qué, reconociendo asimismo la terrible maldición que para su familia se derivaba de sus actos. En ese momento desconocía en qué consistía la maldición, pero no le importaba, volvería a desafiar la Ley y sus hijas no gestarían, con ellas acabaría todo. Unas cuantas páginas más adelantes, otro elixir, concretamente un «Brebaje para no gestar», le daba la solución. Manuela relataba en el cuaderno cómo se lo daría a sus hijas, cómo lo convertiría en tisana y año tras año, el día de su cumpleaños obligaría a sus hijas a tomar un buen tazón de aquella infusión que terminaría por secarles las entrañas. Marla sabía que su hermana Candela lo odiaba, que se zafaba de él y que cuando su gestación se hizo patente, su madre, atormentada ya por la sinrazón pensó que la maldición llamaba con fuerza a su vida y que el momento de saldar cuentas había llegado.

—¿Hay algo que podamos hacer? —Linda Aurora no se resignaba a lo que estaba escuchando, a su incredulidad se había sumado la necesidad de negación y su pregunta consiguió devolver a su tía al presente.

—Tenemos dos opciones, cariño —se recompuso antes de proseguir—, pero no te van a gustar, te lo advierto, no te van a gustar nada.

—Escucho.

—Podemos humanizarnos —lo dijo bajito, esquivando la mirada de su sobrina—. Hay un elixir que, preparado adecuadamente, nos convertiría en humanas y evitaría que el brujo nos matara y se convirtiera en hechicero —esperaba la respuesta de Linda Aurora, pero ésta no se produjo, decidió continuar—. Lo tomaríamos las tres y así evitaríamos la muerte... —El cuaderno contenía muchas recetas de brebajes, para algunos de ellos se precisaban ingredientes muy raros y en más de una página las letras aparecían emborronadas por lo que Marla intuyó debían ser las lágrimas de alguna Guardiana desesperada.

—La otra opción —sonó tajante y contundente, sonó a rechazo. No podía imaginar su vida sin Pío. No podía privar a su hija del placer de ser Guardiana. Ser humana, ¡no! ¡de ninguna manera!

—Es peor... —no quería pronunciarla, pero su sobrina insistió—. Matarlo —fue un susurro, pero desató la furia en Linda Aurora—. Matarlo ahora, antes de que sea poderoso y...

—¡Calla! —interrumpió llena de rabia—. ¡No vuelvas a decir eso jamás! —Se puso en pie y se dirigió hacia la ventana dando la espalda a su tía—. Hay una tercera opción.

—No, cariño, no la hay.

—Sí, tía, la hay. —Giró sobre sus talones y clavó su mirada en Marla antes de pronunciar—. Confiaremos en Dios, en el Amor, en la Vida —respiró profundamente y siguió—. Lo colmaremos de Amor y cuando éste consiga anidar en su corazón, mi hijo vencerá en la batalla. Si en algún momento desvaría, cultivaremos nuestra paciencia y le daremos el espacio que precise para Ser él mismo. Respetaremos sus cambios de humor y nos convertiremos en un ejemplo a seguir. Aderezaremos sus días con risas, abrazos y ternura, toda la ternura que seamos capaces de expresar.

—Voy a darle tantos abrazos que no va a saber qué hacer con la ilusión. —Marla, contagiada por la esperanza de su sobrina comenzó a sonreír—. No conozco a nadie que viviendo ilusionado quiera hacer daño al prójimo.

—Mi hijo será un Hacedor de Milagros —Linda Aurora pensaba en voz alta, atisbó la esperanza de un final feliz y se aferró con fuerza a una lejana y diminuta posibilidad—. Federico se convertirá en un magnífico Mago, lo sé tía, y es más, a partir de este momento, en mi Mente lo es. —Se acercó a la mesa—. El nombre de brujo es un nombre prohibido en esta casa, mi hijo Federico es un Mago, ¿entendido? —Y tras el gesto afirmativo de Marla continuó—: Y ni una palabra de esto a Rosabel, es pequeña y no lo entendería.

—Tarde —la voz de la niña salió de detrás de la puerta, se había escondido para escucharlas y ¡madre mía! ¡había merecido la pena!

No pudieron convencerla de lo contrario, se unió de inmediato a la conversación, quería saber más, necesitaba saber más. Descalza, con el pelo revuelto y mostrando en su cara restos de chocolate, se sentó en las rodillas de su madre y jugueteó con los volantes de su vestido rojo con topos blancos, estaba dispuesta a escuchar con atención tanto o más, de lo que estaba dispuesta a comerse alguno de aquellos deliciosos pastelitos.

Pero nadie había conseguido escapar jamás de una maldición, el brujo sucumbía siempre al Mal y las Guardianas perecían en sus manos... *sólo puedo huir y por ello doy gracias a Dios; he descubierto que cuando el Mal se apodera de él y el Ego lo gobierna, se queda paralizado como si fuera un humano cualquiera, y esa pequeña tregua me permite escapar... pero vuelve, mi hijo vuelve y es tozudo, y no parará hasta conseguir mi muerte y con ella, su inmortalidad.*

La última Guardiana Miel describía el calvario por el que discurría su vida, Manuela había reservado su libro sagrado como si de un tesoro se tratase y lo leía y releía esperando encontrar la solución, pero se topaba una y otra vez con la desesperación de una madre que huía de su hijo sin tener el valor suficiente para matarlo.

—¿Puedo quedármelos? —preguntó Linda Aurora—. Los tres —aclaró.

—Sí, cariño —Marla se mostraba complaciente—. Los apiló de nuevo sobre la mesa y Rosabel aprovechó la oportunidad para abalanzarse sobre ellos.

—¡Cuidado! —exclamó horrorizada—. Son libros antiquísimos y muy delicados, mira —volvió a tomar el cuaderno de brebajes—, en este incluso faltan hojas, parece que se las han arrancado.

—¿Muchas? —preguntó Linda Aurora

—No, sólo dos —aclaró—. Y las dos corresponden al mismo capítulo, uno titulado «Recetas de protección».

—¿Protección?, ¡Quizá en esas páginas esté la solución!

Y ahí terminó el desayuno y toda conversación, la pregunta de Linda Aurora quedó suspendida en el tiempo y su exclamación cayó directamente en el olvido. El pequeño Federico demandaba atención.

Rosabel, al escuchar el llanto de su hermano, buscó instintivamente el saquito de tierra mágica que siempre llevaba consigo y acarició su contenido. Federico siguió con su llanto vigoroso y ella suspiró aliviada. Su hermano todavía era bueno.

VII

Prematuro, con prisas para todo y un inquietante amor por el peligro y las emociones. Desde muy pequeño le encantaba todo aquello que hiciera cabalgar su corazón lo más deprisa posible, exhibiendo un asombroso encanto personal y haciendo gala de una capacidad especial para seducir a todo el mundo. Así era Federico, hermoso. Captaba la atención de los demás sin proponérselo, con esa carita tan angelical, de diminuta nariz que no tardó en salpicarse con pecas, ojos almendrados, morenos como su pelo, pero que adquirían una sutil tonalidad verdosa cuando un rayito de luz se posaba en ellos, de cabello dócil que se le enroscaba formando ondas y que, a él, en cuanto fue capaz de disfrutar de su belleza ante el espejo, le gustaba echar para atrás con espumas y fijadores.

Para Rosabel, en cambio, era un estorbo. Alguien incómodo que había llegado sin su consentimiento y que pretendía destronarla, alguien que no le despertaba interés alguno y, sin embargo, parecía tener a todo el mundo encandilado. Las primeras sonrisas del día eran para él; las primeras carantoñas, para él; los abrazos, los besos y todo lo que ella amaba, primero para él. Y es que Federico era mucho Federico. Para cuando los bebés de su edad querían aprender a sentarse, él era capaz de ponerse en pie. Cuando otros se ponían en pie e intentaban vacilantes dar sus primeros pasos, él corría como un loco hacia todos los lados. Y para cuando se esperaba que aprendiera a correr, montaba en bicicleta y mostraba una asombrosa capacidad para desplazarse sobre ruedas y una irresistible atracción por las peonzas y cualquier objeto que girara sobre sí mismo u otra superficie. Pero ahí no quedaba la cosa. Con tres años hablaba con fluidez, tal y como lo haría un adulto y ese, era un rasgo peculiar que no pasaba desapercibido; es más, su léxico, las formas gramaticales que empleaba, la sintaxis, su vocabulario e incluso el repertorio de refranes y frases hechas que conocía, ponía nervioso a más de uno... Pero era un niño, con pataletas y caprichos, aprendiendo a lidiar con la frustración y compitiendo con su hermana por el amor de sus padres, compitiendo con su hermana por la atención de los demás, compitiendo con su hermana porque sí... Al tiempo que libraba una feroz batalla consigo mismo desde el mismísimo día de su nacimiento.

Federico era un amor. Federico era un auténtico desastre. Vivía en el presente y nada más, y esa manera de entender la vida le acarreaba un sinfín de problemas porque mermaba su capacidad de previsión. Desordenado, despistado y viviendo en su propio mundo, conseguía sacar de quicio a los demás; pero también era zalamero, cariñoso y tenía un enorme corazón capaz de dar su amistad a todo el mundo, se la mereciera o no.

Era un incomprendido viviendo una realidad diferente a la del resto de los mortales, acompañado continuamente de su amigo imaginario, un niño rubio, de tez blanca y unos enormes ojazos redondos y azules, que fruncía sus carnosos labios unas veces para crear sonrisas, y otras, gestos de desagrado. Un niño misterioso que iba y venía creciendo a su ritmo y que aparecía cuando menos se le esperaba para despedirse después sin decir nunca adiós. Ese amigo que nadie más veía u oía y que se empeñaba en hablarle sin ser preguntado con el fin de influir en sus decisiones, en sus emociones y en sus palabras. A los cuatro años, y en los columpios de *Felicidad*, fue la primera vez que entabló una conversación con él. Y una semana más tarde, en el Jardín del hotel, cuando descubrió que no tenía un amigo invisible, sino dos. Eran tan idénticos por fuera como opuestos por dentro. Dos voces contrarias e inquietantes. Uno bueno, dulce y amable. El otro, retorcido y malhumorado. El primero se hacía llamar Soy-Soy, era divertido y juguetón; sabía perdonar y junto a él, se sentía protegido, jamás lo había oído quejarse ni criticar a los demás, porque la vida de otros no le importaba, lo importante era cuidarse, divertirse y sentirse bien. El otro, el grosero, le dijo que se llamaba Yo-Yo; se mostraba arrogante y vanidoso, tomándoselo todo a pecho y queriendo tener siempre la razón. No olvidaba nunca una ofensa y era amigo de revanchas y venganzas. Se burlaba de otros y frecuentaba las quejas y las críticas insistiéndole en hacerle creer que era un ser incompleto y necesitaba de otras *cosas,* como halagos, caprichos y atención, para sentirse feliz y satisfecho. Desde luego, era un embaucador y un mentiroso sin escrúpulos. A Federico le llevó un tiempo comprender que no podría derrotarlo, la lucha tan sólo lo fortalecía porque Yo-Yo se alimentaba a costa de su atención; sin embargo, cuando lo ignoraba, se debilitaba y no mirarlo ni escucharlo lo convertía en un niño asustado con una voz casi imperceptible.

Excepto aquel día en el Jardín, nunca volvieron a aparecer juntos, no mostraban interés el uno por el otro, incluso parecían no conocerse. Los dos tenían voces muy sugerentes y a Federico le costaba resistirse a sus consejos y recomendaciones. Y crecía hablándole al aire, escuchando voces que nadie más escuchaba y eligiendo minuto tras minuto qué voz escuchar y qué camino seguir. Era un niño consciente del enorme poder que residía en su presente, el único momento en el que podía decidir. Era un brujo por mucho que su madre se empeñara en llamarlo mago, argumentando la pobre que era un nombre hermoso que dejaba bellos recuerdos en la mente de los humanos. No, no era un mago, era un brujo y lo sabía. Y sabía que su poder se basaba en su Fe, que la Gran Duda podía convertirlo en un humano desorientado y perdido durante toda la eternidad, y que, si quería ser inmortal, tendría que matar a su hermana, su tía y por último, a su madre. Sus amigos se lo habían contado, cada uno a su manera y con diferentes intenciones; Yo-Yo, animándolo a alcanzar la inmortalidad a costa de la vida de Rosabel y las demás... *comienza por ella, no te resultará complicado deshacerte de las demás después, y cuando lo hagas, serás tan poderoso que nada ni nadie podrá detenerte jamás;* Soy-Soy, animándolo a utilizar sus poderes por el bien de la humanidad... *todo aquello que pienses con Fe, la vida te lo entregará, no puede ser de otra manera, es Ley. Decide por el bien común, elige ayudar, elige inspirar, elige animar, elige amar, elige perdonar, elige la paz, elige ser ejemplar...*

Le costaba no ceder a sus recomendaciones y consejos, fueran estos los que fueran, las dos eran voces muy persuasivas y él, tan sólo un niño.

Su manía de hablar con el aire preocupaba a Fabián que insistía una y otra vez en llevarlo al médico; Marla repetía sus *¡Vigílalo!, ¡vigílalo!* a todas horas mientras Rosabel le reía la ocurrencia y Linda Aurora, muy seria unas veces y llena de ternura otras, le pedía que disimulara y si «veía a ese niño», procurara que nadie más lo supiera... *y de hablarle al aire, ¡nada de nada!, ve al río o adéntrate en el bosque donde nadie pueda verte.* Federico sonreía, y con la voz de un niño de cuatro años y la madurez de un adulto responsable, respondía muy serio... *no te preocupes mamá, lo que opinen los demás no me importa.*

No podía darles la espalda, eran sus amigos. En sus primeros años, en esos en los que su hermana huía de su compañía y se sentía solo en un mundo que no entendía, aquellos extraños niños se habían convertido en sus compañeros de juegos, los únicos. Jugaba con ellos, chapoteaban allá donde encontraran agua, ya se tratara del río, la piscina, charcos de la lluvia o la manguera del Jardín… reían mucho, y si era Yo-Yo el que lo visitaba, también pasaban el tiempo rodeados de críticas, quejas, bravuconadas y palabras malsonantes.

VIII

Desde que Federico fuera capaz de desplazarse por sí mismo, Linda Aurora, algunos domingos, dejaba a sus hijos a cargo de un adulto y se marchaba pedaleando con fuerza sendero abajo, y siempre, siempre, vestida de blanco. Nadie hacía preguntas, ni siquiera Fabián que, aprovechaba su ausencia para entregarse al cuidado de los pequeños o al dictado de las musas, mostraba interés por estas escapadas dominicales. Estaba ilusionado, llevaba entre manos un proyecto del que nunca hablaba, que no era capaz de alejar de su cabeza y que contemplaba crecer ante sus ojos, a trancas y barrancas algunas veces y con fluidez otras, garabateando en su cuaderno una frase aquí o un párrafo allá. Se trataba de su obra maestra, de una novela que había decidido crear en secreto y que mantenía oculta y a salvo de comentarios y opiniones. En ocasiones se veía obligado a detenerse y dejarla dormir en el fondo de algún cajón durante semanas enteras, y es que sus personajes cobraban vida, querían hacerse con las riendas de la historia y lo conducían por derroteros incomprensibles para él... *A dormir,* le decía a su cuaderno antes de cubrirlo con pañuelos de seda y ponerlo a descansar.

Linda Aurora anhelaba liberar almas y D. Braulio llevaba mucho tiempo sin contar con ella para visitar enfermos, muy enfermos. El cura se había hecho eco de rumores malintencionados que corrían como la pólvora por toda La Ribera... *lo que oyes, la tuerta tiene un no sé qué, que si te encuentras cerquita de la muerte, ella va y te da el empujón final...* Y los enfermos, temerosos ante el fin, no querían avisar al cura por si aquella mujer aparecía con él; y el cura, interesado como pocos, no quería prescindir de los donativos que percibía por sus servicios de consuelo. La decisión fue sencilla y nada traumática, prescindió de ella.

No obstante, algunos con poco apego a la vida y falta de arrestos para quitarse ellos mismos de en medio, la invitaban a tomar café con sus esperanzas puestas en ella, fallecer tras la tertulia de la sobremesa les parecía un magnífico final. Pero nada de nada, Linda Aurora volvía a

Felicidad y ellos seguían con sus días estando tan vivos, o tan muertos, como antes de la merienda.

En otras ocasiones, afortunadamente las menos, eran los familiares los que deseaban acelerar el duelo y el cobro de la herencia. Llamaban a la Guardiana y la obsequiaban con merienda y té. Ella se mostraba complacida y extrañada con tanta atención, al principio creía que las muestras de afecto eran espontáneas y desinteresadas, pero terminó por darse cuenta de la perversión que encerraban, y fue entonces cuando decidió poner punto final a las mismas y cambiar su estrategia. Dejó de suplicar al cura y sustituyó las misas por las visitas al hospital de la Ciudad.

Los domingos se ponía un vestido blanco que le alcanzaba hasta la mitad de las rodillas y pedaleaba varios kilómetros. Ya en el hospital subía hasta la planta de los enfermos más cercanos al fin y entraba en las habitaciones que su instinto elegía para ella, ni una más, ni una menos. Con su melena roja descansándole en los hombros y ese bonito y delicado vestido, parecía venir de otro lugar, de uno mágico y hermoso. El parche de su ojo, blanco. Sus zapatos, también. Y en ocasiones, las menos, llevaba en el pelo alguna margarita o jazmín que le ayudaba a retirarse el mechón de Guardiana de la cara.

Era discreta y sigilosa, no quería de ninguna de las maneras llamar la atención, esperaba disimulando a que los familiares, en caso de haberlos, dejaran al paciente a solas, y entraba en acción. Sin mediar palabra, con paso lento y arrastrando un dulzón y familiar aroma a Café se acercaba hasta la cama del enfermo, se sentaba en ella, a su lado, se retiraba el parche de su ojo y tomándolo de la mano fijaba la mirada en él. A continuación, seguía la esperada perorata de expiación, más o menos larga, más o menos coherente, más o menos dura o dolorosa, y cuando una sonrisa ponía fin a las palabras, ella se colocaba de nuevo su parche y abandonaba la habitación tal y como había llegado, pero profundamente satisfecha. Volvía a *Felicidad* con la convicción de estar haciendo lo que debía y ellos, entraban en el Paraíso con la convicción de haber visto a un Ángel.

IX

—¿Sabes cómo elaborarlos? —preguntó Linda Aurora entrando en la buhardilla.

—Sí, cariño —Marla le indicó con la mano que se sentara a su lado—. El cuaderno es muy completo, no sólo indica qué ingredientes incluye cada pócima, también recomienda cómo adquirirlos y tratarlos para que su efecto sea más efectivo y duradero.

—¿Se necesitan ingredientes imposibles? —Tomaba asiento sin apartar su ojo del cuaderno.

—En algunos casos sí —respondió retirándose el mechón blanco de la cara—, pero estamos de suerte, en el que nos interesa, podemos conseguirlos todos.

Y le explicó que el brebaje para humanizar a una Guardiana debía incluir las esencias todas y cada una de las Guardianas que formaban o habían formado parte de su familia, y esto la alivió, porque no tendrían ningún problema a la hora de elaborar un delicioso elixir que incluyera la frescura de la menta, el dulzón de la miel, la sensación de hogar del café, y la sensualidad de los jazmines y la lavanda, como tampoco sería complicado aliñar la mezcla con chispeantes gotitas de limón y un poquito de canela. Reunir todos estos ingredientes no entrañaba ninguna dificultad, pero si bien resultaban necesarios, no eran suficientes, se precisaban además lágrimas de Guardiana, unas de alegría y otras de tristeza. Sin dudarlo y en completo consenso concluyeron que, las de alegría provendrían de los ojos de Rosabel y las de tristeza del ojo de Linda Aurora. Sería sencillo, Rosabel compartiría como de costumbre sus juegos con el bueno de Bruno y el pequeñajo de su hermano; y reiría tanto, que no podría reprimir sus lágrimas. Además, su Ángel siempre estaba dispuesto a echar una mano, cuando las necesitaran tendrían lágrimas de felicidad a borbotones. Por otra parte, bastaría con que Linda Aurora se sentara en el banco del Jardín a charlar con los jazmines y alzara de vez en cuando su vista al cielo con la esperanza de ver asomar el colorido saludo de su madre. Sí, recoger sus lágrimas fue sencillo, y es que desde que Candela las dejara, la alegría y la tristeza se conjugaban en La Ribera en un vaivén constante de emociones.

Las recomendaciones para elaborar la pócima resultaron muy explícitas, incluían no tocar con las manos ni las hojas de menta, ni los pétalos de las flores, debiendo escoger aquella que destacara por su belleza, aroma y color. En el caso de las flores, se debía escoger una flor abierta y, además, lo más perfecta posible. Por su puesto, se les debía pedir perdón antes de seccionar su tallo y agradecerle su desinteresada entrega. A continuación, flores y hojas se introducirían en un cuenco de barro limpio y con agua que hubiera pasado una noche entera bajo la luz de la luna llena y al menos seis horas bajo los rayos del sol. Marla insistió en que el agua contuviera gotas del Xuello y también de La Laguna de la Isla del Faro a partes iguales, y su petición fue debidamente atendida. Flores, hojas y agua se dejaban reposar juntas a la espera de que fueran bendecidas, de nuevo, por el sol. Tres horas bastaban para poder filtrar el agua y conservar tan sólo su esencia.

Mezclarla después con un chorrito de café, dos gotitas de miel, una cucharadita de canela molida y cuatro gotas de limón resultó sencillo. Añadir las lágrimas de las Guardianas inquietante. Allí estaban, las tres Guardianas presentes, Marla, Linda Aurora y Rosabel, de pie, serias y muy solemnes, cada una vistiendo su color, Marla el malva de la lavanda, Linda Aurora el tostado del Café y Rosabel un suave amarillo meloso. En silencio fue Marla quien procedió a verter en la mezcla las lágrimas que desde hacía unos días esperaban dentro de unos tarritos de vidrio. Removió con una cucharita de madera, cinco vueltas a la derecha y cinco más hacia la izquierda, dio gracias al Cielo, las demás hicieron lo propio y metió el elixir en un pequeño tarrito de vidrio azul que selló con un tapón de corcho al que puso una estrecha cinta de seda roja alrededor del cuello. Linda Aurora hizo los honores y rotuló en negro, directamente sobre el vidrio, un conciso... *no beber*. Acto seguido lo depositó en una estantería de la buhardilla, una alta, muy alta, tanto, que tuvo que ayudarse de una escalerita con cinco peldaños para alcanzarla.

El cuaderno de brebajes era un maravilloso divertimento para las Guardianas, si bien no preparaban pócimas ni elixires a diestro y siniestro, saber que podían hacerlo las hacía sentir más mágicas y divinas que nunca.

En una de sus hojas, en una de sus esquinas inferiores y queriendo pasar desapercibida, descubrieron una anotación con caligrafía irregular. Se trataba de una advertencia y decía así: «Si se disolvieran *dudas* en esencia de Guardiana, cualquier ser mágico que lo ingiriera, voluntariamente o por accidente, se convertiría de inmediato en un humano de pleno derecho. Vagaría por el mundo de materia sin saber quién es y sin recordar lo poderoso que un día fue». No quedaba ahí el asunto, a esta advertencia se le sumaban letras que parecían proceder de otra mano y afirmaban que, una variación de la pócima anterior podría también humanizar a los brujos. Al leer esto, las Guardianas se pusieron locas de contento, pero la alegría les duró poco, la variación a la que hacía referencia resultaba del todo imposible; se precisaban, además de todo lo indicado anteriormente, dos ingredientes tan imprescindibles como imposibles: lágrimas de tristeza de una Guardiana Guía y la Gran Duda. Al parecer, a la Gran Duda no se la derrotaba con soplidos, ésta debía disolverse en las lágrimas de tristeza de una Guardiana con aroma a miel. Pero Rosabel nunca lloraba de tristeza y la Gran Duda era apenas una fantasía. *¿Cómo es la Gran Duda?...* le preguntó Linda Aurora a su hija, y ante el encogimiento de hombros de ésta la opción de humanizar a Federico quedó descartada por imposible, mientras la posibilidad de humanizarse ellas mismas, se pospuso por cruel... *tenemos tiempo tía, Federico lleva unos días, yo diría que semanas, siendo un auténtico encanto, tenemos tiempo...* fueron las palabras con las que Linda Aurora zanjó el asunto.

X

Desde que Rosabel conociera a su hermano y la naturaleza de éste, aprovechaba su capacidad de detener el tiempo para asegurarse de la voz que Federico escuchaba. Cuando el pequeño seguía a su Ego, a Yo-Yo, su alma era como la de un humano más, sensible y vulnerable a los poderes de la Guardiana Guía, pero por desgracia, sólo a los de ella. Algo era algo. Si no se podía llenar de ilusión ni liberarse de la culpa, al menos, ellas podrían saber qué Federico las acompañaba y huir si las cosas se ponían feas; detener el tiempo y dejarlo inmóvil, aunque sólo fuera unos segundos, les confería una ventaja que agradecían y en más de una ocasión tuvieron que aprovechar. Si Rosabel detenía el tiempo y Federico, junto al resto de mortales se quedaba hecho un pasmarote, las Guardianas salían corriendo despavoridas con tendencia a buscar refugio en el bosque, o protegerse tras pasadores y candados.

Al principio, a Rosabel se le metió tan profundo el miedo hacia su hermano que se pasaba todo el día vigilando a un inofensivo bebé y tomando breves pero continuos, demasiado continuos, traguitos de su agua mágica…

¡Rosabel!... exclamaba Linda Aurora... *¡por Dios!, ¡deja de detener el tiempo!, ¡no se trata de un juego!, ¿no te das cuenta de que los humanos tienen que seguir con su vida y así no hay forma?...* Los días en los que Federico se mostraba irritado y llorón, Rosabel paraba el tiempo y lo volvía a parar, para terminar, siempre recibiendo la regañina de su madre. Conforme el recién llegado fue creciendo, y a pesar de que su hermana se fue moderando en esta costumbre, el interés por querer asegurarse con qué pie se había levantado su hermano, o lo que es lo mismo, a qué voz estaba escuchando, se mantuvo intacto. Ante una mala contestación de Federico, una conducta temeraria, una burla, insulto, no hacer los deberes, mostrarse desobediente, desafiante, impulsivo o extremadamente impaciente, estar criticón o soberbio, a Rosabel se le desataba el deseo de acariciar su amada tierra o refrescarse con agua de la laguna.

Federico, sabedor de lo que ocurría y del miedo que infundía en su hermana, su madre y también su tía, una tarde, sentado junto a Rosabel en el Parque Maravillas mientras contemplaba a Bruno repartir panfletos con contundentes mensajes... *La luz brilla en ti...* le preguntó:

—¿Por qué vienes al Parque? —El niño veía a la gente ir y venir sin prestarles demasiada atención.

—Para compartir con los demás lo que me hace sentir bien —hablaba pausadamente y muy complacida por el interés que mostraba su hermano. No hacía falta detener el tiempo, su hermano, en ese momento, era bueno.

—No te hacen ni caso, ¿no te da vergüenza?

—¡No! ¡Para nada! —exclamó añadiendo a sus palabras una risa espontánea—. No vengo a convencer a nadie —se puso seria para continuar—. Unos hacen caso y otros no, pero no importa, yo vengo y comparto con el deseo de que ellos también se sientan bien. Unas veces son mis palabras, otras veces música, sonrisas o abrazos, caramelos, soplidos o silencios, ¡la forma no importa! Lo importante es que cuando lo reciben, ¡es suyo para siempre!

—Me gusta acompañarte —se acercó a ella y la cogió de la mano.

—No siempre. —Estaba encantada, su hermano, en ese momento era el mejor, y hacerle cosquillas una maravillosa opción—. No me dirijo a sus mentes conscientes, eso sería absurdo y una pérdida de tiempo, las tienen dormidas o muy ocupadas en emitir juicios y opiniones. —

Cosquilleaba los costados de Federico y éste reía y reía sin parar—. Mis palabras anidan en su subconsciente, es como plantar una semilla y dejar que florezca. No puede ser de otra manera, hermanito. Es Ley.

—Te amo —sonaba veraz, tierno, seguro, contundente, sonaba como si su mismísima alma hubiera pronunciado esas dos palabras—. Os amo a todas, a mamá y también a la tía, por favor ¡ayudadme!, no quiero haceros daño, pero a veces la voz de Yo-Yo suena más fuerte que cualquier otra y no puedo resistirme —gimoteó.

—Mi niño… —Un sentido abrazo de Rosabel fue la respuesta—. No llores, cariño —El pequeño había pasado de la risa al llanto sin darse ni cuenta—. Verás cómo todo termina bien, nosotras también te amamos con toda nuestra alma y él —señaló a Bruno— también te quiere… y papá…

—Me esfuerzo por diferenciar las voces. —Las Guardianas estaban al tanto de Soy-Soy y Yo-Yo—. Pero a veces la voz mala intenta darme pena y habla bajito, con lástima, incluso se hace pasar por Soy-Soy para engañarme. —Rosabel lo apretujó con más fuerza.

—No te preocupes, todos los días en al menos dos ocasiones detendré el tiempo y así sabremos qué voz sigues —estaba convencida de tener la solución— y si no vas por buen camino… ¡te lo haré saber!

A partir de ese día Rosabel cumplió con lo dicho, en al menos dos ocasiones detenía el tiempo, en dos ocasiones como mínimo, porque había veces que Federico amanecía alborotadísimo y hasta ocho y diez veces se quedaba todo inmóvil, pero gracias a Dios esos días eran excepcionales, porque también podían discurrir semanas enteras sin que tuviera que acariciar tierra sagrada.

Federico tenía seis años, y era costumbre verlo desplazarse por toda La Ribera en alguno de sus tres patinetes, de dos, tres y cuatro ruedas y también sobre un patín rojo y negro que le resultó más complicado de domar, muchos moratones y caídas fueron necesarios para que consiguiera desplazarse con la soltura que lo hacía. Le gustaba vestirse con camisetas de su padre, y nada más. Largas camisetas de algodón que le alcanzaban hasta la mitad de sus muslos, sandalias en verano e invierno, una gorrita que podía ser roja o negra según la ocasión y una mochila en su espalda en la que no podía faltarle una pelota pequeña, una peonza de madera, una gorra de repuesto y una botellita de agua. Unas horas antes de su espontánea declaración de amor a Rosabel en el Parque Maravillas había estado divirtiéndose en el bosque, practicando derrapes y caballitos con giro con su monopatín, y alternándolos con acrobacias con la peonza que bautizaba con nombres singulares... *Murciélago, la bailarina, boomerang o carrusel,* por poner sólo unos ejemplos. Se estaba volviendo muy poderoso y ¡le encantaba la sensación de dominio y superioridad!, aguantaba sumergido bajo el agua más de veinte minutos y quería aprender a volar, había determinado preguntar a los expertos y para él no había nadie más experto que un pájaro, en concreto una paloma a la que estaba engatusando con migas de magdalena... *es muy lista, acude cuando cree que nadie la ve y se come todas las migas...* le contó un día a Yo-Yo... *si le dejo galletas, no viene. Le hablaré con dulzura porque no quiero asustarla. Ya te contaré.* Fue Soy-Soy quien le informó de los límites de sus poderes, jamás podía actuar sobre los demás, ni imponer ideas en otras mentes, ni manipular sus acciones, ni cambiarles la forma y, cuando preguntó que si él mismo podía transformarse en algo diferente, el silencio que obtuvo como respuesta le alentó a intentarlo, y es que Federico no andaba desencaminado... podía entrar en un estado de latencia y suspender el tiempo si conseguía mimetizarse con algún árbol milenario, pero para ello, para poder sintonizar con la paz de estos increíbles seres, al aprendiz de mago le quedaba mucho camino que recorrer porque primero tendría que triunfar en su alma el Bien.

Pues una mañana, sin anunciarse como tenía por costumbre, apareció en el bosque Soy-Soy y se sentó en el suelo a contemplar las imposibles piruetas que intentaba una y otra vez el pequeño Federico. Mientras el niño era fiel a su continuo... *Más difícil todavía...* Soy-Soy sonreía como siempre y guardaba silencio como en la mayoría de las ocasiones. Federico comenzaba a distinguir la voz que le hablaba, Yo-Yo era parlanchín y bravucón, impaciente y malsonante, no sonreía, soltaba risotadas descompasadas, sin duda, el que le visitaba en aquella ocasión, era Soy-Soy, y eso lo puso contento. Federico era un niño que deseaba ser bueno, y en el Cielo las intenciones no pasan desapercibidas, en realidad las intenciones son fundamentales; querer ser mejor, querer hacer las cosas bien, suponen un paso de gigante en un camino largo, muy largo. Y en respuesta a la sincera y noble intención del niño, Soy-Soy le dijo:

—Hola Federico, ¿cómo estás? —no esperó a la respuesta—. En el Cielo han escuchado tu petición, sabemos que quieres ser bueno y por eso he venido hoy —siguió con su discurso, no estaba dispuesto a entablar conversación, venía a decir lo que le habían encomendado y nada más—. Te haré entrega de cuatro recomendaciones valiosas, te parecerán sencillas o te parecerán inútiles, no son ninguna de las dos cosas, siéntate junto a mí y escucha…

»Regla 1: Cuida tus pensamientos y tus palabras, evita juicios y críticas a los demás y a ti mismo.

»Regla 2: No te tomes las cosas que otros te hagan de un modo personal. Cada uno es protagonista de su vida, tú de la tuya, ellos de la suya. En tu vida los demás son tan sólo figurantes, no importa lo que te digan o te hagan o te deseen, los asuntos tan sólo tienen que ver contigo mismo y con Dios.

»Regla 3: No hagas suposiciones. No tienes ni idea. No sabes nada. No inventes historias que no te llevan a ningún lugar.

»Regla 4: Haz todo lo que puedas en cada momento, esfuérzate, muestra al Cielo tu interés y el Cielo te mandará la ayuda que precises en el momento oportuno. Observa tu vida como si perteneciera a otro, sal de ti mismo y observa cómo te sientes, cuáles son tus pensamientos habituales, dónde vas y con quién y después decide en favor de lo que te haga sentir bien.

»Mi recomendación ahora y siempre: ¡Siéntete bien! Es tu elección, la única. La vida no va de elegir una profesión, una casa, una ciudad donde vivir o una pareja con la que estar... la vida va de elegir sentirte bien.

Soy-Soy se puso en pie y despidiéndose con un abrazo y una sonrisa corrió hacia la profundidad del bosque dejando tras de sí a un Federico que ya no era el mismo que amaneció aquella mañana, un Federico que horas después tendría valor para desnudar su corazón ante su hermana y un Federico que a partir de ese día contaba con Rosabel como aliada.

Establecieron un plan magnífico, cada vez que el comportamiento o las palabras de Federico pudieran indicar que seguía la voz equivocada, Rosabel detendría el tiempo, y para evitar que su hermano negara, porque lo negaba, que se estaba portando mal, además de detener el tiempo provocaría cambios en el lugar donde se encontraban.

Si escuchaba la voz de su ser, no había problemas, Federico se mostraba altruista, amable, sonriente, calmado, amaba a todo el mundo y sus ideas e inventos siempre se dirigían a salvar el mundo... *Quiero inventar un escudo antigravedad que se active cuando alguien se caiga desde el cielo, así no se estrellarán aviones ni se caerán las personas desde las ventanas, ¿qué os parece?...* Eran frases llenas de ilusión e idealismo, frases pensadas para ayudar a los demás, frases provenientes de su Ser. Pero si aparecía con un discurso similar a... *A mí no me manda nadie, ¿quién te has creído que eres, niñata?... Eres una boba... Ten cuidado conmigo, ¿eh?... Tontabel, Tontabel...* estaba claro quién manejaba las riendas. Era en estas ocasiones cuando Rosabel detenía el tiempo, no sin antes hacerle reparara en detalles... *Federico, ¡calla y mira! tres vasos en la mesa...* La Guardiana bebía de su agua o acariciaba su tierra y segundos después, con todo el mundo inmóvil, incluido su hermano, retiraba un vaso de la mesa y cuando el movimiento regresaba decía...*Federico mira, dos vasos en la mesa...* solía sonreír después y guiñarle un ojo como muestra de su complicidad. Su hermano agradecía su interés, unas veces sí y otras no, porque por mucho que Rosabel detuviera el tiempo para hacerle ver que la voz que seguía no era la adecuada, la última palabra la tenía él, y en ocasiones seguía a lo suyo, comportándose como un arrogante maleducado y empujando a Rosabel en busca del amparo de su madre. Pero también transcurrían días, o incluso semanas, en las que Federico estaba repleto de bondad, se mostraba sin reparo besucón y adorable y hacía feliz a su madre como ésta no lo había sido antes. Linda Aurora sentía que atravesaba un momento glorioso de su vida. Era feliz. Quería detener el tiempo una y otra vez, abusando del don de su hija. Quería que su vida fuera así siempre. El sentimiento de gratitud y apreciación era tan grande que sólo podía explicarse a través de la emoción, las palabras no servían, no les hacían justicia, así que cuando tomaba conciencia de la abundancia que había en su vida, las lágrimas se le amontonaban en los ojos y ella se apresuraba a decir... *lloro por agradecimiento, lloro de felicidad...* Porque temía que el cielo la considerara una ingrata y se lo arrebatara todo.

—El Cielo sólo te da lo que le pides. No puede ser de otra manera. Es Ley. El Cielo no premia ni castiga, sólo da, sólo complace, sólo responde a lo que sientes. No puede oír tus palabras, pero descifra tus emociones. Así te sientas, así recibirás. Tranquila, sabe que tus lágrimas son de gratitud porque siente, exactamente, la emoción que sientes tú. Al Cielo no se le puede engañar con palabrería.

Linda Aurora alternaba sus momentos de gloriosa felicidad con los de duda y confusión. No sabía si debía humanizar a su hija y liberarla de la maldición, aunque para ello tuviera que sacrificar su don. El mero hecho de contemplar esa posibilidad la hacía sentirse más cerca que nunca de Candela, la entendía, y por los mismos motivos por los que antes la odiara, ahora la respetaba.

—Siempre sé lo que vas a contestarme. Eres un Ángel muy previsible y de poca ayuda. —Estaba enfadada, regresaba paseando a *Felicidad* después de un día repleto de parones en el tiempo y regañinas a sus hijos. Andar la relajaba siempre. Desahogarse con su Ángel, también—. Si me orientaras como es tu obligación, sería feliz; si me dijeras qué tengo que hacer, viviría en paz; si dejaran de jugar conmigo en el Cielo, estaría tranquila, si…

—Condicional, condicional, condicional —interrumpió—. La cuestión es que la realidad que percibes no debe interferir en tu estado de ánimo. El mundo funciona justo al contrario, ¿quieres una experiencia de vida hermosa y placentera?

—Con que fuera tranquila, sería suficiente.

—Piénsala así, siéntete como si ya fuera así, juega a engañarte, miéntete, disfraza la verdad hasta que te lo creas y no hagas caso a tu presente porque se trata del resultado de viejos pensamientos, de tus miedos y nefastos pensamientos del pasado. Ahora ya está hecho, tu realidad es y tan sólo puedes aceptarla y amarla por ser creación tuya. Si se trata de una creación imperfecta o incompleta, moldéala de nuevo como si fuera un pedacito de barro girando en un torno, y comienza ¡ya! Eres responsable de lo que has creado y también de lo que crearás. Presta atención a lo que te gusta, habla de lo que te gusta, juega al *me gustaría que...* al ... *¡Me encanta!...* al ... *¡Sería maravilloso que...!*

—Me recuerdas a Rosabel, hablas como ella —dijo con desgana—. Siempre repite lo mismo.

—Pues escúchala y deja de lamentarte. — Se puso serio antes de continuar—: De verdad Linda Aurora, si no te gustan mis respuestas, no preguntes.

A Linda Aurora el comentario de su Ángel le pareció desafortunado y su exposición lo más parecido a una regañina, ¿estaría terminando con la paciencia del Cielo? ¿lo siguiente sería un castigo?

¡Linda Aurora no empieces!, Pío consiguió detener, de nuevo, los pensamientos pesimistas

de la Guardiana... *¡Deja de pensar! ¡Haz una siesta, por Dios!*

XII

Los Egos no tienen nada de especial, son todos iguales: engreídos, prepotentes y muy cobardes. Se alimentan del conflicto, el miedo y la resistencia, si no los enfrentas y los premias tan sólo con indiferencia, se vuelven pequeñitos y se mueren de miedo.

Marla se encontraba en su nueva habitación de paredes verdes, sentada sobre la colcha que tricotara hace años su madre y contemplándola hecha niña en aquel cuadro al que tanto le gustaba hablar. Una madre siempre consuela, y volver a contemplar esos ojos azules, tan hermosos, suponía un regalo. En aquella ocasión le lanzaba al cuadro la pregunta que instantes antes le había formulado a ella su Ego, *¿qué efecto tendrán mis abrazos?*

El Ego ansiaba respuestas y siempre andaba ideando misterios que desentrañar y problemas que resolver, deseaba saciar su curiosidad, por otra parte, insaciable, y le costaba aceptar las cosas sin más porque las respuestas no le gustaban nunca. Que el Ego le hablara no suponía ningún problema, es más, resultaba inevitable escuchar su voz de tanto en tanto, aunque Marla fuera una Guardiana, su parte humana repuntaba y su Ego preguntaba. Pero Marla, a esas alturas de su vida era una Guardiana entregada y curtida, y cuando el Ego le preguntaba por el para qué de su don, ella meneaba la cabeza y se decía a sí misma... *Eso no me incumbe, eso es cosa de Dios. Yo tengo que repartir ilusión y punt*

LA GRAN DUDA

I

Los años había transcurrido con ese extraño discurrir del tiempo, rápido y lento a la vez.

Federico y Rosabel formaban un equipo excelente; a ella le había crecido el pelo y desaparecido el flequillo; él seguía cayéndose de la cama con frecuencia sin percatarse del golpe, pero había dejado atrás la extraña costumbre de acostarse cada noche con aquello que durante el día descubría, ya fuera la novedad un libro, una piedra, una pelota, un vaso o una flor; ella le hablaba de los deseos, de cómo borraba las dudas y sembraba bellos mensajes en el subconsciente de los humanos, de su abuela Candela que seguía enviándole mensajes y convirtiéndose en trueno, tormenta, suave brisa, pájaro, arcoíris y Dios sabe cuántas cosas más, de la importancia de la gratitud y de lo necesario que es amar su propio cuerpo; él, de su poder que crecía sin control, de sus amigos que venían a amarlo o importunarlo, de su lucha, de lo que odiaba el colegio porque nadie lo entendía, de lo que amaba a su familia y del miedo que tenía; ella borraba dudas; él, las capturaba.

Federico era un mago excelente. Federico era un terrible hechicero. Se volvía más y más poderoso, era capaz de hablar con los animales salvajes, aunque eso es algo que nunca sabría porque en La Ribera no había panteras ni elefantes, allí, a orillas del Xuello se tenía que conformar con parlotear con los peces. Y sus conversaciones no le agradaban, no eran interesantes o al menos a él no se lo parecían. Pertenecían a mundos diferentes por lo que sus necesidades y problemas también lo eran. Tenían poco que compartir y a Federico, le visitara la voz que le visitara, no le gustaba perder el tiempo. Además, los peces resultaron ser muy quejicas, al menos los que frecuentaban esas aguas y a él tanta queja le hastiaba. También se metía en líos, cuando Yo-Yo se ponía al frente de sus decisiones, se peleaba con sus compañeros, contestaba mal a los profesores, no hacía los deberes, copiaba en los exámenes y se negaba a cumplir con las normas más básicas de convivencia. Linda Aurora sabía lo que ocurría e intentaba ser fiel a su decisión de curar a su hijo de la maldición a base de Amor y Paciencia; en cambio Fabián, ajeno a todo se empeñaba en solucionar su mala conducta con reñiduras y castigos que a su hijo, en realidad, le traían sin cuidado.

Alternaba su naturaleza, la lucha en él continuaba mientras el elixir que años atrás preparan las Guardianas para humanizarse esperaba en una estantería de la buhardilla con su tapón de corcho y su cinta de seda roja alrededor.

Al poco tiempo de caer en sus manos el cuaderno de pócimas, descubrieron que las lágrimas de Rosabel también podían borrar dudas, no se sabía cuántas ni cuáles, pero algo era algo. La idea fue de Federico, una de esas ideas brillantes que siempre tenía cuando lo visitaba Soy-Soy... *podemos regalar a los huéspedes zumos quita-dudas, ¿qué os parece?...* Y la idea les pareció maravillosa. Bruno se encargó de elaborar con sus propias manos las ocho estanterías que colocaron tras el mostrador de la recepción. No tardaron en llenarlas de coloridos tarritos de veinte mililitros, vidrio transparente con contenido vistoso, diversos sabores, dulces, salados, amargos y picantes a gusto del consumidor, y todos ellos con lágrimas de Rosabel, lágrimas de alegría, por supuesto. Una sola de sus lágrimas, bien disuelta en un litro de zumo, era suficiente para ayudar a muchísimos humanos. La dosis recomendada... *una gotita de zumo bajo la lengua al comenzar cada día y verá cómo se le llena la vida de magia y paz.* Podrían haberse tomado mil tarritos de golpe sin tener problemas, pero la medida de una gotita al día les procuraba un efecto progresivo y duradero durante un año entero. Un año eliminando obstáculos, un año desprendiéndose del miedo, un año avanzando continuamente hacia sus sueños. Sin duda, los humanos que consumían el elixir quita-dudas eran los humanos más afortunados del mundo.

    La vida en la Ribera era hermosa, con sus sombras y temores, pero hermosa. Cada vez que un huésped se marchaba, Marla le obsequiaba con un abrazo ilusionante junto a uno de aquellos tarritos que en su etiqueta rezaba el particular mantra de Rosabel... *puedes hacerlo y lo harás; es más, puedes hacerlo y lo has hecho... ¿Naranja, manzana, pera...?, ¡ah!, pues si prefieres algo más ácido tenemos con sabor a piña, pepino, níspero y limón... ¿Cosa de brujería?... ¡No!... Aquí en La Ribera no hay brujas, ni magas, ni curanderas ni nada parecido. Solo mujeres hermosas, entregadas y llenas de buenas intenciones. Nada más.* En este punto, Marla era contundente.

    Las Guardianas elaboraban zumos y mejunjes guiadas por el anhelo de complacer y ayudar a los humanos, sin recetas ni instrucciones precisas, pero siguiendo a su intuición, es decir, a su parte divina. Desconocían con exactitud los efectos que sus preparados ocasionaban, pero no les importaba, sabían que las lágrimas de Rosabel eran muy efectivas y eso era todo lo que necesitaban saber. Nunca sabrían que los preparados con sabores dulzones para los que empleaban dátiles, melón, albaricoques, sandías, calabaza, granada, canela, cerezas, peras, melocotones, miel, piñones, castañas, patatas, boniatos, zanahorias, nabos y cebollas, borraban todas las dudas que giraban en torno al machacón... *Nadie me ama.* Y era de esperar que así fuera, porque el Amor y lo dulce, casan estupendamente. Amor Universal, Amor a uno mismo, a las mascotas, a los hijos, a la pareja, a Dios... en definitiva, Amor.

También tenían zumitos con sabor amargo, con sabor a cardos, apio, espárragos, acelgas y regaliz... Éstos eliminaban los bloqueos y los miedos, borraban el castrante pensamiento del *no podré superarlo*, eran ideales para las pérdidas de todo tipo, las personales y también las materiales; por borrar, incluso hacían desaparecer aquellos sentimientos de pérdida de lo que nunca se tuvo, pero un día se deseó.

Aunque los que de verdad tenían éxito, aquellos que eran demandados con mucha frecuencia, tanto que incluso algunos lugareños acudían al hotel tan sólo en busca de estos tarritos, eran los salados, los que hacían con almendras, avellanas, pipas, pistachos y cacahuetes. Tanta sal se acompañaba de la necesidad de agua y de la liberación de la absurda sensación de *no ser capaz*.

No obstante, y tan sólo para para los más atrevidos, también preparaban una mezcla muy especial con un resultado tan inquietante como picante porque los elaboraban con mostaza, pimienta y ajo. Su sabor quedaba reservado para unos pocos, tan sólo unos pocos muy especiales, y era una lástima que no se beneficiaran de sus efectos muchos más, porque de repente y por un largo tiempo, se les borraba la Gran Duda, la peor, la más persistente y castrante, la abnegada y pesada Gran Duda, la que siempre pregunta *¿Quién Soy?* Es ésta una duda que crea caos y desorientación total; tanta confusión interna, que el sujeto se bloquea y es incapaz de dar un paso más, por lo que no es de extrañar que ante una duda de tan enorme calado sólo quepa una solución picante y desagradable.

II

Federico comenzó muy pronto a coleccionar dudas. Literalmente las capturaba y las guardaba en pequeñas cajitas de madera que Bruno tallaba para él, la información que poco a poco obtenía de Rosabel y la que a hurtadillas extraía del libro sagrado era de gran utilidad. Para la vista humana aquellas dudas eran invisibles, pero no para él y su hermana. El brujo, el mago, siempre cuidaba con mucho celo las cajitas de diferentes colores y tamaños repletas de aparentemente, nada. Era un comportamiento excéntrico, uno más de los tantos que mostraba. Tenía una visión de la vida nada convencional y una percepción de la muerte que pondría los pelos de punta al más pintado.

A Rosabel le tenían prohibido abrir sus cajas, las dudas no tenían nada que hacer ante sus soplos y ella, ante una duda, no podía evitar lanzar bocanadas de aire tras bocanadas de aire... *hala, a molestar a otro...* solía decir después.

Pero un día en el que su Ángel había añadido para la jornada unas gotitas extras de coraje y la Isla del Faro había amanecido con la silueta de un mortífero rayo, Rosabel entró en cólera por una nimiedad y ni corta ni perezosa se dirigió hacia la habitación de su hermano en busca de sus cajitas. Nadie pudo detenerla. Abrió cuatro cofrecitos de madera, y a pesar de que las dudas que contenían gritaron desesperadas, ella sopló en su interior con gran determinación y las hizo desaparecer para siempre. Entre ellas, mandó al olvido a cuatro dudas horrorosas que castigaban una y otra vez a una hermosa chica de pelo rubio... *¿Quién me va a querer con lo poca cosa que soy?... no creo que consiga comprar esa casa junto al mar, es mucho para mí...las oposiciones no las aprueba nunca nadie, ¿cómo lo voy a conseguir?... no me llama, ¿se habrá olvidado de mí?...* Pues de una vez fulminó todas y cada una de estas molestas resistencias, y como por arte de magia, una chica rubia que se encontraba ajena a todo y a muchísimos kilómetros de distancia recibió, por este orden, noticias de un antiguo amor que vivía en una preciosa casita junto al mar con el que pudo celebrar llena de entusiasmo haber aprobado unas durísimas oposiciones.

Rosabel hizo feliz a una desconocida con su arrebato, pero a su hermano lo sumió en la cólera y el llanto.

Fabián no comprendía la rabia que le producía a su hijo el hecho de que Rosabel soplara dentro de aquellas cajitas llenas de aire, como tampoco entendía que el insulto más grave y frecuente que le dedicaba fuera el de ¡*brujo*!, ni mucho menos que Linda Aurora la recriminara severamente por ello.

Para corregirles el comportamiento y fomentar entre ellos el amor, la Guardiana había ideado un castigo muy original; el que ofendía tenía que redactar un listado con las cosas que más le gustaban del ofendido. Mínimo diez. Máximo, no había. En aquella ocasión Rosabel escribió treinta y es que, aunque parezca que no es posible decir nada agradable cuando el sentimiento imperante es negativo, los pensamientos se atraen entre sí, y si comienzas a tener buenos pensamientos, otros similares terminan acudiendo y lo que parecía ser una desavenencia, sin posibilidad de reconciliación, se convirtió en una hermosa velada en la que los hermanos terminaron sobre la cama de Federico, ella leyendo una lista de hermosas palabras y él sonriendo a su amigo Soy-Soy que acababa de unirse a la reunión. Tanto le gustó que clavó la lista en la pared de su habitación con una chincheta plateada y cuando se ponía tristón o Yo-Yo se ponía pesado, la releía y todo mejoraba. De las treinta maravillas que su hermana encontraba en él, a Federico le gustaban especialmente algunas... *Es guapo e inteligente, se parece a mí pero sólo en la nariz, cuando escucha música empieza a hacer bailes extrañísimos y muy divertidos, le gustan las albóndigas con patatas fritas, le gustaría ser un montón de cosas cuando sea mayor, antes nos divertíamos mucho jugando en la bañera pero ahora no cabemos juntos, es un poco chivato (pero yo creo que es porque se preocupa), me cuida.*

Este episodio lo volvió precavido y comenzó a portar en su mochila cajitas de madera llenas de dudas para protegerlas de los arranques furibundos de Rosabel.

Otras veces, los hermanos competían por el amor de su madre, la querían todo el tiempo para ellos solos, y podían resultar tan asfixiantes que la pobre Linda Aurora sólo tenía deseos de montarse en su bicicleta, o ni tan siquiera eso, y salir sendero abajo, pedaleando o corriendo. Huir era la única escapada posible, pero no podía abandonarlo todo y correr, tan sólo le quedaba permanecer en su vida y enfadarse. Y cuanto más enfadada estaba Linda Aurora, más se reía Pío de ella mientras le repetía machaconamente... *no te preocupes, pequeña, no pasa nada, ese es un comportamiento muy humano, quieren ser los únicos, el centro no de su propia vida, sino de la tuya y acaparar toda tu atención. No te preocupes, lo único que se esconde tras este afán es ignorancia. Ignoran la verdadera naturaleza del amor, ignoran que no puede fragmentarse, no puede dividirse...el amor se expande como se expande la abundancia, la verdad o la belleza... dales tiempo, aprenderán.*

El nacimiento de Federico había reconciliado a Linda Aurora con dos aspectos de su vida que no le habían dolido hasta que su solución los había puesto de manifiesto. Por una parte, había dejado atrás la desagradable sensación de no haber sido amada por su madre porque su llegada al mundo fue inesperada y sorpresiva, y es que su hijo, también había decidido aparecer en su vida de repente y sin embargo ella, lo amaba de un modo incalculable; y, por otra parte, era capaz, al fin, de amar a un hombre sin aderezar ese sentimiento con desconfianza o resentimiento.

Muchas veces, pedía a Rosabel que detuviera el tiempo para ellos, le gustaba meterse en la cama con sus hijos y entonces, abrazaditos los tres, susurrar... *este ratito es sólo nuestro, detén el tiempo cariño, sólo un poco, sólo un ratito...* Si Rosabel obedecía y Federico era bueno, los tres disfrutaban de un momento único y especial, tan sólo suyo.

III

La Ribera se vestía de color y alegría, el octavo cumpleaños de Federico reuniría aquella tarde a muchos invitados, y todos serían adultos excepto su hermana; una fiesta que por expreso deseo del homenajeado discurriría en el hotel y en la que quedaban excluidos sus compañeros del colegio porque le parecían aburridos y desconcertantes; sencillamente, no le gustaban. Además, él ya tenía amigos, dos, y eran fieles y leales, nunca le habían fallado.

A primera hora de la mañana, antes de salir con prisas hacia el hospital en busca de almas pendientes de un hilo, Linda Aurora advirtió a Rosabel sobre sus bromitas... *ni una es ni una, ¿queda claro?* Federico y ella eran incorregibles. Les encantaba jugar a detener el tiempo y gastar bromas a los mortales; ella detenía el tiempo justo cuando iban a tomar asiento y él corría a retirarles las sillas, en dos segundos los huéspedes caían al suelo generando un estrepitoso escándalo y las risotadas de los dos gamberretes; otras veces, cruzar sus miradas y ver asomar una sonrisa pícara en el rostro de Federico era suficiente, Rosabel detenía el tiempo y su hermano intercambiaba las bebidas de los clientes para desternillarse más tarde al contemplar sus caras de estupefacción; y muchas más, tantas como eran capaces de idear… Ante la imagen de sus futuras víctimas tumbadas en la piscina bajo el alivio de las sombrillas, no podían contenerse, las cerraban dejándolos expuestos al sol, o les ataban las cordoneras y esperaban su tropiezo para morirse de la risa después, o les intercambiaban los platos con los postres, o colocaban a los señores las pamelas de sus acompañantes, o le tiraban el peluquín a la piscina… O lo que Dios quisiera que pudieran planear las mentes traviesas de dos niños, cómplices y juguetones como pocos, que siempre terminaban con el enfado de su madre y una bien merecida reprimenda… *¡al final os la vais a cargar!*… gritaba enfadada… *y no es a mí a quién tenéis que temer, sino a Ése…* les decía señalando al Cielo.

Rosabel jugaba como si todavía fuera una niña a pesar de que acababa de cumplir catorce años y su belleza no era capaz de pasar desapercibida por mucho que su madre se empeñara en que así fuera. Cuando la isla del faro se contorneaba dando vida a una suave y esplendorosa sonrisa, esa misma sonrisa se le plantaba en la cara a ella para deleite de todo el mundo. Su sonrisa y su increíble aroma a Miel que la envolvía generando un efecto embriagador a su paso. No importaba si paseaba por el patio, el Jardín de Manuela, la piscina, el sendero o el bosque... Rosabel se dejaba sentir, se la percibía, dejaba huella, su aroma era penetrante y al verla pasar, los afortunados que compartían espacio con aquella jovencita no podían evitar cerrar sus ojos y agudizar su olfato antes de emitir un prolongado y suave... *Mmm*. Los muchachos del pueblo le escribían cartas de amor, le regalaban flores, poemas y canciones, pero su Ángel la seguía manteniendo pura, inocente e infantil. Ellos querían que creciera a su lado y ella, no quería crecer. Era deliciosa, lo sabía y le encantaba. Pero también era deseada, y Linda Aurora, que veía el deseo en los ojos de los hombres y la ternura e inocencia en los de su pequeña, se ponía nerviosa y quería detener el tiempo para siempre... *si alguno de éstos se atreve a engatusar a mi niña, ¡no sé de qué sería capaz!* ... le decía a Pío irritada. Pero pronto lo supo, pronto supo de qué sería capaz, no porque algún desaprensivo quisiera aprovecharse de la candidez de su hija, sino porque su mente no podía alejarse de aquella posibilidad.

 Y fue en el libro de brebajes donde encontró la solución, en concreto en el «brebaje para evitar el enamoramiento». En su introducción explicaba bien clarito los nefastos efectos que el enamoramiento ocasionaba en el juicio de las Guardianas, aunque a ella no le hacía falta que nadie se lo explicara, por desgracia había podido comprobar, siendo apenas una niña, cómo la locura era un mal del que convenía distanciarse. También advertía de la irreversibilidad de sus efectos. Era un brebaje inocuo y facilón. La única dificultad la presentaba encontrar cabellos, cuatro concretamente, del mechón de una Guardiana inmune al enamoramiento y que hubiera superado los cincuenta años. Si bien para otras esto hubiera supuesto un hándicap insalvable, para Linda Aurora conseguir cuatro espléndidos y blancos cabellos de su tía sólo precisaba un poco de ingenio. Sin pedir permiso, tomó prestados los susodichos del cepillo con el que Marla, noche tras noche y ante el tocador que perteneciera a Manuela, domaba y acariciaba su hermosa melena. El resto de los ingredientes los encontró en el huerto y el Jardín, incluían dos frutas rojas, optó por las fresas y las cerezas; tres hortalizas sin más, pepino, carlota y lechuga; un chorrito de vino tinto y tres cucharadas de azúcar. Se debían triturar y colocar en un pequeño perol de barro, se calentaba hasta que llegara al punto de ebullición y a continuación se dejaba reposar tapado con un trapito de algodón. Pasados tres días se debía remover la mezcla con cucharón de madera, al menos durante diez minutos y a las doce se tenían que sumergir en ella los cabellos de Guardiana. Una semana después, la mezcla se impregnaría de cinco energías diferentes durante veinticuatro horas:

    1.- La de un lugar sagrado. Linda Aurora eligió el confesionario de la iglesia de La Aldea. Cuando la misa terminó, se hizo la remolona y fingiendo rezar de rodillas y también sentada, con su ojo vigilaba los movimientos del cura. Tan pronto como lo vio adentrarse en la sacristía, colocó el perol de barro en una esquina del suelo del confesionario, y rezó un Padre Nuestro para que nadie lo encontrara y después, la oración que figuraba en el cuaderno... *Que el Amor Universal habite aquí, que el amor humano desaparezca junto a sus sinsabores, miedos y frustraciones...* Una semana después repitió la operación y la recuperó.

    2.- Energía de Guardiana inmune al amor, y aunque podía habérsela quedado ella, o eso creía, optó por dejarla durante una semana bajo la cama de su tía. Repitió la oración pertinente y en siete días volvió a tenerla en sus manos, ya sólo quedaban tres energías con las que impregnar el brebaje y el hechizo habría concluido.

3.- Energía de la Guardiana que hacía el hechizo. No podía ser más sencillo. Linda Aurora se la llevó a *Felicidad* y la dejó bajo su cama siete días más. En esta ocasión, no se limitó a recitar la oración del Amor Universal en una ocasión, cada vez que entraba en su habitación la repetía para sí misma, y una vez más cuando se iba a la cama, y también cuando amanecía.

4.- Energía de la luna, testigo perpetuo de enamorados. En este caso, la dejó en la balconada de la casa del árbol el tiempo pertinente y, por último:

5.- Energía del Sol, símbolo de luz y alegría. La mezcla estuvo durante siete días más expuesta a la intemperie en la balconada, y... ¡listo!

Pasado este tiempo, el cabello de Guardiana se había disuelto en la mezcla, sólo quedaba recitar de nuevo la oración del Amor Universal y embotellar el preparado a la espera de que se precisara.

IV

Linda Aurora preparaba la tarta de cumpleaños de Federico. A él sólo le gustaba la tarta de galletas de su madre, tenía algo especial, bañaba en leche las galletas como nadie y además ponía siempre dos capas extras de chocolate.

El tiempo se le echaba encima, acababa de regresar del hospital, acababa de liberar un alma, el de una anciana y solitaria señora que parecía estar esperándola, porque nada más verla aparecer y antes de que se destapara su precioso ojo azul, le había sonreído y dado las gracias por la visita.

Junto a Linda Aurora, Marla preparaba bollitos para la merienda y acaba de introducir en el horno una enorme empanada con atún, tomate, pimiento verde y piñones.

—Cariño, las ha traído él. —La Guardiana de la Ilusión dirigió su mirada hacia la mesa donde descansaban unas preciosas margaritas blancas dentro de un jarroncito de vidrio azul.

—¿Quién? —preguntó Linda Aurora distraída.

—El nuevo, el de los ojos azules. —Espolvoreó con azúcar glas los bollitos antes de taparlos con una campana de vidrio—. Ha preguntado por ti y me ha dado el ramo de flores. No me gustan las flores en jarrones, pero me ha sabido mal rehusar su regalo. —Se limpió las manos en el delantal y miró a su sobrina antes de decir—. Es tan encantador, y tan tímido.

—¿Y eso? —Linda Aurora agradecía el presente, pero también a ella le gustaban las flores en la tierra y los pájaros en el cielo—. ¿Te ha dicho por qué me ha traído flores?

—¿Tú que crees? —Marla sonreía pícaramente—. No creo que necesite mucha explicación, pero si quieres preguntárselo, ahora está en la piscina y después asistirá a la merienda del cumpleaños. —Abrió el horno y pinchó con tenedor la empanada—. Está tierna todavía —dijo para sí—. Si quieres saber, ve y pregunta —le dijo a su sobrina.

Linda Aurora se dirigió hacia la piscina, no con la intención de preguntarle por el motivo de su regalo, que por otra parte le traía sin cuidado, pero sí para agradecérselo. Y comprobó, tal y como aseguraba su tía a la menor oportunidad, que sus ojos eran azules, casi transparentes y que fijarle la mirada le costaba porque… no sabía por qué. Entablaron con naturalidad una conversación muy agradable, él le confesó que aquel lugar lo tenía encandilado, que tan sólo se quedaría el fin de semana, pero regresaría y, a ella le encantó la posibilidad de verlo pasear de nuevo entre los árboles frutales de su Jardín. También le confesó cuánto le habían gustado las milhojas del postre, en cambio, no le dijo nada sobre cuánto le gustaba observarla sin que se diera cuenta, porque su aire de ausencia la hacía misteriosa y el anillo en su dedo, inalcanzable. Linda Aurora, por su parte, mientras escuchaba a aquel señor de pelo rubio, sonrisa amable y mirada limpia, intentaba ordenar sus pensamientos, colocarlos en su lugar correcto a fin de descubrir cómo era posible que él, que había aparecido de la nada, le transmitiera una paz que no había sido capaz de encontrar antes en ningún lugar, en ninguna compañía. Y cuando se oyó a sí misma decir a su tía que en el desayuno del día siguiente no habría bolitas de coco y chocolate, sino milhojas de crema... *que sobren tía, haz muchas, que tengo que hacer un regalo...* supo que tenía una conversación pendiente con Pío.

V

Federico, antes de soplar las velas y en presencia de Soy-Soy, elevó su mirada al cielo y formuló su deseo. No tardó ni dos segundos en apagarlas y salir corriendo hacia su madre. La abrazó con fuerza y en su abrazo susurró con cariño... *lo sé todo, mami, lo sé todo y no te preocupes, no se lo diré a nadie. Estoy orgulloso de ti. Te amo.*

Su poder seguía creciendo, era capaz de ver lo que otros estaban haciendo aunque entre ellos distaran varios kilómetros, y, además, cada vez le resultaba más sencillo. Su intención bastaba, su fe era su poder. Cuando dominó este arte con los vivos, haciendo gala de su leitmotiv *¡Más difícil todavía!*, probó suerte con los muertos y, obtuvo el resultado de siempre, el éxito.

Y así descubrió que su madre guardaba un secreto, y que no era la única; mientras ella sanaba almas, siempre en domingo y vestida de blanco, su padre intentaba terminar un libro que carecía de título porque ninguno le gustaba, pero que rebosaba magia, amor, tartas y fragancias singulares. Y observó durante algún tiempo a un señor de ojos azules que frecuentaba el hotel con el único propósito de deleitarse, con recato unas veces y con absoluto descaro otras, en el ir y venir de su madre; y vio a Ana llorar muchas noches anhelando el amor de Carlos y a éste besuqueando a unas y otras anhelando el amor sin más. Y le llenó el alma saber que su hermana era feliz y lo amaba, y no le gustó tanto descubrir que tenía enamorados de todas las edades y condiciones y que los pobres acudían hechizados hasta ella, embelesados con su dulzona fragancia y suspirando por ser los únicos beneficiarios de una sola de sus sonrisas. Y tuvo que darle la razón a su madre, el cura no era tan bueno como quería aparentar; y también a Rosabel, porque su abuela Candela era una magnífica mujer, traviesa y divertida... Y con dolor y sin esperarlo, comprendió que su tía Marla se iría pronto porque recordaba su infancia con frecuencia y lloraba después, sabiéndose más que nunca habitante de dos mundos.

Cuanto mayor se hacía, más poder acumulaba y más cruenta era su lucha. Había conseguido elevarse unos metros del suelo y desplazarse por el cielo como si fuera un pájaro más, siempre posponía esta aventura para las noches oscuras y cerradas, porque ya fuera Soy-Soy o Yo-Yo quien lo motivara, ambos coincidían en que la discreción era imprescindible para su supervivencia. Y desde lo alto, las vistas eran magníficas, estaba deseando crecer y convertirse en un hombre fuerte para poder sostener en sus brazos a su madre, y hermana, y compartir con ellas esos paseos en los que ahora tan sólo le acompañaban los búhos y las estrellas. Había conseguido sanar ramas y hacer florecer en un instante diminutos brotes. Entre sus manos, de una pequeña yema a una espléndida y colorida flor en unos segundos, tan sólo con su fe, tan sólo creyendo que sus manos podían dar tanto calor y amor, que el ritmo natural de la vida se aceleraba. Quería sanar, quería curar. Si podía sanar plantas y hacer crecer y madurar a las flores, tendría que intentarlo con otros seres vivos. Había conseguido lechugas que triplicaban su tamaño natural; y frutos, jugosos y sabrosos como no crecían en ninguna otra parte. Cada vez que paseaba por el jardín se abrazaba a los troncos de los árboles y susurraba… *eres precioso y sé que tus frutos serán los más sabrosos y jugosos que jamás hayan existido…* Y, además, lo creía, y lo creía el árbol y lo creía el fruto.

Pero sus impulsos negativos eran fuertes y crueles. Si cuando era un niño pequeño los insultos y algún que otro gesto obsceno conseguía saciar su maldad, ahora necesitaba más. Había empujado a su hermana por las escaleras en dos ocasiones, por suerte sin consecuencias, y se había sentido tentado a tirarla desde la balconada, a ahogarla en el río, a golpearla hasta matarla. Federico sufría, todos lo hacían cuando estas situaciones se presentaban, se lo ocultaban a Fabián y al resto del mundo fingiendo mala suerte o accidentes, pero sabían la verdad, en cualquier momento podrían morir a manos del pequeño, por lo que con toda la pena del mundo se vieron obligadas a tomar una decisión: encerrarlo por la noche. A Fabián le dijeron que era sonámbulo, que era por su bien y para protegerlo; a él no le dijeron gran cosa, pero no rechistó, ni se quejó, aceptó resignado el castigo, pero aunque estaba conforme, cada vez que escuchaba girar la llave de su habitación, el alma se le encogía y el corazón le dolía. No serviría de nada, había conseguido atravesar con una de sus manos la pared de su cuarto, pronto los candados y cerrojos no podrían detenerlo.

VI

Rosabel y Federico estaban en la balconada de *Felicidad*, compartían con su madre el amor a ese espacio de la casa que los conectaba al mismo tiempo con el bosque, el río, el cielo y las estrellas. Les encantaba balancear sus pies en el aire mientras mantenían hermosas conversaciones llenas de magia y confidencias. La Guardiana acababa de comprobar qué versión de su hermano le acompañaba, porque sólo cuando estaba completamente segura de que era bueno, se sentaba junto a él a charlar amigablemente. Federico le había confesado que volaba, y no sólo se lo había dicho, sino que, además, había ilustrado sus palabras con una pequeña, pero muy convincente, demostración.

—¡Cuidado! ¡Te vas a matar! —exclamó Rosabel al verlo elevarse sobre la barandilla, alcanzar la copa de los árboles y volver a descender de nuevo—. ¿No te da miedo? —le preguntó.

—¡Claro que da miedo! —respondió mesándose el cabello—. Sobre todo al principio, pero tengo un truco.

—¿Para volar?

—No —sonrió—. Para el miedo.

—¿Y de qué se trata? —su hermano nunca la decepcionaba, era sorprendente y un encanto, lástima que a veces quisiera hacerle daño.

—Cuando el miedo se presenta, lo miro de frente y le digo: ¡Hola miedo! Sé que estás aquí, a mi lado, y agradezco sinceramente tu visita.

—Ja, ja, ja —Rosabel escuchaba divertida.

—Y, además, se lo digo con firmeza y seguridad. —Se puso en pie para representar su pretendido diálogo—. Y sigo: Gracias por venir, pero ahora no es un buen momento. No creas que soy un maleducado, porque no lo soy —se puso muy serio y elevó un poco el mentón como muestra de dignidad—, pero no tengo tiempo para ti, no voy a hacerte caso, tampoco intentaré echarte porque no quiero luchar, te acepto y te ignoro.

—¿Y qué hace el miedo? —se esperaba cualquier final.

—No se va.

—Ja, ja, ja.

—Pero… —dijo en voz baja—. No me doy por vencido y sigo diciéndole: Lo siento, no voy a hacerte caso. Puedes estar ahí diciéndome las mismas sandeces de siempre hasta que te canses, yo no voy a responderte, no voy a mirarte, ni siquiera voy a maldecirte o quejarme por tu presencia. Así que ya sabes, cuando te aburras, te vas y ten por seguro que cada vez que regreses, agradeceré la visita y después te ignoraré, ya te lo he dicho. Hoy no estás al mando. Mañana… ya veremos.

Estas conversaciones eran magníficas y podían versar acerca del miedo, del amor, de la magia, del colegio, del cura… pero, sobre todo, de lo que más les gustaba hablar era de aquello en lo que eran unos auténticos expertos y, además, los únicos en el mundo: de los deseos y las dudas.

—Me dan mucha pena —Federico se refería a los humanos—. No han entendido nada, bueno, es que lo han entendido justo al revés, están convencidos de que les ocurren cosas a las que deben adaptarse les gusten o no. —Puso los ojos en blanco—. ¿Te imaginas?, ¡qué horror!, ¡qué miedo!, ¡qué impotencia!, ¡qué error! —Gesticulaba enérgicamente—. ¡Pero si son ellos los que crean las experiencias de su vida!, ¡todo!, ¡lo que tienen, lo que no tienen, las personas con las que se relacionan, los lugares donde viven, cada una de sus experiencias, sus circunstancias… vamos, ¡todo!

—Es cierto —Rosabel compartía la opinión de su hermano—. Si lo supieran, se volverían más cuidadosos con lo que piensan, hablan y sienten. Yo los ayudo como puedo, voy al Parque a lanzarles mis mensajes —balanceó con fuerza sus pies— y además he descubierto que hay palabras que les hacen bajar la guardia y, una vez pronunciadas, consiguen que todo lo que les digo después, sea aceptado como una verdad absoluta.

—¿Y qué les dices? —Volvió a sentarse junto a su hermana y la tomó de la mano.

—Tengo varias —Rosabel amaba cada uno de esos momentos junto a Federico—. «Yo afirmo, sin temor a equivocarme que…», es una de ellas.

—Muy buena —asentía convencido.

—O… «es un hecho reconocido que…»

—Contundente. —Se puso de rodillas, Federico no podía quedarse quieto—. ¿Y?

—«Como usted sabe perfectamente…» —le explicó que era su preferida—. Cuando aceptan estas ideas como propias, anidan en su mente, echan raíces tan profundas y fuertes que termina por teñir el resto de sus pensamientos, los que tienen y los que tendrán, todos.

—¡Me encanta tu don! —palmoteó—. ¡Y me encanta como hueles! ¡Y me encanta jugar contigo!

—¡Y a mí me encanta verte reír! ¡Me encantan estos ratitos a tu lado! ¡Y me encanta un mago guapísimo que siempre corre como un loco encima de un monopatín!, ¿lo conoces? —Le hizo cosquillas y rodaron los dos por el suelo muertos de la risa—. ¿Bajamos al río?

No respondió, Federico se lanzó por el tobogán directamente a las aguas del Xuello y Linda Aurora, que escuchó el chapoteo en el agua, sonrió y agradeció que Fabián durmiera desde hacía rato. No aprobaba los baños nocturnos, ni los paseos nocturnos, ni las charlas nocturnas...

Fue un baño breve, pero muy divertido, las doce darían pronto en el reloj, pero no querían irse a dormir, era su primer día de vacaciones y tenían permiso de su madre para saltarse, un poquito, las normas. Federico corrió hacia los columpios de *Felicidad* y su hermana lo siguió.

—¿Cómo se podrían conseguir los sueños más deprisa? —el mago/brujo siempre estaba interesado en acelerarlo todo, el cumplimiento de los sueños, también.

—Pues a un humano que deseara algo con mucha intensidad le diría: Olvídalo, despréndete de lo que ansías con la certeza de que viene en camino. —Se balanceaba al compás de su hermano—. No le cuentes a nadie los detalles, no hace falta. Tú, dedícate a ser feliz.

—No te harían ni caso, demasiado sencillo. A los humanos les gusta sufrir.

—Pues lo siento mucho, porque divertirse y despreocuparse es el camino directo que los llevaría a estar a tan sólo una sonrisa de su sueño.

—¿Y las dudas? —preguntó con más ganas de exponer lo que él sabía, que de escuchar la respuesta de su hermana.

—Lo que les sobra, ni más, ni menos —Rosabel fue escueta—. Llámalas dudas, resistencias, bloqueos, obstáculos, en definitiva, lo que estorba y entorpece... Las piedras del camino. —Se puso en pie—. ¿volvemos a casa?

—No, es pronto. —Se balanceó con tanta fuerza que casi golpea a su hermana; ésta, instintivamente buscó en su bolsillo un tarrito de vidrio y bebió de él. Al comprobar que Federico seguía con su balanceo frenético, determinó aliviada que no había peligro. Era bueno.

—Está bien, nos quedamos un poco más. —Se volvió a sentar junto a él—. Pero ten cuidado que te harás daño o me harás daño a mí.

—Pues a las dudas les pasa como al miedo —dijo sin más al ver que su hermana no le preguntaba—, no se las derrota con la fuerza, porque cuánto más luchas contra ellas, más grandes, duras y resistentes se hacen. Si les prestas atención, aunque sea para maldecirlas, crecen, explotan y terminan multiplicándose.

—¿Entonces, qué harías con ellas? —A Rosabel le encantaba la versión sabionda de su hermano.

—Amarlas cuando se tienen delante y aceptarlas cuando se quieren hacer oír, pero poco más. Se las destruye al ignorarlas, porque se aburren y explotan como pompas de jabón.

—Bueno, yo las destruyo a soplos, ¡y me encanta!

—Ja, ja, ja —se divertía—. ¿Sabes que no todas las dudas son tan perjudiciales y nocivas como piensas?

—¿De veras? —nunca se había planteado que pudieran ser beneficiosas.

—Yo las llamo «dudas cruciales» —mostraba orgullo en su voz—. Ayudan al humano a hacer un alto en el camino y reconsiderar sus metas y objetivos.

—¡Ah! —exclamó Rosabel—. ¡Qué interesante!

—Son diferentes a las demás, no gritan, hablan en susurros graves y constantes y suelen repetir frases como: *¿Estás seguro de que es esto lo que quieres?... No hay prisa, tómate tu tiempo... Espera, toma distancia y después decide...* —Federico iba conociendo y amando a las dudas, a sus enemigas, y cuánto más sabía acerca de ellas, menos las temía y más las admiraba.

—¡Cuánto sabes ya! —bajó el tono antes de continuar—. ¿Te cuento un secreto?

—¡Sí!

—No hay ninguna distancia entre un humano y su sueño, no hay ningún camino que se tenga que recorrer.

—¿En serio? —se mostró sorprendido, aquél era un argumento nuevo para él—. ¿Entonces?

—Hablar de distancia, sea la que sea...

—¿Sea la que sea?

—Sí, cariño. Los humanos hablan de tiempo y yo hablo de sonrisas —explicó—, pero da igual porque ninguna de las dos, son reales. En el mismísimo instante en el que un humano pide un deseo, éste se le ha concedido, pero todavía no es perceptible por sus sentidos.

—¿Quieres decir que existe, pero no se puede ver, ni oler, ni escuchar, ni tocar, ni sentir?

—¡Exacto!

—¿Y entonces de qué le sirve?

Y aquella noche, balanceándose suavemente en los columpios de *Felicidad* y con el río como testigo, Rosabel compartió con su hermano todo lo que sabía de la naturaleza de los sueños.

Y le contó que la única distancia que existía entre un humano y su sueño era «hacerse perceptible». Y que eso se conseguía yendo a favor de corriente, eliminando las dudas y los obstáculos, sonriendo y sintiendo gratitud, pero sobre todo teniendo fe en que el Universo orquestaría lo necesario para poner a sus pies todo lo que fuera capaz de permitirse.

Y es que los sueños necesitan un período de gestación para madurar, crecer y llenarse de detalles; un período en el que poder hacer tantos cambios como se deseen. Y en este proceso, las dudas, las resistencias y la impaciencia son mortales obstáculos que lo dificultan y le impiden crecer y formarse adecuadamente, por eso, muchas veces, quizá demasiadas, la vida trae deseos viciados, incompletos, defectuosos, deseos a los que les falta algo, o que no les gustan del todo, deseos que una vez cumplidos esconden desagradables sorpresas, y es que perturbar el período de gestación con desconfianza puede ser traumático porque les reafirma en el sentimiento de no merecer, no controlar y estar a merced de lo que la vida les quiera ofrecer, les guste o no.

Rosabel, al difuminar las dudas ayudaba a que los sueños se gestaran con rapidez y además de un modo perfecto. Los deseos malogrados vagan eternamente por el limbo de los sueños en su forma más primordial sin llegar a materializarse jamás. La culpa de esto no la tiene el sueño, porque sus características no importan, sólo las utiliza como excusa el soñador... *es muy difícil, es muy grande, me llevará mucho tiempo...* ¡Bobadas! Si el soñador cree que no puede conseguirlo, que le va a costar mucho tiempo o dinero, que no lo merece o no está preparado, las dudas se multiplicarán a su alrededor sumergiéndolo en una espesa nube de moscas negruzcas; y entonces, aquella idea que fue maravillosa y nació en su mente llena de luz para traer a su vida alegría y armonía, no consigue crecer de ninguna de las maneras y termina perdida junto a miles de ideas de corte similar.

Para Rosabel, estar a unas mil sonrisas de un sueño era un indicativo inequívoco de inmadurez, de anhelo sin forma ni consistencia rodeado, absolutamente, por centenares de puntos negros; en cambio, estar a una sonrisa de un sueño, significaba estar a punto de tocarlo con la punta de los dedos y tener la hermosa sensación de verlo cumplirlo.

Guardar en secreto y para uno mismo nuestras ideas, sobre todo cuando las consideramos descabelladas, es una magnífica manera de preservarlas, mimarlas y cuidarlas de la desconfianza ajena hasta que sean lo suficientemente fuertes para materializarse, porque desgraciadamente es frecuente que otros, con comentarios desalentadores, consigan matar nuestros sueños.

Y pedirlos una vez. Nada más. Porque se piden, y de inmediato el Universo se pone en marcha para concederlos. Ya te ha oído, no repitas lo que deseas que ha quedado claro. Emplea tu tiempo en confiar y en ser feliz.

VII

Y si Rosabel era una experta en sueños, Federico lo era en dudas. Al principio sólo las observaba, pero pronto, a la corta edad de cinco años fue capaz de descubrir en ellas ciertas características que le permitían diferenciarlas entre sí: las de trabajo saltaban; las relacionadas con uno mismo giraban, las de amor rotaban y además eran dulces, blanditas y aterciopeladas; aquellas sobre las propias capacidades sabían amargo y tenían rugosidades verrugosas; las que versaban acerca del merecimiento, ácidas y algunas, también picantes... Todas negras y todas vulnerables ante Rosabel y el incesante apetito de la Gran Duda.

Fue con la veterana *Me quiere - no me quiere* con la que consiguió entablar conversación por primera vez, y aquello le fascinó. Y a pesar de que se hicieron amigos con facilidad, un buen día, sin más, la duda desapareció. Capturarlas se convirtió muy pronto en su pasatiempo preferido, y tenía que ser muy rápido, porque su hermana siempre andaba al acecho y con las peores de las intenciones. Una vez que las tenía a buen recaudo, las miraba a través de la mirilla de su cajita fijamente a la espera de poder entablar conversación, pero no siempre lo conseguía. No todas hablaban y algunas se esfumaban de repente. Si bien al principio no entendía qué ocurría, cuando comenzó a profundizar en la esencia de la duda, comprendió que sólo desaparecían, y además lo hacían para siempre, cuando el humano conseguía alcanzar claridad sobre el asunto en el que ella estorbaba; o, cuando fallecía, porque en el más allá las dudas no tenían cabida, como tampoco la tenían los conflictos ni las resistencias. Allí, al otro lado, sólo Paz y Claridad.

    Se convirtieron en su compañía más preciada y las llevaba a todas partes mientras les hablaba del río y del bosque, de La Ribera y de las Guardianas, de sus voces y sus miedos... Pero también eran sus más feroces enemigas. Si la Gran Duda consiguiera penetrar en su Mente, todo habría terminado, y además de peligrosa era todo un enigma porque a pesar de contarse terroríficas historias acerca de ella, nadie podía describirla porque no había sido vista jamás. Era una farsante, malvada y escurridiza, se alimentaba de otras dudas mientras martirizaba a todos los humanos con un insistente *¿Quién Soy?* Si pudiera alcanzar al brujo, abarcaría su alma, su cuerpo y su mente para gritarle desde lo más profundo de sí mismo *¿Quién Eres?* Lo humanizaría, lo convertiría en un Ser vulnerable sin certeza ni claridad; anularía su fe y sería como una hoja a capricho del viento, tan sólo un ser humano cualquiera a merced de las circunstancias. Pero era un niño, travieso y curioso, que adoraba a las dudas y jugaba con ellas a todas horas. Las apretujaba, les hacía cosquillas, las sumergía en el agua y así, descubrió que seguían vivitas y coleando después de un buen chapuzón en la bañera, que no a todas les agradaba reír, que ninguna dormía y que sólo una comía, y se comía a otras dudas para convertirse en una enorme, gigantesca y mortal duda conocida por todos como la Gran Duda. Nadie sabía qué aspecto tenía, nadie sabía si se trataba de una leyenda terrorífica o si las estaría acechando en ese mismo momento, sólo sabían que la temían.

En sus experimentos y juegos, un día decidió dar un buen lametazo a una de ellas y el resultado fue inquietante, se le adormeció la claridad y su Ser cayó en un dulce letargo; por suerte, el efecto fue reversible y sólo humilló y se burló de sus compañeros de clase durante un par de horas.

Al principio, las capturaba pellizcándolas con cuidado para no hacerles daño y acompañaba su gesto con palabras delicadas pidiéndoles calma y confianza... *no os preocupéis, quiero que seamos amigos...* A lo que Linda Aurora exclamaba desesperada... *¡Federico, por favor!, ¿no te das cuenta?, ¡la gente murmura...* Y él que no entendía nada, preguntaba... *¿Por qué? ¿A ellos qué más les da?...* ¡Pues porque pellizcas al aire mientras hablas solo!... gritaba. Y él, la corregía... *No, mamá. Cazo dudas mientras las tranquilizo.*

VIII

Un domingo, Linda Aurora decidió no ir a visitar enfermos porque aquella mañana no salvaría más almas que la suya propia. Necesitaba, más que ninguna otra cosa, silencio y quietud.

Tomó una cestita de mimbre, una pequeña que lucía una colorida cenefa, la llenó con agua y dos bocadillos de atún y arrastrando su característico aroma a Café, se adentró en el bosque, los más profundo que pudo. Deseaba marcharse muy lejos porque no quería que nadie oyera sus pensamientos.

¿*Huyendo?*... le preguntó con sorna Pío...
¿*Podría?*... respondió ella mientras se sentaba en el suelo.

La sombra de los árboles era acogedora y el trino de algún pajarillo todo lo que se escuchaba...*Gracias por venir, Pío, quería hablarte del señor de ojos azules, de Julio, ha vuelto al hotel y no puedo dejar de mirarlo.*

Linda Aurora había madurado a lo largo de los años de manera desigual; al principio, buscando algo cuyo aspecto desconocía y siempre en los lugares equivocados; más tarde, cuando creía que lo había encontrado, intentando ofrecérselo a los demás entregada a su propósito de salvar a todo el mundo olvidándose de ella misma. Tenía treintaicuatro años y apenas había dedicado tiempo a mirarse y conocerse. Conversar con Julio le permitía redescubrirse a través de otros ojos, se estaba reencontrando consigo misma y le gustaba lo que veía. Había superado el dolor del pasado, las humillaciones y los miedos, ahora se sentía una mujer segura y responsable, que tenía una familia encantadora y a pesar de las pérdidas sufridas, seguía en pie, fuerte y poderosa.

—¿Por qué le has hablado de mí? —Pío lanzó su pregunta con seriedad.

—A él no quiero mentirle —fue la respuesta de Linda Aurora. La tarde anterior, durante uno de sus paseos con Julio, él le había retirado el cabello de la cara y alabado su fragancia a Café... *no soy yo, es mi Ángel...* fue su respuesta.

—No lo habías hecho con nadie antes —la reprimenda estaba asegurada—. ¡Menos mal que no te creyó y con una risotada se zanjó el asunto!

—Lo sé, y lo siento. —Su parche descansaba junto a ella, miró al suelo—. Pero mentirle sería como mentirme a mí misma. Me veo a través de sus ojos, no quiero mentirle porque no quiero mentirme.

—Si te preguntara quién eres, ¿le dirías la verdad?, ¿le contarías que eres Guardiana?
—Probablemente —musitó.

Julio era especial, a Linda Aurora le despertaba las ganas de conocerlo, poquito a poco; las ganas de ir descubriendo sus secretos y saboreando sus rincones. Intuía que debía ser un señor muy serio, sobre el que pesaban muchas responsabilidades y obligaciones, un señor con una espalda enorme en la que descansaban las vidas de otros, que tomaba decisiones que afectaban a los demás, y que amaba y sufría, a partes iguales, por aquello que hacía. Pero, sobre todo, y esto era lo que más le gustaba, también le intuía una parte muy divertida y juguetona, infantil incluso, unas ganas inmensas de vivir una vida sencilla, libre de preocupaciones, una vida en la que los paseos y el canto de los pájaros ocuparan su tiempo y fueran su única diversión. Y podía sentir sus ganas de reír y bromear, de perderse de vez en cuando en un pequeño islote maravilloso donde poder Ser sin más, y al que ella quería ir deseosa de encontrarlo.

Se relacionaban con facilidad, bromeaban casi todo el tiempo y hablaban con fluidez, ella mucho más. Le vencían las ganas de conocerlo y su verborrea no la dejaba en paz, sólo cuando ya no lo tenía delante, Linda Aurora recapacitaba sobre lo mucho que había hablado y en cambio lo poco que había escuchado; siempre hacía propósito de enmienda, y siempre lo olvidaba después. Esto le permitió descubrir que Julio era paciente, al menos con ella, e incluso algo condescendiente, pero esto también le encantaba.

Comenzó a gustarle sin apenas darse cuenta. No es que no fuera guapo, sólo que la Guardiana no reparaba en esas cosas; no reparaba en los rostros ni en los modales, ni en las palabras y los gestos, muchas veces ni tan siquiera reparaba en las sonrisas, porque a ella lo que le motivaba eran las almas. Pero en él se detuvo; a él, lo miro dos veces.

Y tras el primer encuentro le siguieron muchos, y a estos encuentros, paseos, casi siempre por el Jardín y salpicados de confesiones y descubrimientos. Realmente a su lado se sentía bien, como hacía tiempo que no se sentía. Libre, ilusionada, vista y escuchada. Amaba las sensaciones que Julio despertaba en ella, a través de sus ojos estaba descubriendo a una mujer, no quedaba ni rastro de la princesa asustada que un día había sido, el tiempo había pasado y ahora, a través de aquel forastero podía contemplarse tal y como era, una mujer fuerte y estable, una mujer que ya no necesitaba a ningún príncipe que la rescatase porque ella sola había conseguido librar y vencer sus propias batallas. Desde luego, la manera en la que se contemplaba a través de él, le encantaba. Tanto como sus charlas, o encontrarse en ese lugar inexistente que ambos compartían, en ese lugar en el que Linda Aurora no era madre, no era esposa, no era entregada, ni siquiera era encantadora, pero se sentía libre y feliz, juguetona unas veces y gruñona otras, relajada siempre.

Se preguntaba si a él también le resultaría extraño conversar con una señora de pelo rojo y parche en un ojo; se preguntaba si él compartía su manera de sentirse y disfrutaba de aquellos momentos tanto como ella; se preguntaba muchas más cosas que suponía quedarían sin respuesta, y cuando esa sensación le atosigaba, se subía a su bicicleta y pedaleaba tan rápido como sus piernas le permitían.

Sentirse niña a su lado era de lo más emocionante y también de lo más desconcertante. Extraña sensación para alguien que tuvo que crecer deprisa y en rebeldía porque no la dejaban hacerlo, porque tuvo que enfrentarse a la pérdida demasiado pronto, porque para poder defenderse tuvo que encerrarse en sí misma y fingir una madurez que no tenía, haciendo ver a los demás que entendía lo que en realidad le resultaba incomprensible. Pero con él, sentirse niña era divertido, se sentía a salvo y ¡le encantaba! No había sombras, ni dudas, ni miedo, ni desconfianza. Se encontraban a ratos. Se encontraban instantes, pero se encontraban.

Cada vez que Ana le hablaba de *su Carlos*, Linda Aurora se mordía la lengua para no hablarle de *su Julio*. Retenía ese impulso y siempre se alegraba de haberlo hecho, no quería compartirlo con nadie. Sólo quería encontrarse con él, en su lugar en ninguna parte; sólo quería sonreír al recordar sus conversaciones, las profundas y las frívolas, porque incluso en las boberías y estupideces, se encontraban. Y le encantaba compartir silencios y paseos. Y seguro que le encantarían sus abrazos y quién sabe si también sus besos.

Pasear junto a él, charlar a ratos, cocinar su plato preferido, reír con sus bromas, desnudarle el alma al no poder desnudarle su cuerpo, ¿a quién podría dañar? Tenerlo, de tanto en tanto, tan lejano y disponible al tiempo era todo lo que quería, porque no se trataba de *lo que* sentía, sino de *cómo* se sentía.

Julio suponía un sorprendente espejo para la Guardiana en el que ésta veía reflejadas las mejores partes de sí misma. Era un espejo diferente, especial y único, tan peculiar y preciado que en ocasiones la hacían dudar... *¿Me* *estoy enamorando?...* preguntó un día al Cielo. Y éste, presto, con voz grave y también algo burlona respondió de inmediato... *¡Desde luego que te estás enamorando! ¡Pero de ti misma! ¡Por el amor de Dios Linda Aurora, no desvaríes y céntrate!* Su Ángel sabía que la distracción la beneficiaba, y ocupar su mente en elegir vestido o carmín cada mañana, la alejaba de los fantasmas del brujo y la maldición... Sí, el Cielo aprobaba esta relación.

A Linda Aurora le hubiera encantado verse reflejada así en Fabián, pero no lo conseguía. Él le devolvía una imagen de madre y esposa entregada a la satisfacción de las necesidades de todo el mundo excepto de las propias y, a pesar de tratarse de un reflejo hermoso y digno, no era el que le despertaba la ilusión. Puestos a elegir, ella prefería verse a través de la mirada de Julio.

Desde que Fabián llegara a su vida, la primera persona del singular había sido borrada de su vocabulario, arrasada, aniquilada y sustituida sin más, por la primera persona del plural; su vida era un continuo *nosotros*, que cuando nacieron sus hijos se convirtió en *vosotros*, y desde que recuperara su don se sazonaba de vez en cuando con algún que otro, *ellos*. ¿Dónde quedaba el *yo, mí, me, conmigo* de Linda Aurora? Olvidado, muerto y enterrado desde hacía muchos años, y ahora, cuando ya nadie se acordaba de él, pugnaba por renacer.

No podía hablar de sí misma porque de hacerlo incurriría en una terrible traición a Fabián. En cualquier recuerdo estaba él, en cualquier actividad, evento e incluso pensamiento; miraba atrás y sus sentimientos siempre estaban entremezclados con los de él. Linda Aurora había pasado la mitad de su vida intentando quitarse el miedo a mostrarse y cuando creía que lo había conseguido llegó Fabián, y ella tuvo que aprender a callar para no traicionarlo, porque hablar de sí misma era hablar también de las cosas de él. Así que, guardaba silencio sin importar la necesidad que tuviera de expresarse; que necesitara hablar o no era irrelevante y cómo se sintiera, secundario. Los demás habían tomado con fuerza el protagonismo en su vida y además aquella parecía ser una situación sin retorno.

Y ahora... él, Julio. Quería contarle un montón de cosas, quería decirle que sentía curiosidad, amor no, curiosidad. Que mariposas venían a su encuentro cuando escuchaba su voz y que si se dejaba llevar, incluso cuando lo pensaba. Que no siempre habitaba en su mente, pero a veces sí. Y quería pedirle que no la juzgase, decirle que si conociera su verdad, podrían entenderla mejor, pero su verdad no le pertenecía tan sólo a ella, la compartía con Fabián, y en esta lucha de lealtades, su esposo vencía mientras ella seguía guardando silencio y sonriendo. Quería que la viera tal y como era y no tal y como se mostraba. Decirle que a veces deseaba su abrazo, incluso había deseado sus besos... ¿Eso estaba mal?... No, eso era lo más normal del mundo. Contarle que no tendría que competir con los besos de nadie, porque nadie la besaba. Tampoco competiría por sus abrazos y caricias, mucho menos por gemidos y susurros. Ninguno de ellos formaba parte de la vida de la Guardiana y ahora que aquel forastero paseaba por su Jardín, su parte humana las reclamaba todas, y además a veces lo hacía con impertinencia. Él siempre estaba presente, mientras Fabián se mantenía ausente. Él formaba parte de su mundo, Fabián de los sueños que él, y sólo él, soñaba. A Linda Aurora le daba mucha pena que las cosas fueran así, pero su marido se había encerrado en sí mismo y ella no tenía acceso a su interior. Le prohibía la entrada a su vida tanto como ella se la impedía a la buhardilla. Y sin darse cuenta había pasado de ser feliz con Fabián, a ser feliz a pesar de él... aunque no siempre, gracias a Dios, no siempre.

—No estás enamorada —Pío acudía a su auxilio—. Si te hubieras enamorado, habrías enloquecido y estás muy cuerda. Preocupada y pensando más de la cuenta, pero cuerda. Castigándote con la culpa, pero cuerda.

—Gracias, Pío —seguía sentada en lo profundo del bosque, perdida en sus pensamientos.

—Tu parte humana quiere tomar las riendas y está ávida de experiencias y sensaciones —hizo una breve pausa antes de continuar—. La confusión que sientes es apenas un atisbo del caos en el que se sumen los humanos cuando se enamoran. Aman mal, aman sufriendo, y a pesar de que el amor les duele lo buscan desesperadamente sin saber si les traerá más llanto que risas.

—Es que Fabián está tan ausente y metido en su mundo —gimoteó—. El otro día nos llamaron del colegio porque Federico había vuelto a meterse en líos y aprovecharon para enseñarnos su último trabajo de religión —gesticulaba y en su voz no había ni rastro de tristeza—, le preguntaron por el Creador y en lugar de responder: Dios, ¡ni te imaginas lo que puso! ¡Un folio entero!

—Lo sé.

—Pues eso, que seguro que fue el malnacido de Yo-Yo que para vanagloriarse de lo inteligente que es le fue dictando las palabras.

—No maldigas, jovencita.

—Que no digo yo que lo que escribió fuese mentira —estaba imparable—, pero no procedía, Pío, no procedía, que ha vuelto a meter a Federico en un lío.

—Se mete él solito.

—Bueno, bueno —defendía a su hijo—, siempre llamando la atención y Fabián sin enterarse de nada, lo único que dijo fue: «Qué bien escribe mi niño, como se nota que su padre es escritor».

—Ja, ja, ja.

—Pues yo no me río. —Se colocó el parche en el ojo, había escuchado voces acercarse—. ¿Cómo pueden pasar nuestras vidas junto a la suya y no enterarse de nada?, ¿cómo puede vivir tan ajeno a nosotros?

—¡Mira! ¡Hablando del rey de Roma!

Federico se aproximaba con el monopatín bajo el brazo y parecía discutir con el aire, si se trataba de Soy-Soy o Yo-Yo, muchas veces ni él mismo lo sabía.

—¡Hola! —saludó con la mano a su madre—. He venido a buscarte.

—¿Por? —Estaba irritada, había pedido una mañana para ella y le habían concedido dos horas—. ¿Cómo sabías que estaba aquí?

—¡Mamá! ¡Yo sé muchas cosas!

—¿Y no sabes dejarme tranquila? —se preguntaba qué voz lo acompañaría, si se trataba de Yo-Yo, quizá estuviera en peligro—. Regresemos a casa —dijo poniéndose en pie. No le gustaba estar a solas con Federico, con su hijo, y el dolor por ello era inmenso.

—No te preocupes mamá, Rosabel me ha dicho que soy bueno —dijo respondiendo a sus pensamientos.

—Da igual, cariño, volvamos a casa —no se fiaba—. ¡Si es que hasta mi madre ha venido! —la exclamación provocó carcajadas en Pío y una risita guasona en Federico—. ¡No podéis dejarme en paz! —Un brillante arcoíris, presencia inequívoca de Candela, lucía en el cielo.

IX

Federico, con ocho años y guiado por el orgullo y la vanidad de Yo-Yo, ante una pregunta sencilla de su maestra... *¿Quién creó el mundo?*, respondió:

«Hace eones de años un Universo perfecto y completo se encontraba triste. A pesar de ser Todopoderoso y de no necesitar desear porque todo lo tenía, en Él había surgido una pregunta... *Soy Absoluto, no puedo compararme con nada porque nada más existe, entonces... ¿cómo puedo sentir mi Perfección?*... y dado que en la perfección no hay espacio para la duda, de inmediato apareció la respuesta... *Preciso experimentarme a través del contraste, para sentir la plenitud, debo antes sentir carencia.*

Y sin más, se puso manos a la obra. Decidió crear un mundo experimental, su particular tablero en el que partes de Sí Mismo, pero sólo las valientes y decididas, pudieran participar y así, a través de lo que ellas sintieran tomaría conciencia de la grandeza de Quien Era.

La idea lo entusiasmó, ¡podría conocerse!, ¡podría sentir!, ¡podría crecer y expandirse sin fin!

Y a su entusiasmo le siguieron incalculables voluntarios que quisieron convertirse en héroes yendo a aquel misterioso mundo de materia y contraste. Fueron necesarios millones de años y trillones de sabios pensamientos para orquestar finalmente su juego. Lo siguiente, buscarle un nombre, y a pesar de que no se descartaron denominaciones tan hermosas y llenas de energía como *viaje, aventura, maravillosa oportunidad, experiencia...* Tras un sinfín de variopintas y singulares propuestas lo llamaron VIDA.

Llegados a este punto y sin demasiada controversia, el Universo y sus valerosos voluntarios decidieron que aquel viaje debía tener un final. Estar experimentando contraste eternamente no serviría de nada. Jugar un rato sería divertido, jugar toda la eternidad una pérdida de tiempo. Su lugar no era aquél y el magnífico traje formado por millones de partículas creadas para la ocasión y que se coordinaban entre sí con una perfección nunca antes conocida, no constituía su Esencia. Los cuerpos sucumbían al paso del tiempo. Ellos no.

No había vuelta atrás, los participantes de esta aventura, ahora conocidos como seres humanos, comenzarían a disfrutar del juego de la vida el día de su nacimiento y regresarían gloriosos y victoriosos a su hogar tras lo que acordaron en llamar, su muerte.

Cuando todo parecía dispuesto, a última hora, in extremis, se introdujo en aquella maravillosa experiencia un elemento nuevo: los humanos no recordarían de dónde procedían y tendrían que vivir sus experiencias sin saber quiénes eran en realidad. De esta manera, además de proporcionar al Universo la satisfacción de conocerse a través de sensaciones como la felicidad, el amor, la paz y el perdón, también se proporcionarían la oportunidad de descubrirse a sí mismos poco a poco con el único fin de divertirse y regocijarse ante su grandeza y poder.

¡Y el juego comenzó!

Y no tardaron en darse cuenta de que una sola vida era poco tiempo para tanto por experimentar. Y alegres y contentos decidieron regresar y regresar... Y cuánto más jugaban, más olvidaban. Hasta que una vez tan profundo les alcanzó el olvido que se creyeron solos y perdidos inmersos en un mundo que no entendían porque no era el suyo, aterrorizados ante lo que creían era el fin, porque un día lo llamaron muerte, cuando debieron llamarlo regreso al hogar.

Hoy el juego continúa. Siguen yendo y viniendo. Algunos comienzan a despertar, comienzan a recordar y cuando eso ocurre no pueden evitar sacudir al resto y decirles tan alto y claro cómo son capaces de hacer: no importa cómo te sientas, no importa lo dormido que camines ni la oscuridad que percibas porque, aunque no seas capaz de recordar, tú serás eternamente, quién realmente eres».

X

Los niños se mostraron muy insistentes, quizá demasiado. Deseaban que su madre invitara a Ana a comer o desayunar o pasear o para regalarle lechugas y tomates del huerto, porque el motivo no les importaba, ellos lo único que querían era darle dos buenos soplidos a todas esas dudas caprichosas y machaconas que la alejaban desde hacía años de su amor, no sin antes capturar a una de ellas, una preciosa que el día en el que Federico cumplió años, lo había mirado fijamente, y tras regalarle una sonrisa le había dicho con voz dulce y angelical... *Felicidades, campeón...* Había caído rendido a sus pies. Sin duda se trataba de un flechazo, quería conocerla y tenerla siempre cerca.

—La saludo yo primero, ¿eh?, que no quiero que soples sobre esa duda chiquitina y te conozco, hermanita —dijo Federico mientras planeaban cómo llevar a Ana hacia el altar.

—Está bien, no te preocupes.

Ana no se hizo esperar. Encontró a los niños sentados ante las puertas del hotel y le parecieron nerviosos... *¡Sinvergüenzas!, ¡qué bien vivís!, ¡todo el día sin pegar ni golpe!, ¿y vuestra madre?...* formuló por todo saludo.

Los años transcurrían a gran velocidad y Ana seguía sin tener el amor de *su Carlos*. El guardia guapo había sido abandonado por su novia muchos años atrás y, aunque Ana había conseguido darle un beso, éste resultó ser el primero para ella y el último para los dos. A ese espontáneo y frugal encuentro siguieron palabras de disculpas, situaciones incómodas, largos silencios y miradas esquivas que sólo el tiempo, mucho tiempo, había conseguido cicatrizar. Bueno, no sólo el tiempo, también ayudaron los breves romances que Carlos intercalaba con períodos de recogimiento y soledad; eran chicas de todo tipo a las que además de simultanear, apenas prestaba atención porque continuaba con el alma rota de desconfianza.

Pero Ana esperaba, no sabía qué esperaba, pero lo hacía, y si comenzara a escuchar boleros tras la muerte de su padre porque éste los adoraba; ahora los escuchaba imaginándose protagonista de aquellas oscuras pasiones.

Charlar con Linda Aurora le encantaba, y pasar la tarde con Federico y Rosabel, también. Los amaba, los consideraba un poco suyos. Tras disfrutar de la suculenta comida que Marla había preparado para todos, y del flan con nueces y un chorrito de nata salpicado de caramelo, pero sólo salpicado, que le entusiasmaba, se había quedado dormida en una de las tumbonas del hotel, tenía un pesado libro sobre su pecho y su respiración era lenta y pausada. Rosabel y Federico cuchicheaban tras ella. A escasos metros y sentados sobre una toalla gigantesca, comentaban lo extraño que resultaba que a pesar de la ayuda recibida y de todas las dudas que se habían esfumado, Carlos y ella no fueran capaces de encontrarse en el amor. Incluso Rosabel había llegado a contemplar ese sueño, en el que aparecían besándose y después formando una hermosa familia, pero tan pronto apareció, se le volatilizó la imagen en sus mismísimas narices dando paso a nuevas dudas y entre ellas, a una muy especial con forma de bolita que brillaba reluciente destacando sobre las demás, una que nunca se iba del todo y que había enamorado a su hermano con una voz dulce y cantarina.

—Vamos. —Rosabel se puso en pie y animó a su hermano a seguirla.

—¡Espera! —gritó Federico—. Voy delante, no quiero que le hagas daño a *mi duda*, es distinta, especial, no grita ni se queja, es encantadora —dijo señalando a la bolita negra y opaca que brillaba sobresaliendo en entre el resto de molestas dudas que rodeaban a Ana—, la amo, me dijo «felicidades, campeón» y me sonrió. —Pellizcó al aire, consiguió atrapar a aquella duda tan singular y meterla en su cajita de madera sin dificultades—. ¡Hala, preciosa! ¡Bienvenida! ¡Ahí te quedas, con todas las demás! —le gritó a través de la cerradura—. Luego vuelvo y charlamos, ¿vale?

—¿Qué duda es? —Rosabel estaba intrigada, tanto tiempo viéndola rondar a Ana y sin ponerle nombre.

—Creo que es la de *no merecer ser amada por nadie, nunca* —respondió muy serio—, pero no lo sé, luego le pregunto a ver qué me cuenta. —Metió la caja en su mochila, se la acomodó en la espalda y tras un escueto... *Bueno, pues voy a ver qué información le saco*, se marchó deslizándose en su monopatín a toda velocidad. Era su día de suerte, el final de la maldición estaba cerca.

Más tarde, la duda le mintió, le dijo que efectivamente, era una duda que impedía a Ana recibir el amor, y que la acompañaba desde que era apenas una recién nacida, desde el mismo día en el que su madre la abandonó para siempre. Si su madre no la quería, ella sí. La seguiría allá donde fuera privándola del amor. Pero no decía la verdad, sus intenciones eran oscuras y Federico, a pesar de ser un brujo o a pesar de ser un mago, era tan sólo un niño, crédulo e inocente.

Y ella, una pequeña e insignificante duda que se alimentaba de otras, que las digería con naturalidad, que siempre sonreía siendo amable y educada; una duda terrible, que observaba, mentía y esperaba que llegara el momento oportuno mientras se alimentaba a costa de las demás dudas que Federico capturaba y encerraba junto a ella. Cuando creciera lo suficiente sería una Gran Duda, la única que podría destruir a Federico para siempre, y no tenía prisa... Era paciente.

Y tras esa siesta en la piscina, lo que años de desespero y frustración no habían conseguido, un paseo por el Parque Maravillas, un roce inesperado y dos miradas clavadas la una en la otra, lo lograron. En apenas dos meses de verse liberada de lo que pensaban era la duda de *no merecer*, y en cambio era la duda que todo lo confunde, sonaron campanas de boda y La Laguna, el pueblo de nacimiento de Ana, se engalanó de blanco en su honor.

XI

Y fue pasando el tiempo, aunque no demasiado, apenas lo que dura un verano. Bien entrado septiembre la temperatura seguía siendo templada y las lluvias desde hacía algunas semanas, inexistentes.

Federico y *su Amiga*, que así es como llamaba a la duda que pendía de su cuello, habían compartido muchos momentos divertidos. Se habían hecho inseparables, y es que, si ella era su amor, él era su héroe. Al poco de formar parte de su vida, Rosabel amaneció con la ira alborotada, llevando la contra a todo el mundo, arisca, desagradable y con una sola fijación: dejar a su hermano sin su botín de dudas.

Voy a por las tontas de tus «amiguitas», ¡no las soporto!... Rosabel no hablaba por hablar, y Federico lo sabía muy bien. No sería la primera vez que alcanzara sus cajitas de madera y las vaciara a golpe de soplido, si luego tenía que echarle piropos en un listado obligatorio, a ella daba igual y a él, un castigo tan nimio en comparación al daño ocasionado no le consolaba la pena ni le aliviaba el mal humor. No, no podía consentírselo. Afortunadamente en prisas, acelerones y velocidad, era el mejor. Federico corrió más rápido que su hermana y alcanzó su cajita, se la metió en la mochila y salió de su habitación no sin antes hacerle una sonora pedorreta y susurrar... *Tontabel*.

Más tarde, a orillas del Xuello y sabiéndose a salvo se dispuso a bromear con «sus amigas» sobre el episodio. No pudo. Dentro de la caja sólo estaba *su duda, su amor... ¡Menos mal!*

De repente se esfumaron todas y aquí estoy, solita... dijo con fingida inocencia... *no sé qué ha podido pasar.* Mentía. Se las había comido a todas, poco a poco, a veces mordisqueándolas y dejándolas a la espera del final, asustadas y doloridas. Disfrutaba con la tortura y el terror. Era cruel y no tenía piedad.

Federico no quería correr riesgos y aquella misma mañana improvisó un saquito de cuero marrón al que añadió un cordón del mismo color y en él introdujo a su *Amiga*. La llevaría colgada de su cuello y la protegería de cualquier hostilidad. Y así hizo. *Amiga* lo acompañaba a todas horas sin importarle si era de día o de noche; sin importarle si caminaba o volaba; sin importarle si salía de las habitaciones por la puerta o atravesando sus paredes. *Amiga* y él, juntos a todas partes. Riendo y contándose confidencias. Federico era feliz. Ella no tanto, quería crecer y hacerse fuerte y para ello necesitaba alimentarse de tiernas y sabrosas dudas… Pero claro, aquella jovencita y su apestoso aroma a Miel no la dejaba en paz, era una terrible amenaza de la que estaba a salvo pendiendo del cuello de aquel iluso.

Pero el tiempo fue pasando, y los meses compartidos con él resultaron los mejores de toda su vida. La Gran Duda, que no había conocido el amor ni la diversión, tenía un espíritu aventurero muy desarrollado y vivir colgada del cuello de un niño que correteaba a todas horas, saltaba, volaba, atravesaba paredes y chapoteaba como un loco, la hacía sentir viva, alegre y feliz. Tanto, que incluso le gustaba que de vez en cuando le diera largos lametones que, a ella le hacían cosquillas y a él lo dejaban confundido. Cada nuevo día, le traía una nueva aventura. Colgada de su cuello había descubierto lo bien que sientan los rayos del sol, el agua fresca del río, escuchar risas y tener la mente despejada de cotilleos y críticas. Cuando Federico se dejaba guiar por Soy-Soy, ella también era más feliz. Le encantaba vivir con él, le emocionaba el nombre que le había puesto y cómo lo pronunciaba: *Amiga…* le parecía entrañable cómo la defendía delante de la temible Rosabel, cómo luchaba contra sí mismo deseando por encima de cualquier otra cosa, ser bueno. Para ella, ya no era un brujo al que destruir, Federico en poco tiempo se había convertido en un magnífico mago al que admirar porque era su héroe, su amigo.

XII

Linda Aurora estaba en la buhardilla, esperaba que Marla terminara de recolectar frutos para sus zumos quita-dudas. Su tía llevaba días con una descarada apetencia por el dulce; por olerlo, cocinarlo, beberlo y también comerlo. Estaba en el Jardín, paseando entre los árboles frutales, observando las manzanas con detenimiento porque quería escoger la más brillante. Dos pajaritos se posaban sobre su hombro y emprendían el vuelo para volver sobre ella al poco tiempo, y un conejito jugueteaba a su alrededor. En su cesta llevaba dos melocotones, una pera de agua y tres ciruelas bien maduras, también tenía pensado añadir a su elixir un pedacito de sandía y por supuesto, las lágrimas de alegría de Rosabel.

La Guardiana de Almas la observaba a través del ventanal, de pie, seria, solemne, sin parche en su ojo. Consideraba que el tiempo se les había acabado y debían dar un paso al frente.

Federico llevaba dos días increpando a todo el mundo, se había encarado con los huéspedes y también con su padre. Era doloroso. Frustrante. No podía mirar hacia otro lado. Tenía que hacer algo, y lo tenía que hacer ya. Esperaba que su tía la apoyase en su decisión porque tal y como estaban las cosas, humanizarse no era una opción, sino una necesidad y tan sólo quedaba por determinar quién sería la primera.

Rosabel se había marchado a pasar el fin de semana con Ana, y Federico estaba encerrado en su habitación. Los cerrojos y candados ya no se limitaban a la noche, cuando el niño se alteraba y el mal se apoderaba de él, su madre lo encerraba en su habitación y rezaba e imploraba al Cielo para que lo ayudara a diferenciar entre aquellas malditas voces y le diera fuerzas para seguir a la correcta. Linda Aurora era una ingenua. A Federico no lo frenaban los muros, ni las alturas, ni las distancias… Pero ella no lo sabía y él, no quería que lo supiera.

Junto a Marla, adivinó la figura de Julio… *No lo esperaba hasta el lunes, ¡qué bien!...* Caminaba solo y su paso era ligero, parecía querer alcanzar a alguien y así era, porque una señora se giró de repente para mirarlo y él, solícito y amable, extendió su brazo para abarcarla por los hombros en un abrazo que Linda Aurora deseaba que hubiera sido suyo.

A la Guardiana, de inmediato, se le colocaron las emociones en su sitio. No regresaron al mismo lugar que ocupaban antes de conocerlo porque ya no pertenecían a él, pero se quedaron quietas, serenas, en una posición nueva, bella y estable. Giró sobre sus talones y se dirigió hacia la pared que tenía frente a ella, la que estaba forrada de libros sagrados entre los que esperaban dos tarritos de vidrio con magia dentro. Tomó uno de ellos, uno que hiciera años atrás para su hija con el anhelo de protegerla de los sinsabores del desamor y que cuando conoció a Julio decidió bautizar con un curioso nombre que sólo él podría entender: «Experimento 3214». Lo destapó con cuidado y se quedó contemplando su contenido sin poder reprimir una media sonrisa. Volvió a taparlo y lo guardó en uno de los bolsillos de su vestido, el derecho.

El otro brebaje, el que podía humanizar Guardianas, o incluso brujos malvados si en él se introducían lágrimas de tristeza de Rosabel junto a una Gran Duda, de momento tendría que esperar.

Bien entrada la noche, con Federico en su habitación, encerrado y silencioso, sin nadie que tuviera el valor suficiente para entrar a ver cómo se encontraba porque una quietud tan profunda igual suponía calma que tempestad, Linda Aurora se dirigió hacia su dormitorio, en él descansaba desde hacía horas Fabián, le gustaba dormir y se marchaba a la cama pronto, muchas veces incluso antes que los niños. Se arrodilló en el suelo junto a él, no llevaba su parche puesto y entre sus manos jugueteaba con un tarrito de vidrio vacío. Acababa de beberse de un solo trago su contenido, toda la pócima que preparara para proteger a su hija de la locura que engendra el amor, corría ahora por su interior. En lo tocante a sus sentimientos hacia Julio, se sentía a salvo, si alguien tenía que sufrir, no sería ella. Y en lo tocante a Rosabel, si tenía que perder la razón, el amor era un motivo maravilloso para hacerlo, quizá el mejor, tal vez el único.

Linda Aurora tan sólo pretendía decir … *Gracias*, pero no pudo reprimir las palabras que de ella brotaron: «Hemos crecido juntos y hemos crecido mucho. Hemos prosperado y nos hemos rodeado de abundancia y del amor de nuestros hijos bellos y sanos. Hemos construido un hogar hermoso y mágico que siempre está adornado por los rayos del sol y el canto de los pájaros. No sé si un matrimonio debe ser como lo es el nuestro, no sé si nuestra relación es sana o se ajusta a lo que otros creen que debe ser, no sé si hay algo que no hacemos y tendríamos que hacer, no sé... Pero estoy segura de que juntos nos hemos convertido en mejores personas y por eso te doy las gracias. Gracias por permitirme crecer a tu lado, gracias por crecer junto a mí y gracias por aceptarme tal y como soy. Gracias por el amor y la atención que dispensas a nuestros hijos. Gracias».

Fabián no dormía, deseó abrazarla con fuerza y decirle cuánto la amaba, pero permaneció con los ojos cerrados y a duras penas esbozó una tímida sonrisa.

XIII

Federico no descansaba en su habitación tal y, como pensaba su madre, había ido hasta el hotel, y, además, volando. Atravesar las paredes y desplazarse suspendido sobre todas las cosas, le divertía mucho más que montar en bicicleta. Quería hablar con Marla.

—Sé que tramas algo y no me gusta —dijo con los pies todavía en el aire, la sensación de ligereza le encantaba—, y eso, tampoco. —Señaló una maceta con flores malva que descansaba en una esquina del tocador.

—No hay otra solución. Debo intentarlo. —Marla estaba descalza y sentada en la cama. Su aroma a Lavanda resultaba más denso y penetrante que nunca—. ¡Aléjate de mí!

Federico no respondió, comenzó a llorar y cabizbajo, sin tocar el suelo, se marchó por la puerta. Presentía lo que iba a ocurrir y, a pesar de ser poderoso, no podía interferir. No podía influir en los pensamientos de otros. ¡No podía hacer nada! De camino a *Felicidad* le dio dos lametazos a *Amiga*, entró en su habitación atravesando la pared, se metió en la cama y cerró los ojos. Así, pudo ver a Marla en su habitación intentando frenar el descenso de sus lágrimas con el dorso de la mano, también la contempló subirse a la cama y rebuscar algo detrás del cuadro donde la imagen de Manuela niña la miraba, parecía una botellita, uno de esos tarritos que regalaban a los huéspedes y en los que tanto amor ponían. Marla se sentó en la cama, habló al aire y también dirigió sus palabras al cuadro. Respiró profundo, se santiguó, lanzó un beso a Manuela niña y se bebió el contenido del frasco. Se quedó unos minutos sentada, inmóvil y con la mirada perdida antes de ponerse en pie y dirigirse a su tocador. Se sentó en el taburete y se cepilló el cabello lentamente, su mirada se clavaba en sus propios ojos que desde el reflejo que el espejo le devolvía querían sonreírle. No podían, estaban enrojecidos por las lágrimas derramadas y las horas de sueño que le faltaban. Abrió uno de los cajoncitos del tocador y sacó un sobre blanco. Lo dejó a la vista y se marchó. Cerró la puerta de su habitación con llave y se unió a los animalitos que la esperaban, puso rumbo al Jardín, pero no entró en él. Federico dio otro largo lametazo a *Amiga* y la imagen de Marla se le borró. La confusión lo mecía mientras la tristeza le susurraba una nana, poco a poco, se fue quedando dormido. Llorando. Roto.

Al día siguiente Marla no estaba en el hotel, ni en el Jardín, ni en la piscina, ni en *Felicidad,* ni en el bosque... Había desaparecido.

XIV

La noche en la que Marla desapareció, el viento azotaba La Ribera con una furia que no se recordaba. Las autoridades habían aconsejado prudencia y recomendado, con todos los medios a su alcance, que nadie saliera de casa. Se produjeron algunos desperfectos en casas y parques. El hotel de Manuela no fue una excepción, los árboles no escaparon a la fuerza del viento, ni los frutales ni los del bosque, ninguno. Tuvieron que soportar el quebrar de sus ramas y el dolor en sus troncos. La maldición tocaba a su fin. Y la naturaleza, que sabe porque siente, se revolvía.

La tormenta se prolongó durante varias horas en las que el viento, la lluvia e incluso el granizo a ratos, y los rayos y truenos la mayor parte del tiempo, se sucedían.

Por la mañana, Linda Aurora fue al hotel a las ocho como de costumbre y le extrañó no encontrar a su tía en la cocina. Los huéspedes que disfrutaban del paraíso no supieron darle cuenta de ella. La última vez que la vieron fue tras la cena, en la puerta del hotel, sentada bajo los nogales y mirando hacia el sendero... *Después empezó a llover y parecía que el fin del mundo había llegado.*

Linda Aurora comprobó que todo estaba cerrado, el Jardín, la buhardilla y también la habitación de su tía. *Ha debido ir a La Aldea a comprar algo...* pensó, pero las horas pasaban y seguía sin noticias de Marla.

Decidió golpear la puerta de su habitación, al principio con timidez, más tarde con sonoros golpetazos y llamándola a viva voz. El resultado siempre el mismo, el silencio. Su preocupación iba en aumento. *¡Menos mal que Federico está a buen recaudo! ¡Menos mal que Rosabel no está! ¡Menos mal que Fabián sí!*

Dudaba entre llamar al médico o a Carlos. Finalmente recurrió a su amiga y le contó que Marla había desaparecido, le indicó que no le dijera nada a Rosabel, porque seguro que se trataba de una tontería, que la tormenta la ponía nerviosa y que su hijo estaba rebelde y la vida, en general, a veces le costaba. Ana intentó tranquilizarla, pero las palabras de Linda Aurora se le habían enredado en el pecho y el corazón le palpitaba a gran velocidad anunciando la tragedia… *se habrá quedado dormida o habrá salido temprano al bosque y se ha despistado, Carlos no trabaja hoy pero no importa, ahora mismo va para allá. Yo me quedo con Rosabel.* A Linda Aurora le pareció bien.

Carlos, decidido y sin pensarlo demasiado, forzó la puerta de la habitación de Marla… *puede ser la cosa más tonta, un mareo, un desmayo…* Pero allí no estaba. La cama estaba hecha… *No ha dormido aquí o ha madrugado mucho…* apuntó uno de los guardias que lo acompañaban y, sin añadir nada más, tomó una de las flores malvas del tocador y la metió en una bolsa.

—Saldrán a buscarla —dijo Carlos—. Linda Aurora, no te preocupes. La encontrarán y además lo harán sana y salva.

—Claro —estaba distraída y le costaba pensar.

—Por la radio están dando la noticia. —Se dirigió hacia la puerta, dos guardias esperaban en el patio—. Todo el mundo la conoce —uno de sus compañeros le dijo algo que Linda Aurora no pudo oír, y acto seguido se giró para preguntar—: ¿Sabes que ropa llevaba puesta?

—No lo sé. Rebuscó en el armario y comprobó que faltaba un vestido malva, uno que se ponía con frecuencia—. Creo que lleva un vestido malva, largo, vaporoso, de tirantes.

—Estupendo —compartió la información con los señores de uniforme—. ¿Tienes fotos de ella?

—No, no tengo ni una sola foto de mi tía —incluso ella se extrañó de la respuesta—. No le gustaban. —Se sentó frente al tocador y sintió desolación al verse reflejada en el espejo.

—No importa, haremos un retrato y lo repartiremos por toda La Ribera.

—Bien... —Linda Aurora sollozaba, quería mostrarse entera, pero se temía lo peor, buscaba en su mente algo que le diera pistas, buscaba también el último momento compartido con ella, sus últimas palabras... No encontraba nada. Fabián había tomado las riendas de los quehaceres del hotel y Carlos le había pedido que lo acompañara al cuartel... *Vamos a hacer las cosas bien, pon la denuncia pertinente y confía en nosotros.*

XV

Linda Aurora debería estar disfrutando de otro día más en el paraíso, entre el trinar de los pájaros, los zumos quita-dudas, Julio…; en cambio, estaba en un pequeño despacho, sentada frente a un señor de uniforme que no conocía de nada, le hablaba de usted y le hacía preguntas referentes a su tía que a ella le daba pudor responder. La descripción física era exhaustiva y, cuando finalmente concluyó el interrogatorio, todo se resumió en un escueto, *riesgo bajo*. ¿Riesgo bajo? ¿A quién le importaba el riesgo?, el hecho era que su tía no estaba y no sabía dónde podría estar, sólo quería que apareciese…

—Es un puro trámite —Carlos, desde el despacho contiguo la escuchó quejarse—. Cuando se aplican protocolos y se utilizan tecnicismos en situaciones de este tipo las palabras suenan crueles y desnaturalizadas, lo sé.

—¿Y ahora qué?

—Hemos empapelado La Ribera entera con la imagen de Marla —quería tranquilizarla y transmitirle seguridad, estaban en unas horas cruciales —. Si alguien la ve, nos avisará, no te preocupes.

—Eso espero —hablaba en voz baja, no se atrevía a considerar ninguna opción que no fuera la de encontrarla sana y salva.

—Puede haberse desorientado y estar perdida.

—Mi tía aquí no se pierde —respondió con sequedad.

—Comenzaremos a buscarla de inmediato, primero por los alrededores, por el bosque y el sendero.

Y así lo hicieron, pero la búsqueda no arrojó los resultados esperados. Ni rastro de Marla.

—¿Y ahora? —La desesperación y la impaciencia se habían aliado y Linda Aurora ardía por dentro.

—Seguiremos adelante, lo hemos comunicado a la Compañía de la Ciudad y solicitado más unidades, continuaremos la búsqueda con perros, más efectivos y voluntarios.

Se les echó la noche encima y tuvieron que esperar a que se hiciera de día para continuar con el rastreo. El perímetro se fue ampliando, desde el hotel por el sendero hacia abajo hasta los pueblos limítrofes. Al rastreo por tierra se le sumaron dos más, un helicóptero que desde el aire intentaba encontrar a la Guardiana y, el grupo especial de actividades subacuáticas, que rastreaba el río palmo a palmo.

    Transcurrió un día completo sin noticias de Marla. Un día en el que Federico, solo en su habitación, lloraba su pérdida. Él sabía dónde encontrarla, siempre lo supo, por eso cuando vio a Rosabel entrar en la habitación, se lanzó a su cuello y repitió... *yo no he sido, lo juro, no he sido. Amiga* sintió cómo se le formaba un nudo por dentro que le impedía articular las palabras de consuelo que tanta falta le hacían al pequeño. Sintió su pena. Sintió su dolor. Y supo que, en ese momento, ella era su única compañía. Ninguna voz lo acompañaba.

    —La han encontrado —Rosabel no pudo decir nada más, se unió al llanto de su hermano.

    Desde el helicóptero habían divisado un bulto en el río y tras avisar del hallazgo a los equipos terrestres, éstos pudieron comprobar que se trataba de ella.

    Mientras se acordonaba la zona a ambos lados del río y llamaban al juez, el forense y al equipo territorial de la policía judicial, Linda Aurora entraba como una exhalación en la habitación de su hijo en *Felicidad.* Literalmente, se lanzó a por él. Lo tomó de los hombros y con la cara encendida por la rabia y el ojo echando fuego, lo zarandeó con fuerza... *¡Júrame que no* *has sido tú!...* Federico temblaba y su hermana, espantada con la escena daba pasos hacia atrás buscando la puerta porque quería huir, se sentía extraña, se sentía morir.

Linda Aurora nunca había estado tan fuera de sí, gritaba como una loca... *¡Júralo!, ¡júralo!, ¡di que no has tenido nada que ver!*

Rosabel fue hacia ella y la abrazó por detrás, su madre se quitó de encima el abrazo y siguió zarandeando a un niño que se dejaba maltratar mientras lloraba... *Mira,* dijo el pequeño señalando hacia su mesita de noche. Allí había un sobre, el mismo que Marla dejara en su habitación la noche anterior... *Por favor, léelo.*

Linda Aurora lo tomó y pudo leer, reconociendo la caligrafía redonda y generosa de su hermana, su nombre en él. Lo abrió temblorosa y una escueta nota le daba las gracias, le decía que desde hacía algún tiempo la infancia venía a su encuentro y que tenía que intentarlo. Que como siempre había dicho, cuando presintiera el fin, ella le vencería, se adelantaría, se tomaría una infusión de dormidera, se llenaría los bolsillos de piedras y se lanzaría al Xuello. Y así había hecho. Le pedía perdón por no haberse despedido, pero es que «sólo parece que voy a marcharme, pero no es así. Estaré aquí, junto a ti hasta que volvamos a vernos. Sigue dándote, sigue adelante, sigue sonriendo y no llores mi pérdida, porque no es tal».

Lo leyó en voz tan baja que resultaba inaudible para los demás. Miró a su hijo y supo que lo que acababa de ocurrir les pesaría en el alma como una inmensa losa hasta el día de su muerte, a los dos. *Lo siento...* le dijo. *Yo la amaba,* musitó él.

—¿Cómo la has conseguido? ¿Te la dio ella? ¿Te dijo algo? —solo quería respuestas... *¿Tenía que intentarlo?...* ¿Qué querría decir su tía?

—No, mamá. —No podía mirarla a la cara, hablaba con los ojos puestos en Rosabel, y los de la niña, en las últimas palabras de Marla—. Yo la vi, la vi tomarse algo, la vi despedirse de su madre, la vi dejar el sobre en su tocador, la vi cerrar la puerta tras de sí y la vi ir en busca del Xuello.

—¿La viste? —no entendía.

—Atravieso muros, vuelo, veo sin precisar de mis ojos. —Se puso en pie y dirigió sus pasos hacia Rosabel—. A ratos soy un brujo y a ratos soy un mago.

La investigación posterior se encargaría de confirmar las palabras de suicidio de Marla, las piedras en los bolsillos, los signos de envenenamiento con las flores que cuidaba como un tesoro en su habitación. Los labios hinchados, la salivación abundante, su lengua edematizada con un tinte azulado no dejaban ningún lugar a dudas, había tomado *digitalis purpurea*, probablemente lo llevaría tomando desde hacía mucho tiempo, su marcha no respondía a un impulso o arrebato, Marla lo había planeado todo. *¿Por qué?* Preguntó Linda Aurora a Pío… Y éste le respondió que a la muerte no se la puede burlar y a su tía, le había llegado su hora. Que la manera de hacer el tránsito poco importaba y ella había sido muy generosa. Había acelerado su marcha para intentar salvarlas.

—¡Mira, mamá! —exclamó Federico. Rosabel lloraba.

Por primera y probablemente última vez en toda su vida, lloraba de tristeza, lloraba por la pérdida de su tía, por sus palabras. La pena se le había agarrado a la garganta con tanta fuerza que de no explotar en forma de lágrimas habría terminado por asfixiarla. No podía más. Se derramó a través de espesas y saladas lágrimas. Lágrimas de dolor que suponían un preciado tesoro. Linda Aurora, tan pronto observó cómo una de ellas se desperdiciaba rodando por su mejilla y precipitándose contra el suelo, salió corriendo hacia la cocina, tomó un tarrito de vidrio vacío y lo llenó con las hermosas lágrimas de Guardiana que olían a Miel y sabían a salvación. Realmente eran valiosas, y el plan de Marla estaba saliendo tal y como lo había concebido.

Sólo faltaba un elemento, una Gran Duda con la que humanizar al brujo, pero no tenían.

—Mamá, te daré todas las dudas que tengo en mis cajas, por favor disuélvelas en el brebaje y me lo beberé —Federico quería salvar a su madre y también a su hermana. Se había convertido en una peligrosa amenaza para ambas, pero también para el resto del mundo—. Por favor —imploró.

—¿Serviría? —Humanizar a Rosabel o a Federico era su dilema.

—No lo sé. —Sus pies se elevaron del suelo, tomó todas sus cajitas de madera, cuatro, y se las metió en la mochila—. Debemos intentarlo. —Se colocó la mochila a la espalda, arrebató a su madre la llave de la buhardilla y antes de que ésta pudiera reaccionar, hizo otro tanto con el tarrito repleto de lágrimas y salió volando atravesando la pared de su habitación y dejando a su madre totalmente estupefacta—. ¡Os espero en la buhardilla! ¡Vamos!

—¡No gastes todo el brebaje! —Linda Aurora no confiaba en el resultado de aquel plan con modificaciones. Las pócimas se elaboran en su justa proporción y con todos sus ingredientes, del mismo modo que las oraciones se rezan con todas sus palabras y una buena dosis de fe. Y a ese mejunje le faltaba uno, la Gran Duda.

Federico estaba decidido a salvar a *Amiga* de aquel sacrificio. Una duda más o menos no importaría demasiado. Removería la mezcla y haría desintegrarse a todas aquellas dudas en ella y después, aguantando la respiración y sin dedicarle pensamientos, se lo tomaría todo de un trago, y se acabó. Se acabarían las voces. Se acabarían los sentimientos de culpa. Se acabaría la maldición. Y si no conseguía convertirse en un humano por completo, al menos esperaba que las dudas lo dejaran aturdido mermando su poder y su maldad.

—¡Federico! —*Amiga* le gritaba desde su saquito—. Cuando lleguemos a la buhardilla, mete todas las dudas en una caja y después, déjame a solas con ellas.

—¡Ni pensarlo! —no quería plantearse prescindir de ella—. Tú te quedas conmigo, necesitaré alguien que me cuide.

—Por favor. —Habían llegado a su destino—. Escúchame, tengo algo importante que decirte.

—¿Ahora?

—Sí, ahora.

XVI

Federico y Rosabel estaban tumbados en la piscina del hotel. Desde la muerte de Marla, se habían producido muchos cambios. Ana, tras vender la tienda de bicicletas ayudaba a Linda Aurora en los quehaceres del hotel. Del cuello de Federico no pendía ningún saquito, Rosabel no había vuelto a llorar de tristeza, aunque sí de alegría, muchas veces. Candela regresaba cuando le venía en gana y siempre se anunciaba en los sueños de su nieta. Linda Aurora seguía con un parche en su ojo, visitando enfermos y liberando almas de tanto en tanto. Y Fabián, habitando en su mundo.

—¿Me lo cuentas otra vez?

—¡Qué pesada! —Federico mostraba un fingido malestar cada vez que su hermana le pedía que le relatara lo ocurrido en la buhardilla la noche en la que se convirtió en un Hacedor de Milagros.

—¡Anda! ¡No te hagas de rogar! —sonreía—. La vanidad no es propia de un Mago.

—¡Está bien! —Y mirando al cielo, con los brazos cruzados bajo su cabeza, se dispuso a narrar por enésima vez lo ocurrido.

Describió su sorpresa ante la noticia que *Amiga* le comunicó... *Me pidió perdón por el engaño y parecía llorar. Me dijo que era una Gran Duda, que al principio su plan era crecer y destruirme, pero que ahora, sólo quería ayudarme. Me pidió que la metiera en la caja con las demás y le diera algo de tiempo, no mucho, tenía hambre y sería rápida. Me rogó que la protegiera de ti, como tantas veces había hecho. E imploró que después, sin mirarla apenas y sin dirigirle la palabra la metiera en el brebaje, porque éste, sin ella dentro, no tendría ningún efecto sobre mí. Se sacrificó por mí; yo estaba dispuesto a hacerlo por vosotras, pero ella insistió y yo obedecí. Con pena y valentía, me lo bebí de un solo trago y esperé. Sería un humano confundido eternamente, pero os tenía a vosotras para cuidarme y sé que lo haríais. Pero el Cielo respondió, y el acto de altruismo debió sorprender y agradar, porque enmudeció para siempre a Yo-Yo y me transformó en un Mago. ¡Vencimos a la maldición!*

Linda Aurora pasó junto a ellos, sabía que hablaban de aquella noche y no podía sentirse más feliz. Sus hijos eran eternos. Sus hijos eran felices y vivirían para siempre en un paraíso. Juntos, amándose y haciendo felices a los demás.

—Mamá —Federico la llamó antes de que alcanzara el Jardín—, papá tiene un secreto —le dijo.

—¿Uno solo?

—Ja, ja, ja —rieron los tres la ocurrencia.

—Uno importante, uno de verdad.

En su despacho, bajo llave, tenía un manuscrito guardado y enterrado desde hacía años. También escondía bajo llave y desde hace mucho tiempo un miedo atroz a no ser entendido y una necesidad todavía mayor de sentirse amado.

—Tú puedes ayudarlo.

—¿Qué puedo hacer?

—Enviarlo aquí. —Le tendió un papelito con el nombre de una editorial muy importante.

—¿Y cómo consigo el manuscrito?

—No te preocupes, mamá, yo te lo conseguiré. —Le guiñó un ojo y le plantó un beso hermoso y sincero—. Te amo, mami. Con locura.

—Yo también —Rosabel se unió a la conversación justo en la despedida.

Aquella misma noche Federico entregó a Linda Aurora el gran sueño de Fabián. Quería leerlo antes de enviarlo, sentía curiosidad así que, como si se tratara de un libro sagrado más, se preparó un té fresquito y salió en busca de la luna a la balconada con él. Antes de sumergirse en sus páginas, habló con Pío, habló con su madre y con sus tías y secándose las lágrimas que siempre le provocaban esas conversaciones, comenzó a leer... *«A orillas del río Xuello descansan tres pueblecitos, todos ellos conforman lo que los libros de geografía denominan La Ribera»* ... y no pudo dejarlo en toda la noche, y rio y lloró y se envolvió en la magia de una mujeres hermosas y valientes que vivían entregadas a los demás, exhalaban singulares fragancias y siempre que preparaban tartas y dulces, sonreían.

Concepción Hernández Sánchez

Star Sale
Editores

Concepción Hernández Sánchez

Editores

www.ingramcontent.com/pod-product-compliance
Lightning Source LLC
Chambersburg PA
CBHW071647090426
42738CB00009B/1441